前　　言

一、《长春经济统计年鉴——1995年》是一部全面反映长春市经济和社会发展的资料性年刊。

二、全书除前言外，由特载、专论、长春经济、县（市）区经济、统计资料4大部分组成。统计资料就其经济内容分类，又分为行政区划和自然资源；综合；人口；劳动力和职工工资；固定资产投资；能源原材料消费与库存；财政；物价；人民生活；城市概况；农业；工业；建筑业；交通运输邮电通讯业；批发零售贸易和餐饮业；对外经济贸易和旅游业；金融、保险业；教育、科技及文化事业；体育、卫生及其他事业等19个大类。

三、本书所载文章除《政府工作报告》取于政府有关部门外，其他文章均由长春市统计系统同志撰文；统计资料取于1994年度各专业统计年报和抽样调查资料。

四、全书结构以不影响资料的连续性为前提，今年根据需要和可能又增加了一些微观和市场经济要求的统计指标，由于是新增指标，请使用单位和个人注意统计口径与可比性。

编　者

目　　录

特　　载

专　　论

长春经济

县（市）区经济

统计资料

特　　载

政府工作报告

——1995年2月25日在长春市第十届人代表大会第三次会议上

市长　米凤君

各位代表：

现在，我代表市人民政府向大会作工作报告，请予审议；并请各位列席会议的同志提出意见。

一、一九九四年工作的简要回顾

1994年，我们在省委、省政府和市委的正确领导下，在市人大、市政协的监督和支持下，认真贯彻落实党中央关于“抓住机遇，深化改革，扩大开放，促进发展，保持稳定”的方针，围绕建立社会主义市场经济体制和建设现代化国际性城市的阶段性目标，团结和带领全市各族人民，努力奋斗，锐意进取，各项工作都取得了新的成绩。提前一年实现了“八五”计划，圆满完成了省委、省政府提出的“拼搏三年，使国民经济跃上一个新台阶”的任务。全市国内生产总值完成320.5亿元（现价），按可比价格比上年增长21.3%。

农业全面增产增收，农村经济快速发展。粮食产量创历史最高水平，达到67.75亿公斤；多种经营迈出新的步伐，产值比上年增长18.9%；畜牧业加速向独立产业迈进，总产值比上年增长54.9%，肉类和禽蛋产量分别比上年增长9.9%和23.3%；乡镇企业大幅度增长，完成总产值156.8亿元，比上年增长53.9%；村级集体经济有较大突破，新增积累总额3323万元。

工业生产持续增长，经济效益不断提高。全市完成工业总产值375.8亿元（不变价，下同），比上年增长24.7%。其中，乡及乡以上工业完成301.2亿元，比上年增长19.7%。全市2800户独立核算工业企业实现销售收入329.9亿元，利税31.6亿元，分别比上年增长21.6%和27.9%。企业改组、改造迈出新步伐，产品质量不断提高，奥迪轿车、捷达轿车、AX100摩托车等产品被评为中国名牌产品。

目前，我市工业规模不断扩大，实力明显增强。据最新资料，1994年，我市工业的一些主要指标在原14个计划单列市中的位次由原来的十二、三位明显前移，工业产品销售率、经济效益综合指数增幅居第4位，国有工业产值居第5位，工业增长速度、劳动生产率、工业资金周转次数、工业增加值增幅居第6位，经济效益综合指数、成本利润率居第7位。在包括京、津、沪在内的全国20个重点工业城市中，我市的产品销售率居第6位，工业产值增长率居第9位，工业资金周转天数居第10位，劳动生产率、经济效益综合指数、成本利润率居第11位，资金利税率居12位。

城乡市场繁荣稳定，平抑物价取得实效。适应市场经济发展的多元化流通格局已初步形成，各类市场建设、改造完成年度任务，商业网点发展到11.7万个，流通功能不断增强。城乡市场商品品种繁多，货源丰富，经营各类商品10万种以上。全市实现社会消费品零售总额101.4亿元，比上年增长22%。针对市场物价出现的波动情况，采取超常规的工作方式和有效措施，组织各有关部门大力平抑物价，搞好市场供应。经过全市上下的共同努力，使物价上涨过快的势头基本得到遏制，全年物价水平始终保持在全国大中城市的中下游水平。强化市场管理和技术监督工作，严厉打击欺诈、暴利、哄抬物价、欺行霸市和制售假冒伪劣商品等不法行为，努力维护了生产经营者和广大消费者的合法权益。

人民生活进一步改善，扶贫解困工作收到较好效果。城市人均年生活费收入2580元，农民人均年纯收入1416元，分别比上年提高27.1%和47%。通过多种渠道筹集解困资金1850万元。解决了5万多名职工生活上的困难。建立扶贫基金，全市上下积极支持和响应，捐款十分踊跃。采取切实可行措施，扶持困难企业恢复生产。全市城镇新就业1.8万人，失业率控制在1.7%。农村救灾扶贫也做了大量工作。

财政收入完成较好，金融形势比较平稳。全市财政收入完成30.3亿元，其中市区完成25.3亿元，比上年增长17%；全市财政支出21.6亿元，其中市区支出15.3亿元，增长15.7%，做到了收支平衡。全市银行及其他金融机构各项存款余额达到249.9亿元，贷款余额达到347.6亿元，分别比年初增加64亿元和53.7亿元，在一定程度上保证了生产建设的资金需要。

城市建设步伐加快，管理又有加强。全年共完成基础设施建设和城市综合开发投资43.9亿元，是历史上投入最多、规模最大的一年。23项重点工程全面完成进度目标，铁路客运站、公路客运中心站、长春体育场、电影城等重点工程部分竣工并投入使用，引松入长、电厂等重点项目进展顺利。旧城区改造步伐加快，万余户居民回迁新居。城市规划和管理工作进一步加强。绿化工作取得好成绩，提前三年完成省下达的“十年绿化吉林大地”任务，造林绿化被省政府评为最佳市。强化小区绿化和各项配套设施建设，市容环境、卫生质量进一步提高，生态环境有所改善，城市面貌发生新的变化。

经济体制改革不断深化，试点工作取得新进展。城市综合配套改革总体方案已经专家论证，开始付诸实施；优化资本结构试点工作全面铺开。25户企业进行了现代企业制度试点，长春汽油机股份有限公司和长春高新技术产业股份有限（集团）公司进入了全国百户建立现代企业制度试点行列。116户预算内工业企业选择了新的经营模式，在1052户国有企业中开展了清产核资。全市各类股份制企业发展到1200户，又有339户工商企业实行了国有民营。市属预算内工业企业实行引资嫁接的达44户。并转停破卖、租赁等改革步伐加快，社会保障制度改革、住房制度改革都有新进展，完成了县级机构改革。

对外开放不断扩大，外向型经济蓬勃发展。“两区两城”建设有新突破。高新技术产业开发区集中新建区七通一平面积达到129万平方米，实现技工贸总收入18亿元，利税3亿元，分别比上年增长1.2倍和1.1倍。经济技术开发区完成投资2.09亿元，进区注册的内外资企业已达705家，注册资金23亿元。汽车贸易城被批准为国家级市场，纳入了全国商品市场的建设规划。机动车配件市场、自选市场和机动车交易市场建成并交付使用。森林旅游城出让土地8.6万平方米，引进资金1.5亿元。截至1994年，在长春登记注册的三资企业已达1506家，其中在市里登记注册的786家，合同利用外资金额5.92亿美元。全市进出口贸易额达到20.5亿美元，其中市属3.02亿美元，出口创汇达到2.26亿美元。对外劳务输出和引进智力工作也取得新进展。相继参加和主办了汉城经贸洽谈会、西班牙商品展销会等几次大的招商活动，谈成了一批合资合作项目。

成功地举办了第二届中国长春电影节，取得了令人瞩目的成果。来自国内22个电影制片厂和17个国家及地区的113部影片参加了展映、评奖和交易活动；盛大的开幕式和精彩的文艺晚会，场面壮观，气势恢宏，给人们留下深刻印象，在国内外产生了深远影响。经济效益也极为可观，签订经济技术合资合作项目86个，总金额近5亿美元；签订城建招商项目14个，可引进资金61亿元；进出口贸易成交额1.7亿美元，国内贸易成交额88.78亿元。与上一届相比，这届电影节“更成熟，更规范，更有特色，也更具国际性”，有力地推动了我市的两个文明建设。

第三产业规模不断扩大，个体私营经济、区街经济发展迅速。全市个体工商业户发展到15.2万户，从业人员23万人；私营企业3233家，注册资金6.1亿元，从业人员近4万人。区街经济实现了快速发展，增强了区级经济实力。第三产业发展步伐加快，增加值达到86.7亿元，比上年增长19.6%。

科技、教育等各项社会事业协调发展，精神文明建设成效显著。贯彻科技立市方针，科技与经济相结合取得较大进展，新认定高新技术企业148家，成交科技合同3529个，成交额4.6亿元。基本完成普及九年义务教育任务，进入全国先进行列；初中教育质量稳步提高，教师学历达标率88.8%，处于全国前列；认真贯彻《教师法》，各项工作得到进一步落实。办学条件继续改善，新建、扩建中小学校舍396所，是历史上最多的一年。捐资助教活动不断深入，到去年末，仅城区4年就累计收到资教款6000多万元，保证了初中没有出现二部制，基本消灭灭绝人了多年来一直困扰我市基础教育的小学二部制。贯彻预防为主的方针，防病治病能力进一步增强。城市总体卫生保持较好水平，在全省卫生工作综合目标管理考核中荣获第一名。群众性体育活动蓬勃开展，竞技体育取得优异成绩，在省运会上获得金牌、奖牌和总分第一名。深入开展“三结合”活动，计划生育工作取得好成绩，受到省委、政府的表彰。文化、广播、新闻出版社等事业也都取得新的进展。大力加强爱国主义教育，进一步增强了全市人民建设有中国特色社会主义的信心和决心。军民、军政关系密切，双拥工作收到较好效果，再次被国家命名为双拥模范城。

民主与法制建设得到加强，保持了良好的社会环境。各级政府认真贯彻人民代表大会及其常委会的决议和决定，自觉接受法律监督和工作监督。坚持共产党领导的多党合作和政治协商制度，密切与民主党派、工商联、无党派人士和各人民团体的联系。强化地方立法、行政执法、执法监督和行政复议应诉等项工作，逐步把行政管理纳入规范化、法制化的轨道。全年共起草、审核、协调和调研法规规章83件，其中提交市人大常委会审议通过并经省人大赏委会批准实施的法规16件，经市政府批准发布实施的规章35件。加强信访工作，注意化解改革发展中出现的各种矛盾。狠抓社会治安综合治理，社会环境进一步改善，刑事案件发案率是全国较低的城市之一。有效地实施了《长春市关于禁止燃放烟花爆竹的规定》，得到社会各界的积极支持、响应和称赞。

反腐败斗争取得新成果，政府机关建设进一步加强。按照中央和省里的统一部署和要求，狠抓了领导干部廉洁自律、查处大案要案、清理乱收费和纠正行业不正之风等方面的工作，公开处理了一批违法违纪案件。针对政府机关存在的问题，大力加强思想纪律作风整顿，并广泛开展了形势教育活动，受教育者达8000多人次，使机关干部的认识得到提高，组织纪律性明显增强，工作作风有所变，工作效率有所提高，保持了良好的政府形象。

民族、宗教、侨务、台务、气象、地震、统计、档案、人民武装、人民防空、修史编志以及驻外机构等部门，紧紧围绕全市经济建设这个中心，切实发挥职能作用，都做了大量的富有成效的工作。

1994年，经过全市上下的共同努力，我们全面完成了三年经济上台阶的各项任务。三年中，国内生产总值年均增长28.2%，农业总产值年均增长6.7%，工业总产值年均增长31.4%，第三产业增加值年均增长30.8%，乡镇企业总产值年均增长47.4%，财政收入年均增长26%，外贸出口年均增长61.9%。三年经济上台阶目标的全面实现，使我市综合实力显著增强，在全省经济发展中的份额日益增加，带动作用更加突出，在国内外的知名度和影响越来越大。可以说，1994年，是贯彻全党工作基本方针、国民经济快速发展的一年，是建设现代化国际性城市卓有成效的一年，是精神文明建设和社会各项事业全面推进的一年。这些成就的取得，是全市各族人民同心协力、奋勇拼搏的结果，是市人大法律监督和工作监督的结果，是市政协参政议政和民主监督的结果。在过去的一年里，我们的工作还得到了中央和省直各个部门的大力支持，得到了民主党派、工商联、无党派人士和各人民团体的积极帮助，得到了广大爱国侨胞、港澳同胞、台湾同胞和国外友人的热情关注和真诚合作。中国人民解放军驻长部队和武警部队在我市两个文明建设中也做出了重要贡献。对此，我代表市人民政府，表示衷心的感谢和诚挚的敬意！

在充分肯定成绩的同时，我们也清醒地看到，在前进中还存在着一些不容忽视的困难和问题。主要是资金紧张，企业债务连环拖欠严重，发展受阻，甚至影响了正常的生产运行；停产和开工不足企业增多，有的企业拖欠职工工资，职工生活受到影响；控制市场物价经过努力取得较好效果，但我市场价指数与正常年份相比，涨幅仍然偏高，平抑物价还需做出不懈努力；农村经济结构不尽合理，农业基础设施比较脆弱，抗御自然灾害的能力仍然不高；城市供水、供气、供热紧张，城市交通堵塞等矛盾还比较突出；少数公职人员中存在的腐败现象、形式主义、官僚主义等问题，影响到政府的形象，影响了政府与人民群众的密切联系；社会治安、安全生产等方面也存在一定问题。所有这些，都必须认真对衔，切实加以解决。

二、一九九五年的主要任务

今年是我市农村奔小康和经济再上新台阶的关键年，做好全年的各项工作至关重要。我们必须科学、全面、实事求是地分析面临的形势，既要看到有利时机和条件，又要分析不利因素和困难，保持清醒的头脑。从国际上看，和平与发展是当今国际环境与秩序的基本特征，将在较长的时期内为我们组织经济建设提供一个稳定的环境。从国内看，加快改革开放，加快经济发展仍然是今后一个时期全党、全国的工作重点，为我们加快发展创造了良好条件；国家在搞好国有大中型企业、强化农业基础等方面将采取一些扶持政策，这为国有大中型企业较多、又是重点商品粮基地的我市，提供了一个难得的发展机遇。从我市自身条件看，改革开放以来，一批大项目陆续建成投产，经济实力和发展后劲明显增强，特别是三年经济上台阶目标的全面实现，为今后加速经济发展奠定了坚实的基础。按照国家的部署和要求，我市正在进行“综合配套改革”和“优化资本结构”的两个试点，改革的深化将会有力地促进经济的发展。当然，我们在前进过程中，还会遇到一些新情况和新问题，但只要我们正确判断和把握国家宏观经济走势，进一步处理好改革、发展、稳定的关系，审时度势，超前动作，充分利用有利条件，采取切实措施，全市上下一条心，迎难而上，就一定能够保持经济持续发展的好势头。基于这样的分析，今年政府工作总的思路是：**坚持邓小平同志建设有中国特色社会主义理论和党和基本路线，全面贯彻党的十四大和十四届三中、四中全会以及省、市全委会精神，坚持“抓住机遇，深化改革，扩大开放，促进发展，保持稳定”的方针，加强宏观调控，抑制通货膨胀，深化以国有企业为重点的各项改革，调整优化经济结构，强化基础产业和基础设施建设，着力提高经济增长的质量和效益，大力加强社会主义精神文明建设，实现国民经济持续、快速、健康发展和社会全面进步。**

(一)强化农业基础地位，加快农村小康建设步伐

农业是国民经济的基础。要高度重视农业、农村和农民问题，把农业摆在国民经济的首位来抓。要以小康建设总揽农村工作全局，继续坚持盯住增收致富奔小康这个目标，着力推进“六个转变”的基本思路，保持农村经济持续、快速、健康发展的势头，为1997年基本实现小康奠定基础。继续遵循面向市场、突出效益、因地制宜的原则，加大结构调整力度，推动农业向“两高一优”转变。进一步加大粮食生产的物质投入和科技投入，提高单产、稳定总产，正常年景下粮食总产量保持在65亿公斤左右。积极发展多种经营，扩大适销对路经济作物种植面积，搞好新品种、新项目的引进与开发，多种经营产值要比上年有较大增长。大力发展畜牧业，逐步实现规模化生产、科学化管理、一体化经营，尽快使畜牧业成为农村经济的独立产业，畜牧业产值要比上年增长26.4%。坚持把乡镇企业作为农村经济发展的战略重点，以项目开发为主线，以提高企业素质为重点，多渠道增加投入，推进乡镇企业向集中连片和股份制、集团化方向发展。乡镇企业总产值要达到220亿元，比上年增长40.2%。要进一步加速农业的产业化进程。各县（市）区都要立足于本地的资源和区位优势，按照产加销、贸工农、农科贸、城乡一体化的方向和一屯一专、一村一品、一乡一业的要求，选择基础较好或发展前景看好的产业作为优先发展的主导产业，实行多形式、多层次、多元化优化组合，形成各具特色的产业群体。加快发展和壮大集体经济，增强村级合作经济组织的功能。继续实施科教兴农战略，深入开展农业科技推广竞赛活动，切实把农村经济的发展引上依靠科技进步的轨道。进一步加强社会化服务体系建设，健全服务组织，增强服务功能，扩大服务领域，重点搞好产前信息和产后销售服务，大搞农田基本建设，改善农业生产条件。以安全渡汛为中心，搞好主要江河、水库的治理，提高抗御自然灾害的能力。动员全社会力量搞好植树绿化，完成10万亩造林任务。稳定和完善农机服务体系，加快大中型农机具的更新改造，扩大农机作业面积和领域。深化农村改革，增强农村经济发展活力。完善土地承包制度，建立健全有利于提高效益、促进规模经营和农业剩余劳动力转移的流转机制；抓好拍卖“五荒”工作，以政策为杠杆，采取招标等形式，搞好“五荒”的治理和开发；抓好乡镇企业产权制度改革，加快股份合作制改造；加大农村流通体制改革力度，突出抓好专业批发市场建设；拓宽农副产品销售渠道。认真贯彻落实党在农村的各项方针政策，切实抓好农村清财和减轻农民负担工作，保护和调动农民的生产积极性。

（二）以国有企业改革为重点，协调搞好各项配套改革

以建立现代企业制度为目标，加快国有企业改革的步伐。一是抓紧进行建立现代企业制度的各项基础工作。根据《全民所有制工业企业转换经营机制条例》和《国有企业财产监督管理条例》的要求，建立健全国有资产管理和运营体系，完成对国有企业、集体企业的清产核资、评估资产、产权界定、核实企业法人资产和资本金等项工作，进一步促进企业转换经营机制。抓好长春高新技术产业股份有限（集团）公司和长春汽油机股份有限公司等国家和省、市确定的25户企业建立现代企业制度的试点工作。二是扎实推进国有企业的股份制改造。按照《公司法》规范已创办的定向募集股份有限公司，争取年内有2—3户转为上市公司；在国有小型企业、城镇集体企业、农村乡镇企业和民营科技企业中大面积推行股份合作制；选择少数经营状况好、管理水平高、符合产业政策的，改造为股份有限公司，或试办国有独资公司。三是加大资产重组、转制经营试点工作力度，继续采取租赁、承包、拍卖、租售结合或股份制改造等办法，加快国有小型企业改组改造的步伐。四是以资产联结为纽带，组建企业集团，促进国有存量资产的合理流动和重组，扶持优势企业发展壮大，年内组建企业集团5至10户。五是招商引资，促进企业嫁接改造，增强发展后劲。六是积极探索解决国有企业历史债务重、企业办社会等难点问题的有效途径和办法。

适应大市场、大流通、大商业的需要，加快市场体系建设。按照规划的格局，完善提高现有骨干市场，清理、取缔落后和管理不善的市场及摊群点。今年新建市场30处，培育5个国家级市场和10个区域性市场，新扩建、改造商业网点30处，完成市内集贸市场改造任务。在搞好各类消费品市场和生产资料市场建设的同时，突出抓好产权交易市场、金融市场、技术信息市场、劳动力和人才市场等生产要素市场的建设。完善和发展长春产权交易市场。争取与全国主要城市联网；加速培育资金市场，发展各类基金组织、投资公司、证券机构，创造条件组建长春合作银行，争取引进外资银行或外资银行办事机构；推进多层次、开放型科技市场网络建设，完善长春科技创业中心、火炬大厦的功能，加速科技成果的商品化、产业化；鼓励兴办各种信息机构，大力发展行业协会、商会组织，发挥其产业导向、信息交流和监督协调作用；加快劳动力市场建设，积极实施再就业工程的试点工作，妥善安置企业富余人员；加快人才市场建设，促进各类人才的合理流动和优化配置。

以养老保险、失业保险为主要内容，推进社会保障制度改革。认真贯彻全国城镇企业职工养老保险制度改革试点工作会议精神，按照城镇企业职工基本养老费用由用人单位和职工共同负担、实行社会统筹与个人帐户相结合的原则，制定我市的实施方案。完善失业保险制度，按照以收定支、统一标准、留有适当储备的原则，对失业保险基金实行全市统筹管理，并将失业保险的范围逐步扩大到城镇国有、集体、股份制、私营企业的职工和外商投资企业的中方职工。抓好医疗保险制度改革试点，制定全市医疗保险制度改革试点方案，在有条件的单位率先实行社会统筹和个人帐户相结合的医疗保险办法。

认真贯彻国务院《关于深化城镇住房制度改革的决定》和《长春市住房制度改革实施方案》，全面推行住房公积金制度，推进租金改革，加快住房商品化的步伐。继续完善财税、金融、外贸、投资、计划等宏观领域改革的配套措施，进一步深化科技、教育、卫生、体育等方面的改革，使我市综合配套改革试点工作取得实质性进展。

（三）实施开放带动战略，扩大经济的外向度

“两区两城”要充分利用自己的优势和条件，继续以大项目建设为突破口，面向两个市场，更多地利用两种资源，扩大利用外资规模，加快建设进度，提高整体开发开放水平，促进产业规模的形式，实现大的飞跃、大的发展，带动全市对外开放。高新技术产业开发区要开发并实施高新技术项目1200项，技工贸总收入达到28亿元。经济技术开发区要引进投资1000万元以上和产值超亿元的工业项目10个，协议利用外资1.5亿美元。汽车贸易要充分利用国家级市场的有利条件，进一步搞好市场规划和建设，力争办成在国内国际有较大影响的汽车贸易市场。森林旅游城要按照建设现代化国际性城市的要求，坚持开发与保护并重，不断健全现代化旅游设施和服务体系，使之成为全省乃至东北地区重要的旅游景点。

招商引资要以优化外资投向；提高利用外资质量为重点，充分发挥市、县、区和企业的积极性，在广度和深度上下功夫，在更大范围内引进资金、技术、人才和管理经验，形成全方位招商引资的新局面。重点围绕交通、能源、基础产业、城市建设和资源开发等，吸引那些在世界上有影响、知名度高、实力雄厚的大企业、大财团来长投资办企业。大力发展“三资”企业，实际利用外资要比上年有较大增长。

对外贸易要以扩大出口创汇规模和提高经济效益为中心，实施多元化、以质取胜、经贸协调发展三大战略，调整出口产品结构，抓好出口基地建设，培植一批有竞争能力的出口创汇企业和拳头产品，增加工业制成品、外资企业产品、高科技和高附加值产品的比重。工矿产品出口要比上年增长30%。发挥外贸企业、自营企业和“三资”企业三路出口创汇大军的作用，不断开拓市场，完善网络，扩大规模，提高质量，加快集团化、实业化、综合化、国际化经营的步伐，增强竞争能力，促进对外贸易的较快增长。继续为具备条件的企业申报进出口经营权，使更多的企业直接进入国际市场。采取多种形式，大力拓展对外工程承包和劳务合作，进一步做好引进智力工作，加快涉外人才培养，提高经贸职工队伍素质。

（四）在提高经济效益的基础上，保持工业持续增长

工业仍然是今年我市经济工作的重点和关键。各级政府要高度重视，采取切实措施，全力抓好。要加快产品结构、产业结构和企业组织结构调整步伐，促进工业经济在提高效益和质量的前提下持续发展。全年工业总产值要完成424.6亿元，比上年增长13%。坚持调整结构与技术改造相结合、壮大支柱产业与实施名牌带动战略相结合的路子，进一步发展壮大汽车及其配套工业、农副产品深加工和高新技术三大支柱产业及30个“小型巨人”企业。加快企业技术改造，突出抓好子午胎、轿车座椅骨架等10个重点项目；确保高能无触点点火放大器等30个技改项目投产见效。同时，要抓好50万辆摩托车、双阳水泥厂二期生产线等项目的嫁接改造工作。产品结构调整要紧紧抓住国家进行城市技术改造试点的契机，加速实施名牌带动战略。适应市场变化的需要，按照优中选优的原则，对现有产品进行筛选、分档，培育和开发一批具有实力和水平的名牌产品，带动行业和产业的发展。全年开发新产品640项。实现产值9亿元，利税1.5亿元。重点抓好列入国家级新产品计划项目和列入市级计划的10个水平高、效益好，对优化产品整体结构有较大影响的大项目。

强化管理，提高企业整体素质，要以市场化、标准化、国际化和现代化为目标，继续深入开展“转机制、抓管理、练内功、增效益”活动和企业管理“三达标”以及“创十佳、争十强、促十变”竞赛活动，促进企业扎实做好内部管理的各项基础工作。加强企业党的建设和领导班子建设，努力提高企业经营者的水平和素质。年内，国有企业要有30%达到企业管理先进水平，50%达到管理合格水平；全部独立核算工业企业资金利税率要比上年提高1个百分点。要加强工业企业生产的组织领导。按照“停、限、增”的原则，大力扶持优势企业和产品的生产，下力量抓好扭亏增盈，预算内工业企业亏损面要比上年减少10个百分点，亏损额下降10%。要加强对工业生产的组织协调，经济综合部门和经济杠杆部门，都要从全市经济的大局出发，支持工业的发展，形成促进工业发展的合力。

（五）进一步繁荣城乡市场，努力稳定市场物价

要高度重视、精心组织、全面安排好市场，努力保障粮、油、肉、菜等主要食品、生活必需品和化肥、农膜等农业生产资料的供应。突出抓好“米袋子”、“菜篮子”工程建设，保证有效供给。要积极组织好粮食的收购、调运、储备、加工和供应，使大部分粮源掌握在国家和国有企业手中，确保城镇居民的口粮供应。“菜篮子”工程要实行县（市）区长负责制，把蔬菜种植面积、扩大保护地和标准化菜田面积列入目标责任制考核内容。今年，全市安排基地菜田面积1.2万公顷，比上年增加20%；保护地建设要达到城市供应人口5平方米的标准。“菜蓝子”工程各项措施、政策要到位，稳定增加菜农收入。积极组织国有商业企业及有条件的村、社和农户兴办专业养猪场，建立基地，稳定猪源。加快市场建设，扩大批发规模，强化流通功能。完成蔬菜中心批发市场三期护建工程，场地要增加到6.2万平方米，年成交量达到5亿公斤水平，使之成为区域性蔬菜集散中心、菜价中心和信息服务中心。国合商业要恢复和扩大肉、菜经营，在繁华地段和居民密集区建立专业肉菜零售商店，并到主要农贸市场设点经营，要加强流通企业管理，提高服务水平，努力提供让消费者满意的商品和服务。

要按照中央和省的要求，把严格控制物价上涨、抑制通货膨胀作为今年经济工作中的一件大事和宏观调控的首要任务，综合运用经济的、行政的和法律的手段，努力保持粮油、主要副食品、农业生产资料和重要服务价格的基本稳定，确保物价涨幅明显低于上年，使我市的物价指数在全国35个大中城市中，继续保持中游偏下水平。稳定物价是正确处理改革、发展、稳定三者关系的关键环节，各级政府要高度重视，加大工作力度，加强调控管理，强化舆论宣传。要建立健全各级政府物价管理目标责任制，把群众对市场物价的满意程度，作为考核各县（市）区、各部门工作和领导政绩的重要依据。按照国家的统一部署，市里上半年不再出台提价措施。要积极组织充足的商品货源，为稳定物价提供可靠保证。国合商业要充分发挥保证市场供应的主渠道作用和平抑物价的主导作用，增强调节供求平衡的能力。要健全各项物价管理制度和价格调控机制，增强政府调控市场价格的能力。巩固和完善市场价格调节基金制度以及重要商品储备制度。贯彻实施《反不正当竞争法》、《制止牟取暴利的暂行规定》，并结合实施情况制定我市的实施办法。全面推行明码标价制度，继续开展“物价、计量信得过”活动，整顿市场流通秩序，规范企业价格行为，坚决打击乱涨价、乱收费和制售假冒伪劣商品行为。完善市场价格监测体系，加大物价监督检查力度，加强对物价的监审、监控。

在发展生产、不断提高效益的基础上，继续改善人民生活。今年，广大人民群众的收入要稳步增长，农民人均年纯收入要达到1600元，城市人均年生活费收入要达到3150元，城乡人民的消费结构和消费质量要有明显变化。要进一步抓好城市解危、解困住宅和集资合作建房，突出解决城市中低收入职工和居住条件差的居民住房问题。多渠道安置城镇劳动力就业，失业率控制在3%以内。继续实行倾斜政策，通过深化改革，发展生产，开展多种经营等多种途径，继续改善停产、开工不足企业和丧失劳动能力职工的生活。充分发挥城市扶贫基金作用，用好扶贫款。做好农村救灾扶贫工作，解决灾民、贫困户生产和生活中的困难。

（六）坚持建设与管理并重的方针，不断增强城市整体功能

围绕建设现代化国际性城市的目标，从解决制约经济发展、影响人民生活的主要矛盾入手，坚持以城市规划为龙头，突出抓好重点基础设施建设，积极推进房地产综合开发，加强城市综合治理，努力提高城市整体功能和管理水平。

切实加强城市规划和管理工作。本着规划先于建设、指导建设的原则，在抓紧城市总体规划修编的同时，抓好控制性详细规划的编制，年内完成城市中心区和重点区控制性规划的编制以及森林旅游城总体规划的审定。从完善规划审批机制、纠正违章建筑入手，强化规划的控制力度，实行建设项目全过程规划管理，提高规划的管理水平。认真抓好小城镇建设规划，加快小城镇建设。

集中力量，突出抓好以水、路、电为主的重点工程建设。在搞好引松入长工程的同时，抓好三水厂建设，抓紧建设四水厂；坚持计划用水，广泛开展节约用水宣传活动，中水回用工程要进入实质性施工阶段。加强伊通河城区段综合治理，增强城市防洪能力，道路建设要围绕三年打通中环路的目标，重点抓好北中环路建设，全面实施“三路、三桥”工程建设：修建青岗路、铁北四路、东荣大路，配套修建青岗路、铁北四路地道桥，加宽东荣大桥，争取北中环路年内通车。同时，继续抓好市区28条主要街路的人行步道铺装，铺装面积100万平方米；抓好交通指挥中心工程建设，年内土建工程竣工；积极创造条件，在市区繁华路段修建地下通道和过街天桥，实行人车分流，进一步缓解交通紧张状况。超前做好轻轨和地铁等城市立体交通工程的准备工作。继续配合国家和省搞好长春至四平、长春至吉林高速公路以及长春至白山一级公路建设，完成长春绕城高速公路部分基础建设任务。抓好乡村公路建设，基本实现乡乡通油路。抓紧热电一厂扩建及配套工程建设、"二炉一机"年内投入使用，并网供热；搞好配电工程建设，分期实施已规划的2个一次变电、6个二次变电工程，缓解市区供电紧张状况。抓好通信、邮政等工程建设，电信枢纽、邮政枢纽工程力争年内投入使用。铁路客运站及配套工程全部竣工。

本着"积极而为、量力而行、稳步发展、确保回迁"的原则，继续搞好城市房地产综合开发。全年综合开发规模控制在400万平方米，年内竣工160万平方米，安置回迁居民15100户。要把居民回迁安置放在首位，强化领导与监督，在建设资金、开发用地等方面优先予以安排，确保回迁任务的完成。依法强化小区建后管理，抓好住宅小区配套工程建设。严格基本建设程序，加强建设市场管理，坚持在法规、政策导向下公平有序的市场竞争。从资质审查入手，加强建筑安装、开发、市政企业和勘察设计单位的整顿，全面加强建设行业管理，规范建设行为，严格质量监督，提高建设质量。

加大城市环境综合整治力度，以治理脏、乱、差为中心，以提高日常管理水平为目标，进一步提高城市管理水平。重点抓好城乡结合部、集贸市场、基建工地、背街小巷的专项治理，力争进入全国"十佳"卫生城市行列。以"森林城"建设为主线，搞好城市绿化。重点抓好城区干道、广场、公园、"两区两城"及住宅小区的绿化。加强育苗基地建设，强化扶育管理，全面提高绿化质量和水平。

（七）大力发展第三产业、个体私营经济和区街经济，努力做好财政金融工作

要加快第三产业发展，调动方方面面的积极性，鼓励国有企事业单位、社会集团、城乡集体和个体私营经济以资金、房地产、设备、技术、信息、劳务等形式投入第三产业。特别要提倡停产、开工不足的企业，利用现有设备和富余人员，开发和兴办第三产业。全市第三产业增加值要比上年增长15%。要把区街经济的发展摆到重要日程上来，加强战略研究，搞好发展规划，力争在发展速度、规模效益和产业高度上取得大的突破，率先进入经济发展的快车道。继续扶持和鼓励个体私营经济的发展。要按照大舆论、大力度、大发展、大提高的基本思路，形成支持和鼓励个体私营经济发展的社会氛围，进一步强化工作力度，使个体私营经济在数量有较大发展，质量上有较大提高。

财政工作要按照一要吃饭，二要建设的方针和收支平衡的原则，科学编制预算，强化收管理，做到应收尽收，减少流失，努力增加收入。全年市区级财政收入要比上年增长9.2%。要在巩固现有财源的基础上，把工作的着眼点放在培植、开辟新的财源上。继续树立过紧日子思想，严格控制财政支出，大力压缩社会集团消费。生产、建设、流通、消费各领域，都必须厉行节约，反对浪费，对任意挥霍国家资财的行为要严加惩处。金融部门要围绕全市经济建设这个中心，认真抓好清理拖欠，加强资金调度，盘活存量，尽最大可能提高资金使用效益。进一步发挥各专业银行和证券公司、信用社等金融单位的作用，千方百计筹措资金，优化增量，使信贷规模有所增长，保证资金特别是重点建设项目资金能够及时到位。

（八）从增强经济发展实力和后劲出发，抓紧编制"九五"计划

今年是"八五"计划的最后一年，也是为进入"九五"时期作必要准备的一年。因此，我们必须本着实事求是的原则，立足当前，着眼长远，按照建设现代化国际性城市的阶段性目标和三年经济再上新台阶的要求，围绕增强我市经济实力和发展后劲，抓好"九五"计划的编制工作。初步考虑，"九五"期间要突出抓好十个方面的重点工程。一是以"两区两城"有关大项目为重点的开放先导工程；二是百万辆汽车、50万辆摩托车及其配套工程；三是以50万吨玉米为原料的粮食深加工工程；四是以400万亩中低产田改造为重点的增产15亿公斤的粮食工程；五是以百万吨水、百万门电话、百万千瓦电、3000万平方米建筑面积供热等项目为重点的基础设施工程；六是以绕城高速公路建设和中环、内环改造为重点的四通三环道路工程；七是国际机场工程；八是以信息、粮食批发、科技等要素和商品市场为主的市场建设工程；九是城市生态环境工程；十是以体育馆、五环新闻大厦等项目为重点的文化设施工程。编制"九五"计划，是事关长春长远发展的一件大事，各级政府和政府各部门，要加强领导，密切配合，全力做好这项工作。要按照国家有关政策，抓紧我市"九五"时期重大项目的筛选排队和论证工作，积极上报国家和省，争取更多的项目能够列入国家和省的"九五"计划。

（九）协调发展科技、教育等各项社会事业，大力推进社会主义精神文明建设和民主法制建设

继续贯彻"经济建设必须依靠科学技术，科学技术必须面向经济建设"的方针，深入实施科技立市战略，加快科技长入经济的进程。围绕发展主导产业和高新技术产业，搞好膜片弹簧离合器等10个重点科研项目的计划管理与实施；继续做好火炬计划的组织实施和高新技术企业的认定工作，加快高新技术产业化的步伐。进一步扩大与科研单位、大专院校的合作，重点抓好中科院长春分院系统拿出的11个大项目的可行性论证、资金筹措以及项目实施过程中的协调工作。争取国家支持，建立农业科技成果推广基地。要在全社会形成尊重知识、尊重人才的良好风尚，努力创造人才辈出、人尽其才、才尽其用的社会环境。

全面贯彻落实党的教育方针，实施《中国教育改革和发展纲要》，深化教育改革，加强和改进德育工作，全面提高教育质量。强化基础教育，巩固、提高和发展普及九年义务教育和城区高中段教育成果；大力发展职业技术教育，继续开展高等职业技术教育试验，为经济建设培养大批实用型人才。认真贯彻《教师法》，抓好教师队伍建设和师德教育；努力提高教师的地位和待遇，加快教工住房建设。进一步加大教育投入，不断改善办学条件。

今年是开展全国文明单位评比、文明城市竞赛活动的第一年。要以这一活动为载体，以培养“四有”新人、增强城市综合经济实力和提高城市现代化管理水平为目标，大力加强社会主义精神文明建设。在各重点行业和窗口单位，开展各具特色的“创建文明城市十杯赛”活动，通过广泛深入的创建活动，不断增强广大市民的现代都市意识、环境意识、法制观念和公共道德观念，努力提高全民素质，为夺取全国创建文明城市竞赛东北赛区和全省创建文明城市竞赛“优胜城市”称号打好基础，力争首批跨入国家级文明城市行列。结合反法西斯战争胜利50周年和抗日战争胜利50周年纪念活动，广泛深入地开展以爱国主义、集体主义、社会主义为核心内容的思想教育，加强职业道德、社会公德、家庭美德和基本国情教育，激发广大干部群众的民族精神和爱祖国、爱长春的热情。继续开展拥军优属、拥政爱民活动，进一步加强军政、军民团结，巩固双拥模范城的成果。大力发展文化、广播电视、新闻出版事业。认真做好第三届电影节的前期准备工作。重点办好一批文化单位，创作并出版一批文化精品，繁荣人民群众精神文化生活。坚持不懈地开展“扫黄、打非”，净化文化市场。深入贯彻预防为主的方针，深化医疗体制改革，大力加强医疗卫生工作。全面推进“奥运争光计划”和“全民健身计划”，实施“531”工程，力争在第三届全国城运会上夺得好成绩。继续抓好计划生育工作，控制人口数量，提高人口素质，人口自然增长率控制在10.65‰以内。大力加强社会事业基础设施建设，抓好市中心医院、杂技宫、少儿大世界、新闻广播电视大厦等工程改造和建设的前期准备工作，逐步补充和更新广播电视设备，搞好长春市万人综合体育馆建设。

加强社会主义民主法制建设，维护政治和社会稳定。各级政府要自觉接受人民代表大会及其常委监督，坚决贯彻执行人大及其常委会的决议和决定。主动接受人民政府的民主监督，加强同民主党派、工商联、无党派人士和各人民团体的联系，完善协商议事制度。虚心听取人大代表、政协委员的批评，认真办理人大、政协的议案、提案和建议，不断改进政府工作。重视和发挥研究咨询机构和专家的作用，重大决策要广泛听取各方面的意见，努力实现决策的民主化、科学化。发挥新闻媒介作用，发扬民主，广开言路，把政府工作更好地置于人民群众的监督之下，认真贯彻党的民族、宗教、侨务和对台政策，团结一切可以团结的力量，调动一切积极因素，为社会主义现代化建设服务。积极做好群众来信来访工作，主动征集人民群众的建议。高度重视和正确处理新时期人民内部矛盾，贯彻分级负责、归口办理的原则，妥善解决群众关心的热点问题。充分发挥居民委员会、村民委员会群众自治组织和各级各类调解组织的作用，及时化解各种不安定因素，把矛盾解决在基层。全面推进依法治市工作，按照5年立法计划，加快起草审核地方法规和各种行政规章，积极主动提请人大常委会审议通过并实施。加强行政执法队伍建设，提高人员素质，做到有法必依，执法必严，违法必究。深入开展普法教育，增强公民的法制观念。加强社会治安综合治理，搞好群防群治网络建设，促进各项措施的全面落实。强化人民民主专政职能，贯彻“严打”方针，严厉打击危害大、影响大的恶性犯罪、带有黑社会性质的流氓恶势力和团伙犯罪、重大经济和侵财犯罪；坚决查禁和取缔卖淫嫖娼、赌博、贩黄、贩毒活动，净化社会环境。落实安全防火责任制，严防重大事故发生。继续加强交通治理，保证城市交通畅通。强化国家安全意识，严防国内外敌对势力的各种渗透和破坏活动，继续抓好国防教育，做好民兵、预备役工作。

（十）转变职能，进一步做好政府工作

今年，改革、发展和稳定的任务艰巨而繁重，加强政府机关的自身建设尤为重要。各级政府必须统一思想，总揽全局，加强协调，扎实工作，不断提高驾驭全局和组织领导经济建设的本领。

积极稳妥地进行机构改革，推进国家公务员的实施工作。按照省里的统一部署，本着转变职能、理顺关系、精兵简政、提高效率的原则，突出转变职能这个中心，完成市、区和街道、乡（镇）机构改革任务。机构改革是一项政策性强、涉及面广的系统工程，必须加强领导，精心组织，确保改革的及时到位。通过机构改革和推行国家公务员制度，逐步建立起适应社会主义市场经济发展要求的行政管理体制，建设一支精干、廉洁、高效、充满活力的公务员队伍。

加强廉政建设。惩治腐败，加强廉政建设，是关系社会主义现代化建设大业成败的大事，必须坚持不懈地抓下去。要坚持党中央确定的反腐败指导思想、基本原则和三项工作的大格局，继续落实中纪委二次全会以来部署的各项任务和中央最近提出的新的要求，认真抓好政府机关和企事业单位领导干部的廉洁自律，严肃查处大案要案，狠刹部门和行业不正之风。要进一步发扬党的优良传统，密切政府同人民群众的联系。坚持勤俭节约，反对铺张浪费，增强公仆意识，反对官僚主义。要加强廉政制度建设，逐步建立起有效防范以权谋私的内部和外部监督约束机制，不断和发展反腐败斗争的成果。

转变作风，求实务实，真抓实干，在改进作风上取得明显进展。要认真学习邓小平文选一二三卷，用建设有中国特色社会主义理论武装头脑，增强执行党的基本路线的自觉性，与党中央在政治上和思想上保持高度一致。要努力学习经济理论知识、科学技术知识，增强市场经济条件下领导和组织经济建设的能力。各级领导干部要经常深入基层、深入群众、深入实际，多搞一些能解决问题的调查研究，切实掌握工作的发言权、领导权和决策权。要真抓实干、摸实情、办实事、求实效，采取措施减少会议、文件和各种应酬活动，坚决反对各种弄虚作假、浮夸等行为。进一步强化自上而下的岗位目标责任制，加强督促检查，严格考核标准，形成有效的落实机制。要加快工作节奏，提高工作效率，保证政府工作高效有序运转。加强政府机关党的基层组织建设，增强凝聚力，提高战斗力。

各位代表，我市的改革开放和经济建设正处在一个关键的时期。展望未来，我们充满信心，今年我市各项工作已经有了一个良好的开端。工业生产实现了首月开门红，增长速度超过10%；农业备耕生产动手早，抓的实；节日市场货源充足，价格平稳；社会治安比较稳定。特别是，在全国第八届冬运会上，我市取得了金牌总数第一的好成绩，并成功地争得了全国第九届冬运会的承办权。这些成绩极大地鼓舞了全市人民，也为全面完成今年工作任务打下了一个好的基础。让我们在省委、省政府和市委的领导下，在市人大、市政协的监督和支持下，团结和带领全市各族人民，同心同德，艰苦奋斗，善谋实干，乘势快上，全面完成今年的各项工作任务，为加快现代化国际性城市建设的步伐，为建设发达的边疆近海省多做贡献。

长春市统计局关于1994年国民经济和社会发展的统计公报

1994年，全市人民在市委、市政府的领导下，认真贯彻落实党中央关于“抓住机遇、深化改革、扩大开放、促进发展、保持稳定”的方针，按建立社会主义市场经济体制和建设现代化国际性城市的阶段性目标，努力奋斗，开拓进取。财税、金融、外汇、投资和价格等项改革进展顺利，国民经济和各项社会事业全面发展。工业生产持续增长，粮食生产创历史最高水平，城乡人民生活水平不断提高，国民经济综合实力显著增强。1994年预计国内生产总值完成326亿元，比上年增长21.5%。其中，第一产业增加值完成71.6亿元，比上年增长7.2%；第二产业增加值完成162.8亿元，比上年增长28.6%；第三产业增加值完成91.6亿元，比上年增长19.5%。

在社会经济发展中存在的主要问题是：速度型效益较为明显，整体经济效益情况不佳，物价上涨幅度过高，一些低收入户生活比较困难，城市供水、供热、交通等基础设施难题仍很突出。

一、农 业

1994年，我市认真贯彻中央有关发展农村经济的各项政策措施，增加了对农业生产的投入，推动了农村经济全面发展。1994年，全市农业增加值完成71.6亿元，比上年增长7.2%。

1994年，我市农业生产围绕高产、优质、高效农业，调整优化种植业结构，稳定了粮食产量。全年粮食产量677.5万吨，比上年增长5.3%。其中，稻谷75.8万吨，下降2.5%；玉米510.1万吨，增长6.4%；大豆32.5万吨，下降5.7%。全市油料总产量4万吨，与上年持平。甜菜总产量5.5万吨，比上年下降20.2%。

全市造林面积7380公项，比上年增长15.1%，当年新育苗面积比上年下降51.2%。

1994年，我市畜牧业发展较快。全市畜牧业产值达35.2亿元，比上年增长32%。猪牛羊肉产量达18.9万吨，比上年增长35.1%；奶类产量4.3万吨，比上年增长2.6%；禽蛋产量12.8万吨，比上年增长18.9%；鹿茸产量23529公斤，比上年增长21.2%。大牲畜存栏头数93.7万头，比上年增长26.6%。全市水产品产量15277吨，比上年增长6.4%。

1994年农业生产投入进一步增加，全年化肥施用量（折纯吨）26.2万吨，比上年增长6.9%。农村用电量5.6千瓦小时，比上年增长15.4%。

1994年，乡镇企业持续快速发展。全市乡镇农业完成总产值162.2亿元，比上年增长53.9%。出口交货额29128万元，比上年增长50.5%。

二、工业和建筑业

1994年，我市工业积极探索优化资本结构，增强企业活力的有效方法，企业经济体制改革不断深化，经营机制进一步完善。全市工业经济的发展始终保持稳定、快速增长的良好状态。1994年，全市工业增加值完成150.3亿元，比上年增长32.1%，居全省之首。

1994年，我市工业以培育名牌、发展名牌、强化名牌效应为基础，促进全市工业整体升位。全市轻工业增加值完成29.3亿元，比上年增长47.8%。全市重工业增加值完成121亿元，比上年增长30.4%。全市试生产产品620项。全市重点考核的154种工业产品，质量稳定提高率99.3%。奥迪轿车、AX100摩托车等产品被评为中国名牌产品。

主要工业产品产量如下：

	1994年	1994年比上年增减%
彩电	2.6万部	18.2
摩托车	11.9万辆	39.0
洗衣机	19.0万台	—24.0
布	3745.1万米	—24.5
卷烟	22.5万箱	—13.0
啤酒	13.9万吨	11.0
配混合饲料	55.7万吨	3.0
发电量	31.6亿千瓦小时	—12.5
原煤	119.6万吨	1.7
汽车	18.7万辆	6.2
其中：		
轿车	2.9万辆	—3.3
铁路客车	1022.0辆	15.9
水泥	119.0万吨	28.1

1994年，我市工业经济效益稳步提高，全市工业全员劳动生产率达21021元/人，比上年提高34%。全市工业销售产值完成285.1亿元，比上年增长17.1%。全市工业实现利税总额36.1亿元，比上年增长16.4%。亏损企业亏损额比上年下降5.1%。但是，在激烈的市场竞争中，我市部分企业处于弱势。在全市工业中亏损企业为453户，比上年增加49户，亏损企业亏损面达16.2%，比上年扩大1.8个百分点。

1994年，我市建筑业生产继续发展。全市建筑业完成增加值12.5亿元，比上年增长17.7%。全市施工面积达516.1万平方米，比上年下降7.9%，完成竣工面积282.2万平方米，比上年下降5.4%。

三、固定资产投资

1994年，我市积极贯彻执行国务院《关于继续加强固定资产投资宏观调控的通知》，采取了一系列切实有效措施，收到了良好效果。重点工程进展顺利，投资结构进一步改善。1994年，全市完成固定资产投资96.1亿元，比上年增长27.3亿元，增长39.7%，增幅比上年回落12.8个百分点。其中，国有单位投资额比上年增长43.4%。集体单位投资额比上年增长25%。在投资总额中（按可比口径计算），第一产业投资比重由上年的1.3%上升到1.6%；第二产业投资比重由上年的72.1%下降到35%；第三产业投资比重由上年的26.6%上升到63.4%。

1994年，基本建设投资完成43.1亿元，比上年增长33.9%；更新改造投资完成15.4亿元，比上年增长16.7%。在更新改造投资中，用于增加产品产量的更新改造投资完成4亿元，比上年增长48.1%。用于增加品种和提高产品质量的更新改造投资完成8.4亿元，比上年增长6.3%。

重点工程建设步伐加快。全市被列入国家和省级计划的7项重点工程完成投资20.2亿元。列入国家计划的一汽中轻型车“七五”扩建和技术改造工程全部建成投产。一汽大众15万辆轿车工程已列为省1号工程。“引松入长”供水等重点工程建设也全面展开。我市新增加主要生产能力（或效益）有：电解铜5000吨/年，铜加工2000吨/年，载货汽车制造27000辆/年，商业网点35处，各类学生席位1.9万个，医院病床265张。

四、交通邮电

随着经济建设的发展，长春铁路、公路、航空等各种运输工业的客、货运输和邮电通信业务全面发展，取得了令人瞩目的成就。全年铁路货物发送量完成1063万吨，比上年下降11.1%；铁路旅客发送量2531.5万人次，比上年增长2.7%。客流量居全国第六位。1994年，全市交通部门公路货运量631万吨，比上年下降22.3%。公路客运量1474.6万人，比上年增长3.1%。公路货物周转量完成12911.8万吨公里，比上年下降24.5%。公路旅客周转量完成76272万人公里，比上年增长3.3%。

1994年，全市民航发送旅客27.4万人，比上年增长21.8%。货邮发送量3002.3吨，比上年增长10%。旅客吞吐量54.8万人，比上年增长23.7%。货邮吞吐量8711.7吨，比上年增长20%。

1994年，新落成的国际电信枢纽大楼，标志着我市通讯邮电事业向现代化进程迈出了可喜的一步。全年邮电业务总量完成5.2亿元，比上年增长36.1%。其中，出口函件增长20.1%，报刊下降38.1%，电报下降26.9%。新增12.2万门程控电话已投入使用，长途电话增长31.2%。全市城镇电话户数已发展到27.3万户，比上年增长68.9%

五、城建、公用事业

1994年，为适应建设现代化国际性城市的需要，我市提出了城市建设“高起点、大动作、宽环境、实现跳跃式发展”的总体思路，集中财力、围绕水、路、能源、通讯等城市基础设施建设，共安排23项重点工程，其中新开工的8项。令人瞩目的“引松入长”工程全面开工；东郊煤气厂的42孔焦炉已竣工并交付使用。市政道路建设以“三路五桥”为中心全面展开，卫星路、景阳大街、正阳大街等新建、改建工程先后建成通车；市中心交通拥挤处先后建成5座人行过街天桥，使城市交通在短时间内得到一定缓解。

1994年，全市新铺装道路15万平方米，新改建道路25万平方米，到1994年末，全市铺装道路总面积已达899万平方米。

1994年末，全市自来水日生产能力已达66.4万吨，城市规划区使用自来水人数已达162.1万人，比上年增长0.4万人。

1994年，全市煤气日生能力达88.4万立方米，比上年提高27%。市区内使用煤气、石油液化气户数达31.7万户，比上年增加1.6万户。

1994年末，全市拥有营运公共电、汽车1144辆。年末行车线路总长度797.9公里。

1994年末，城区植94.1万株，城区绿地面积达4118公项，绿化覆盖率为37.4%。

六、国内商业和市场物价

1994年，我市加快了培育建立大市场的步伐，商业企业不断加大改革力度，着力转换企业经营机制，使企业活力显著增强，经济效益明显提高。1994年，我市国合商业企业在调控市场中发挥了主导作用，在市场和物价出现变化波动时能够坚定贯彻市委、市政府的宏观调控措施，为稳定市场平抑物价发挥了龙头和表率作用。

1994年，我市消费品市场货源充裕，购销持续旺盛。全年实现社会消费品零售总额101.8亿元，比上年增长22.6%。国有单位消费品零售额下降2%，集体所有制单位消费品零售额增长3.4%，个体经济消费品零售额增长23.3%，农民对非农业居民零售额增长89.4%。

1994年，全市城乡集市贸易市场已发展到405

个。其中，城区145个，郊区16个，榆树、德惠、九台三市和农安、双阳两县244个。全市城乡集市贸易成交额54.5亿元比上年增长26.2%。

1994年，随着财政税收、外汇体制改革新措施的出台，相继开放了统配煤炭和粮食销售价格，提高了电力、书报杂志等项目的价格，居民消费品、服务项目和农用生产资料价格全面上涨，市场物价不断攀升。

1994年城市价格比上年上涨幅度（%）

1、居民生活费用价格	22.9
其中：	
食品	31.3
粮食	42.3
肉禽及制品	41.2
食用植物油	42.1
蛋类	8.6
水产品	26.5
鲜菜	41.9
衣着	12.4
家庭设备及用品	10.8
医疗保健	10.2
娱乐教育文化用品	10.8
居住	25.0
服务项目	15.3
2、商品零售价格	20.5

七、外贸、旅游业

1994年，我市对外贸易经济体制改革取得新进展。全市实现进出口总额20.5亿美元，其中，出口创汇11.4亿美元，分别比上年增长25.4和16.8%。

1994年，我市招商引资工作不断加强，利用外资又取得新成绩。到1994年末，外商投资企业已发展到786家，全年新签利用外资协议项目215个，协议利用外资5.9亿美元，实际利用外资2.8亿美元，外商投资规模不断扩大。

1994年，全市共接待来自30多个国家和地区的外宾31413人次，比上年下降7.8%。其中，接待外国人24536人次，比上年增长11.4%，接待华侨和港澳台同胞6877人次，比上年下降42.9%。

八、科技、教育、文化

1994年，我市继续推进科技立市发展战略，深入开展了科技兴农，科技兴企，使科学技术不断与经济建设紧密结合，科技成果直接向生产领域转化，科技事业成果卓著。1994年，全市各级各类专业技术人员达33.3万人，比上年增长6.3%。其中，自然科技人员15.4万人，比上年增长5.2%；社会科技人员17.9万人，比上年增长7.3%。全市独立科学研究机构已发展到101个。其中，自然科学研究机构78个，社会科学研究机构17个，情报机构6个。1994年，全市通过鉴定、登记的科技成果464项。其中，属于国际首创、领先和达到国际先进水平的135项；属于国内首创、领先和达到国内先进水平的304项；达到部、省级先进水平的25项。1994年，科技推广与科技转让又有新进展，据全市有经济效益的项目统计，新增产值3.5亿元，新增利税5453.7万元，农业增收17271.9万元。

1994年，为了适应社会主义现代化建设对各类人才的需要，高等院校和中等专业学校继续加快专业结构和课程设置的调整步伐，多种形式的岗位培训和继续教育蓬勃发展，强化了教育管理体制改革的力度。1994年，在10个县（市）区按国家规定提前6年基本实现了普及九年义务教育。

1994年，全市27所普通全日制高等院校共招收本、专科学生2.1万人，毕业生1.5万人，年底在校生6.7万人。全市各类成人高等学校招收本、专科学生1.1万人，毕业生0.6万人，年底在校生2.7万人。全市各类中等学校586所，在校生42.6万人。其中，中等专业学校3.5万人，农职中学4.1万人，技工学校2万人，普通高中4.9万人，普通初中28.1万人。全市1922所小学年底在校学生67.3万人，学龄儿童入学率达100%。

1994年，文化事业有了较大发展，丰富了市民精神和文化生活，特别是我市成功地举办了1994年第二届中国长春电影节。本届电影节共有17个国家和地区113部影片参加了电影评奖、电影展映和电影交易活动。在电影节期间有美国、日本等23个国家和地区的客商参加进出口贸易和签订经济技术合同项目的交易活动，实现进出口贸易总成交额1.7亿元美元。其中，出口成交额1.6亿美元。这不仅为促进中国电影事业的改革与发展做出了积极的探索，而且极大地振兴了长春经济。到1994年末，全市电影事业机构已发展到628个，其中，电影放映点621个。文化事业机构231个。其中，艺术表演团体10个，剧场影剧院11个，公共图书馆、图书流通站10个，图书总藏量169万册，群众文化事业机构180个（其中乡镇文化站153个）。文物事业机构8个，其中博物馆2个。长春电影制片厂全年共生产故事片18部，其中合拍2部，译制片9部，美术片3部。

九、卫生、体育

1994年，我市卫生事业继续发展。到1994年末，全市卫生医疗机构发展到802个，其中医院274所。全市拥有医疗疗养床位2.4万张，比上年下降3%。全市专业卫生技术人员达3.7万人，比上年增长2.7%。1994年末，全市个体医疗开业人员达867人，比上年增长3%。

全市农村村级卫生医疗点已发展到2500个，比上年增长26.8%，乡村医生和卫生员达6548人。

1994年，体育事业蓬勃发展。1994年，我市运动员在参加国际、国内比赛中取得可喜成绩。其中有1人4次破三项女子举重世界纪录，有4人代表国家参加世界第十七届冬奥会，并夺取一枚铜牌。38人代表国家参加第十二届广岛亚运会，获金牌5枚，银牌2枚，铜牌1枚。全年共向国家队输送8名运动员。

在吉林省第十二届运动会16个比赛项目中，共获金牌387枚，银牌286枚，铜牌201枚，总分9529分，奖杯24座，体育道德风尚奖19个。有1人打破全国青少年纪录，68人42次打破省青少年纪录并取得了金牌、奖牌、总分、奖杯和体育道德风尚五个第一名。

1994年，我市认真实施《国家体育锻炼标准》，全市实施面为100%。总达标率为89.8%，比上年增长0.1%。

十、人口与人民生活

1994年末，全市总人口为657.5万人。其中，市区人口223.7万人，五（市）县人口433.8万人。全市人口出生率为12.21‰，死亡率为5.38‰，自然增长率为6.83‰。

1994年，随着工农业生产的快速发展，人民生活水平不断提高。全市城镇共安置待业人员18174人。其中，安置在国有单位就业的有10108人，安置在城镇集体所有制单位就业的有5066人，乡镇企业安置301人，私营企业安置人员738人，从事个体劳动的有1899人。年末职工总数达136.7万人（不含铁路系统职工，下同）。工资总额达57.6亿元，比上年增长42.6%。职工年平均货币工资为4271元，比上年增加1265元，增长42.1%。

1994年，城市居民家庭人均年生活费货币收入2580元，比上年增长27.2%。人均消费性支出为2388元，比上年增长34.2%。在全部生活消费支出中，城市居民人均用于食品消费支出1240元，占全部消费支出的51.9%；用于衣着消费支出372元，占15.6%；用于生活用品及服务支出145元，占6.1%。1994年与上年相比：城市居民家庭人均消费粮食增长12.5%；食用植物油增长26%；蛋类增长1.1%；鲜菜下降10.7%；内禽及制品增长26%。1994年与上年相比：城市居民家庭平均每百户拥有电视机127台，增长5%；洗衣机92台，与上年持平；电冰箱70台，增长37.3%；组合家具44套，增长41.9%。

1994年，我市农民收入随着农业生产大丰收和农副产品价格的提高而大幅度增长。农民家庭人均年纯收入1416元，比上年增长47%，扣除物价上涨因素，实际增长17.7%。1994年与上年相比：农民人均用于食品消费支出比上年增长39%；用于衣着消费支出比上年增长22.6%；用于日用品消费支出比上年增长26.8%；用于改善住房条件的支出比上年降低30.4%。1994年与上年相比：农民家庭人均消费粮食297.7公斤，增长3%；食用植物油5.5公斤，下降5.2%；猪肉6.2公斤，下降11.4%；蔬菜186公斤，增长64.2%。1994年与上年相比：农民家庭平均每百户拥有自行车135辆，与上年持平；大型家具290件，增长1.1%；洗衣机38台，增长8.6%；电视85台，增长11.8%。

1994年末，全市城乡居民储蓄余额达165.3亿元，比上年末增长46.3%。其中，城镇居民储蓄151.7亿元，比上年末增长47.9%。

1994年，国有单位和集体所有制单位新建住宅176.3万平方米，农民个人新建住房2.5万平方米。城市人均居住面积由上年的6.55平方米增加到6.78平方米；农村人均住房面积已达15.1平方米。

注：

（1）国内生产总值为初步统计数据。

（2）各项产值按现价计算，增长速度按可比价格计算。

专　　论

对长春市选择和确立以汽车工业为今后地区经济发展主导产业的理性分析

傅铁实　刘刚

一、现实与选择

从九十年代初开始，长春市经济与全国一样进入了一个新的快速增长阶段。在经济整体较快运行的同时，内部结构发展很不平衡。1993年，全市国民生产总值和工业总产值分别比上年增长28%和36.9%。其中，工业增加值和汽车工业产值分别比上年增长47.5%和90.7%，增幅分别比前者高出19.5个和53.8个百分点，绝对值分别占当年国民生产总值和工业总产值的48%和51.1%。同年，长春市属工业亏损面扩大到51.7%，盈亏相抵净亏损额达2.6亿元。其中纺织、电子等行业亏损面均在14.8%至27%。面对市场经济大潮的冲击和中国即将复关的现实，如何为长春市国民经济今后的持续发展选择一条符合市情、国情并能在未来世界市场经济中占有应属于自己的位置，是摆在我们面前不容回避的一个实际问题。我们认为：历史和现实的实践都已证明，国民经济要实现较快发展，必须形成能带动整个国民经济发展的主导产业。主导产业做为区域性经济的核心，对国民经济的整体发展有着不可取代的推动作用。鉴于长春市的客观情况，必须选择和确立以汽车工业为长春经济的主导产业，以阵痛换久安，这无论在理论上还是实际上都是比较现实的选择。

二、选择的理论与客观依据

1、选择汽车工业做为长春经济发展的主导产业，符合现代市场经济发展的大趋势和客观要求，也符合世界其他一些国家或地区依靠汽车工业振兴和带动本国和本地区经济增长的一般规律。

现代市场经济增长的主导产业的产品一般都是最终产品。因为最终产品处于整个社会再生产流程的末端，最终产品一旦形成，就退出生产领域而进入社会消费领域，对整个生产过程起推动和导向作用。基础产业的产品一般都是中间产品，它们处在生产过程的中间环节，其拉动和导向作用不及最终产品。一般来讲，在经济技术不够发达的地区或历史时间，可以考虑走一条依靠资源优势进行产品就地加工或出售资源的路子。但从长远观点方面看，任何地区资源都是相对有限的；另一方面，这类产品多为初级产品，科技含量低，经济效益差，产品竞争也乏力。依靠生产这类产品的部门或行业做为主导产业，在竞争日趋激烈复杂的市场经济中是很难取胜和持久的。因此，在现代市场经济发展中，我们选择汽车工业为主导产业，是因为汽车产品属于最终产品，科技含量高，产品附加值多，能带来较好的经济效益。

现代市场经济的一个很重要特征是规模经营。汽车是最适合规模生产和经营的。汽车是现代经济中少数能大量生产的大件商品之一。其他机电产品的附加值达到或超过汽车的如机床、机车等，其产量和需求量远不如汽车。而产量和需求量能达到或超过汽车的如电视机、电冰箱等其技术含量和附加值又少于汽车。

现代市场经济的发展讲究关联度。汽车制造涉及到钢铁、机械、电子、石化等广泛的工业领域，规模的汽车工业可以带运这些相关部门的规模发展，可以形成高科技含量，高附加值的现代工业体系。

现代市场经济的发展客观上要求市场的开放性，这就决定了选择汽车工业为主导产业不仅要着眼于国内经济循环和市场，而且还要着眼于今后参加国际经济循环和国际市场竞争。世界经济发展的总趋势和潮流是谁的产品科技含量高，附加值多，谁的产品就有竞争力，谁就有市场，谁就能生存和发展。

现代市场经济生活中，汽车工业发展水平和规模在一定程度上成为衡量一个国家或地区工业整体水平和经济实力强弱的重要标志之一。按轿车生产量统计，五十年代世界最大的轿车生产国是美国和英国；六十年代是美国和西德；七十年代是美国、日本、西德；八十年代则是日本、美国、西德。不言而喻，上述国家的经济实力和工业发展水平在世界经济格局中占有相当重要的地位。

2、国民经济发展的阶段性为长春选择汽车工业做为主导产业创造了机会和条件，同时也为长春市汽车工业的发展展示了广阔的空间。1993年，国家重新调整和确定了今后7年全国产业和结构调整的重点，其中之一就是以轿车、轻型车为重点的汽车工业。这是我国改革以来国民经济发展呈阶段性的一种重要表现形式，也是经济发展到现在的一种必然结果。

改革开放以来，特别是八十年代我国经济的增长基本上是在以最终产品为主导产业的带动下实现的。开始是纺织、自行车、手表，进入八十年代中期即1984年至1988年，形成了以电视机、电冰箱、洗衣机等家用电器为主导产业的经济格局。其产品产量、产值增长速度远远高于其他工业的增长速度，从而带动了当时整个经济的高速度发展。1988年与1983年相比：全国家用电视机、电冰箱、洗衣机产量分别增长了2.7倍、41.8倍和2.9倍。同期，国家财力和居民收入都大幅度增加。国家财政收入增长了1.1倍，城乡居民储蓄增长了2.5倍。随着国民经济的增长和国家财力、居民收入的增长，一方面，社会消费也在不断增加，城乡大部分居民的衣、食温饱得以解决。另一方面，在城镇，家用电器普及率迅速提高并趋于饱和；在农村，家用电器普及 不及城镇，但由于这期间城乡居民人均收入水平差距拉大，且受农村自然条件的限制，还难以接受市场剩余的家用电器。从1989年末开始，我国家用电器工业陷入停滞，失去了主导产业的地位，全国出现了市场疲软，工业产品积压严重的局面，导致整个经济滑坡。从生产和消费的关系来看，社会需求与消费对生产具有刺激和导向作用，决定了生产过程具有阶段性周期性的特点。换言之，当经济进入一个新的发展阶段以后，其增长在很大程度上取决于社会消费领域的拓展和数量的扩张。也就是说，居民消费如不由衣、食领域拓展到住和行领域，国民经济新一轮的发展就很难实现，只有寻找和不断培育国民经济新的生长点，才会给经济的增长带来生机。

汽车工业特别是轿车工业是能把居民消费与经济增长紧密结合在一起的特殊产业。在现代经济生活中，轿车是主要的高级耐用消费品之一，也是物质财富的表现形式之一。经济增长必须体现在物质产品的增长与丰富上，不仅要表现在中间产品，表现在生产资料上，而且还要表现在最终产品上，表现在消费资料上。我国经济体制改革的逐步深化和社会主义市场经济的蓬勃发展不可逆转地决定了下一个经济发展阶段必然要由居民衣、食领域逐步拓展到住和行。这是因为目前我国地区之间、部门之间、城镇居民之间的收入水平和消费水平已经在拉开档次，在收入决定消费和消费引导生产这一经济机制的作用下，在解决大部分居民温饱问题的基础上，应不断满足部分社会消费需求包括居民个人的高层次消费，进而把整个国民经济从生产到消费都推上一个新的台阶。

3、选择和确立汽车工业为今后经济发展的主导产业，是建立在长春市现有的经济基础、经济结构和科技水平整体较高基础之上的。随着长春市汽车工业的建立、发展和壮大，汽车工业一直带动着全市国民经济整体的发展，对繁荣地方经济做出了巨大贡献。长春第一汽车制造厂是“一五”时期国家投资建成的重点骨干企业，是新中国汽车工业的摇篮。1993年，经国务院批准，成立了以“一汽”为核心企业的生产经营跨地区、跨行业和设计、科研、生产、销售、售后服务各项功能齐全的特大型企业集团。到1993年末，“一汽”集团已拥有固定资产原值54.5亿元，职工总数达13.8万人，其中科技人员达2.8万人，生产规模为年产17.6万辆载重汽车和3万辆奥迪、捷达轿车。全年汽车工业总产值达170亿元，占全市工业总产值的51.1%，净增产值66.2亿元，占全市工业产值净增总额的95.2%。可以说，经过近40年的不断发展，长春市的汽车工业在全市国民经济中占有举足轻重的地位，无论是在观念上还是在实际上，汽车工业都发挥着主导产业的作用。选择汽车工业为主导产业是符合以济效益为中心来发展经济的指导思想的。衡量一个地区或一个国家经济发展快慢，运行质量优劣，归根到底，就是要看这个地区或国家为全社会创造出多少财富，就是要看等量的投入而产出的多寡。

1993年，长春市汽车工业实现利税17亿元，比上年增长45%，是全市工业利税增长速度的2.6倍，占全市工业利税总额的66.9%，相当于全市财政收入的68.5%。

1993年长春市部分工业行业主要经济效益指标

	每百元资产利税(元)	人均创利税(元)	人均创造增加值(元)	人均占有固定资产原值(元)
全市工业	7.7	4001	15498	3284
其中:汽车工业	13.3	12277	39800	44324
纺织工业	−6.9	−2226	1295	12294
电子工业	−11.4	−7498	2470	20024
冶金工业	9.1	4267	32170	21583
化学工业	4.1	1324	15816	17067
机械工业	4.7	1461	13578	16051

以上资料显示：长春市汽车经济效益水平与全市工业整体效益水平及其他主要工业行业相比具有明显的效益优势。从投入产出的角度看，社会再生产规模的扩大和国民经济的高速增长都离不开资金的循环投

入和增大投资量。但资金的流向在相当大的程度上，特别是在市场经济条件下受到比较经济效益机制的作用和影响。也就是说哪个企业或产业的经济效益好、利税多、贡献大，投入产出比率高，资金就应该流向哪个企业或产业。国家和地方政府在发展经济，组织生产，进行宏观经济调控时，特别是在资金相对匮乏时，更应该制定和采取倾斜政策，来鼓励和引导资金向经济效益好的企业和行业流动。经济运行的内在机理决定了经济运行的态势和最终效果，遵循这一机理就会处理好速度与效益的关系，就会取得较好的经济增长速度和效益，反之则不然。因此，我们应当充分地认识和运用好经济运行机制，通过产业政策，从调整固定资产投资结构入手，来带动和调整现有经济结构，从根本上确立和加强汽车工业的主导地位，将长春市国民经济的发展模式由“速度效益型”逐步转向“结构效益型”，通过增大高科技含量、高附加值产业的比重来增长国民经济整体的经济效益，使全市经济效益的发展不仅在规模和速度上体现出量的扩张，更重要的是使全地区经济的内在质量即经济效益要有质的改变。

三、选择汽车工业所面临的风险与对策

长春市经济的发展，包括汽车工业的发展，离不开国家宏观经济背景和环境，也离不开世界经济的大循环。因此，选择汽车工业做为今后长春经济发展的主导产业在客观上一定会面临着许多风险和挑战。目前，除了我国公路窄、等级差、时速低和缺少停车场等外部环境较差外，从内在矛盾看，需要解决和处理好以下两个问题。

1、汽车生产成本高与居民收入水平偏低的矛盾，从本质上讲，这也是汽车的销售与市场问题。1993 年，长春“一汽”集团每辆奥迪小轿车的生产成本平均在 21.6 万元左右，销售价格在 25.7 万元左右。而同年全国职工的平均货币工资 3236 元，城镇居民家庭年人均生活费收入为 2337 元。从目前看，我国居民收入水平相对偏低，消费能力和水平还难以承受这样高的消费。解决这一问题的出路和对策在于：

①中国轿车工业应当根本本国国情与需要而设计和生产出一种价格在 3 万元至 4 万元左右的中低档家庭实用型小汽车，并形成专业化、大批量的零部件和整机生产体系，在价格上与国际市场价格相当。目前，国际市场的中档汽车价格一般在 4 万元至 5 万元人民币左右。中国汽车工业如若降低成本，占领国内外市场，关键是要扩大生产规模，提高劳动生产率，把单车成本降下来，形成规模效益。1993 年，全国拥有 100 多个汽车总装，5000 多家改装厂，但全国汽车产量才 131 万辆，不及国外一家主要生产厂家全年的产量。因此，必须将有限的资金投入到现有的规模经营上。此外，中国汽车工业职工的工资水平只相当于西方汽车工业大国同行业工人工资水平的几十分之一，以这样低的工资成本加之适当的规模经营，是能够生产出比国际市场价格略低或相当的汽车。

②从长远和发展角度看，国内轿车的潜在市场是很大的，我国人口占全世界的五分之一，群体利益差别较大，即使轿车进入少量家庭也能出现很大的市场。据有关部门测算，进入九十年代，我国年收入在 5 万元左右的家庭每年在 600 万户左右。随着经济的发展，高收入还会不断增加，加上部分公用小车，市场潜力是相当可观的。

③复关后，我国汽车工业会受到程度不同的冲击。长春“一汽”集团是目前我国最大的具有一定生产规模的专业集团之一，在一定程度上还会受到国家有关产业政策的保护，冲击相对小一些。但同国外老牌汽车工业大国相比，无论生产规模、效益、技术装备程度等都相差甚远。长春汽车工业若在今后国际市场竞争中占有一席之地，就需要结合我国国情，在学习和引入国外先进科学技术和管理方式基础上，探索和创造出自己的新的生产、经营、管理方式。目前，“一汽”集团正在全面推广“精益效益法”，收到了良好的效果。

2、发展汽车工业与其他工业的关系问题。无论从比较效益、规模效益、长远效益看，长春市都应集中有限的建设资金，从资金、能源、原材料都采取倾斜政策，确保汽车工业在全市经济中的主导地位，加快更新步供，扩大生产规模，降低单车成本，迎接挑战。诚然，我市其他一些工业行业也面临许多困难，一些企业面临停产、倒闭的危险，并由此带来其他一些问题。我们认为：随着社会主义市场经济的进一步发展，特别是中国复关后，一些企业包括一批国有企业由于管理不善、产品无市场等诸多原因肯定是会被淘汰的，一些企业职工面临着失业，生活会遇到困难。这些都是市场经济发展过程中，尤其是初期阶段必然会遇到了客观事实。在国家社会保障体系尚未健全和完善的情况下，该并则并，该卖则卖。对极少数部分生活暂时确有困难的职工，政府通过财政、国家有关政策银行和现有的社会保障体系统筹解决其温饱问题。但决不能因此而动摇和改变汽车工业在我市经济发展中的主导地位和进一步壮大汽车工业的决心。

解决上述问题的根本途径在于进一步深化改革。不改革经济就不能加快发展，不发展大家都没有出路。改革从本质上讲又是一场革命，以暂时的牺牲和痛苦换取长治久安是值得的，也是历史发展的必然趋势。

长春市国民经济再上一个新台阶内在推动力变化原因和利弊的初步分析

刘　刚

一、经济加快发展内在推动力发生了深刻变化。

十一届三中全会以来，我市国民经济的发展速度总的来讲是不慢的，1992年与1987年相比，扣除物价因素，国内生产总值平均每年增长9.5%。这期间，有两个阶段发展得比较快，一个是八十年代中期，即1984年至1988年，国民生产总值平均每年增长11.6%。另一个就是1992年以来，即小平同志南巡重要谈话发表后，国民经济又进入一轮快速增长的时期。1992年，全市国民生产总值比上年增长32.1%，1993年上半年比上年同期增长25%。

尽管这两个时期我市经济高速增长的情况比较相近，但透视经济发展运行深层次联系，我们认为：带动国民经济快速增长的内在动力却发生了深刻变化。其最显著的特征是：八十年代中期带动增长的动因是消费、投资"双膨胀"即消费、投资"双轮驱动"；而这一轮经济快速增长则主要表现在消费平稳增长，投资急剧增长的"单轮驱动"。

两个时期投资、消费、居民收入变化情况表

单位：%

	1984年—1988年平均增长	1992年	1993年上半年
全社会固定资产投资	26.5	54	65.2
社会商品零售总额	14.3	16.6	21.8
城镇居民人均生活费收入	15.2	14	32.2
农村居民人均纯收入	6.5	13.1	

以上资料显示：八十年代中期，全社会固定资产和社会商品零售总额增长速度相近，扣除价格因素高于或接近国民生产总值的增长速度，国民经济快速增长是在二者的驱动下实现的。而新一轮经济快速增长则不同，消费增长明显滞后于投资增长。1993年，全市固定资产投资现价增长速度高于同期社会商品零售总额现价增长38个百分点，投资需求剧增导致这次经济发展在高水平上运行。

二、由"双轮驱动"到"单轮驱动"变化的原因

从经济运行本身看，发生这种变化的主要原因是有其宏观背景和客观环境的。

1. 八十年代中期的消费"膨胀"在一定程度上是受非经济因素影响的。一是受舆论影响。当时舆论宣传忽视我国生产力和经济发展水平，偏离了我国国情，片面夸大消费的拉动作用，提倡"高消费"，极大地激发了人们多年压抑的消费欲望，最终导致了"超前消费"。1988年我市城镇居民家庭生活消费首次出现逆差，入不抵出，人均逆差达91.24元。二是居民对物价上涨心理承受能力脆弱，缺乏购物经验。在经历三十几年的低物价政策后，突然面临物价幅度上涨，致使居民消费行为盲目和不理智，诱发了88年"抢购风潮"。

2. 城乡之间消费出现断层，消费热点有了新变化，消费的阶段性决定了消费由"膨胀"过渡到平稳增长。经过八十年代的消费"膨胀"，城镇居民家庭彩电、电冰箱等高档耐用消费品已基本处于饱和状态。这期间，城乡居民收入差距逐渐拉大，城镇居民家庭人均生活费收入与农村人均纯收入的比值1984年—1988年的平均1：1.75上升到1991年—1992年的1：2.14。城镇居民家庭消费过剩的消费品还不能为多数农民家庭接受，城乡居民之间消费存在断层。此外，城镇居民内部收入差距也在逐年拉开档次，居民消费特点由过去排浪式的集中消费变为渐进式的分散消费，消费热点分散，难以形成消费潮。目前，只有极个别居民家庭消费热点向更高档次的新一代消费产品转移，如小轿车、商品房等。部分家庭倾向于家庭室内装饰性消费，而绝大部分普通家庭暂还无力消费，消费呈阶段性发展，这也决定了当前消费需求只能是平稳增长。

3. 居民投资领域趋于宽广，居民购买力的分流也弱化了消费"膨胀"的力度。过去居民的投资渠道比较单一，居民收入除大部分用于个人和家庭日常生活消费外，投资唯一渠道是储蓄。随着改革的深化和市场经济的发展，住房制度、公费医疗制度、社会保障制度、教育制度等改革措施都相继出台，改革的总趋势将是个人要承担部分费用，这些都改变了人们以往传统的消费观念，强化了人们的投资意识。同时社会主义市场经济也为居民展示了更加宽广的投资领域和空间，居民关心的已不单单是购物保值，而是如何通过购买债券、股票或直接参与其他方面的投资而使居

民手中的个人财富增值，以适应时代发展、变化。

4. 从经济运行机制深层次上看，“双轮驱动”变为“单轮驱动”的根本原因是资产连理机制不同的结果。

居民个人消费对全社会而言，以另外一个角度来讲也是一种投资，是个人财富对社会的一种投入。因此，居民消费活动中，居民个人在市场中有选择、有比较地支配个人财富，来换取某些商品和服务，以实现某种效用。在这一活动过程中，由于财富是个人的，产权关系是清楚的，资产主体和行为主体是一致的，这就决定了消费者对自己的消费行为和消费效果负完全责任。也就是说，居民在消费和投入个人财富时，无论从主观还是客观上须对消费的方案、成本进行理智的估算，以求达到和实现消费的最佳效果。正是由于这种消费行为的逐步理性化，随着居民收入的增加，人们的消费观念才发生了适应市场经济的转变，对物价上涨心理承受能力逐年增强，从而由八十年代中期那种盲目消费所产生的消费“膨胀”发展到现在的消费平稳增长。

固定资产投资从某种意义上讲是国家财富和社会资源的再投入。从社会再生产的角度来看，也是一种特殊性的社会消费，其数额之大是居民个人消费无法相比的。这一特点表明投资的能量与惯性比个人消费的冲击作用更难以控制，投资决策一旦失误，必将给国家和社会财富造成巨大的损失和浪费。在我国经济发展过程中，投资需求几乎一直是急剧“膨胀”与大幅度“紧缩”交替出现。宏观经济环境稍有宽松，投资规模总是表现为快速扩张；经济环境紧张，压缩投资规模又首当其冲。八十年代中期和这一轮经济快速增长的同时，都不同程度地伴随着投资“过热”或“膨胀”。这表明在我国投资活动过程中存在着严重的投资冲动，投资体制方面严重缺乏投资的自我约束机制和责任机制，这是我国经济运行中起伏波动较大的主要原因，具体表现在：

①在市场经济条件下，投资主体还不完全是直接参与市场活动的企业，各级行政部门处于种种考虑还控制着相当一部分投资，仍在干预具体投资活动。由于各地、各级政府都不同程度地出于本地区利益考虑，忽视整体利益和长远利益，都希望本届政府在任期内有所建树，因此不可避免地存在着投资冲动，造成投资项目低层次重复和地区产业结构趋同化。

②资产管理机制不健全，投资主体与资产主体不统一，产权关系尚未理顺，投资责任不清，短期化行为比较严重。由于我国在投资管理体制上还缺乏责任机制和约束机制，这方面的改革尚未到位，因此，在投资活动中存在着相互攀比、长官意志和短期化行为，缺乏象居民消费行为那样责任明确和理性化，对个别投资项目的投资方案、投资成本和最终投资效果还缺乏科学和理性的估算。

三、内在动因变化给我们带来的几点启示和思考

启示之一：居民个人消费从“膨胀”过渡到平稳增长，消费行为由“盲动”发展到理性化，是我国经济体制改革带来的必然结果，也是国家经济繁荣、社会稳定的一种标志。首先，改革促进了经济发展，创造了巨大的物质财富，为居民消费的稳定增长奠定了坚实的物质基础。八十年代中期，我国许多轻工产品诸如彩电、冰箱、照像机等高档耐用消费品从无到有，由少到多，品种花样不断翻新，质量档次不断提高，极大地丰富了消费品市场，基本上满足了居民个人消费需求，使得居民个人消费有可能从“抢购”到挑选。1988年，全国彩电、电冰箱产量已达2505.1万台和757.6万台，比1984年分别增长了1.5倍和12.9倍。进入九十年代，小轿车、摩托车、商品住宅等更高档次耐用消费品开始步入少数城镇居民家庭。其次，居民个人消费作为刺激社会生产，拉动经济增长的一种动力，其行为的理性化和科学化，对社会而言是一个巨大的进步，个体消费效应的普遍提高，同时也是社会整体效应的提高和整个社会财富的节约。国民财富就其来源而言，一是创造，二是积累。国家可以通过各种渠道和手段集约广大消费者的个人财富，既缓解建设资金不足的矛盾，又促进国民经济进一步发展，兼而有之，利国利民。这是经济运行机制科学化，合理化的重要表现，也是国民经济运行朝良性循环方向发展和运行质量提高的一种标志。

启示之二：两次投资总量扩张都强有力地拉动了国民经济的高速增长，表明投资需求依然是我国经济快速增长内在的最基本、最初始的驱动力。但是在两次经济快速增长的同时，又都不同程度地伴随着“投资规模急剧膨胀”现象，这也表明我国的经济发展和整体运行在相当大的程度上仍然还带有和保留原有经济模式和经济体制的痕迹，还没有从根本上脱离“膨胀—紧缩—再膨胀—再紧缩”的运行轨道。

我们认为，衡量一个国家或地区经济发展状况好坏从本质上讲，应着重看其整体发展和运行的质量，其中很重要的一个方面是看其投入与产出的比值。即一定时期内投入大量的用于经济建设和发展的资金与其所产生的相应投资回报之比，主要包括衡量经济发展总规模的国民生产总值，反映新创造的社会财富和价值的国民收入及反映地方财力的财政收入。1984年—1988年全市累计完成固定资产投资608054万元，与同期现价国内生产总值、国民收入、财政收入等经济总量指标的比值分别为：1∶5.76、1∶4.7、1∶0.67

即这一历史时期平均每投资1亿元,可产生5.76亿元国内生产总值、4.7亿元国民收入、0.67亿元财政收入。1991年—1992年,全市累计完成固定资产投资698971万元,比八十年代中期5年累计投资还多9.1亿元,而与同期三项指标的比值分别变为1∶3.83、1∶3.19、1∶0.46,换言之,投入等量的固定资产投资所带来相应的投资回报都大幅度下降。

固定资产投资作为国民经济增长最直接的推动力,其最终目标是创造物质产品,为社会增加有效供给。任何生产方式下的社会再生产活动都离不开这种投入和推动。但由于投资本身同时又是社会财富和资源的最大消费,如果使用不当,效果不佳,必将给国家和社会造成巨大的损失和浪费。我们认为:在目前国家宏观投资体制和资产管理机制尚未健全,产权关系亟待进一步理顺,约束机制和责任机制等有关改革措施暂时没有到位的情况下,为减缓因“膨胀—紧缩—下滑—再膨胀—再紧缩—再下滑”对经济运行带来的振荡和由此而给国家造成的不必要的损失,在实现国民经济上一个新台阶的奋斗目标过程中,绝不能单纯依靠基本建设的大规模投入,一定要改变过去那种投资越大,项目越多,经济上得越快的传统观念,把发展经济着眼点放在通过调整投资结构,进而提高现有的生产技术水平,提高产品的附加值和含金量,提高整个经济发展的质量上。把现在的高投入、高产出、低效益经济格局,逐步过渡到高投入、高产出、高效益,最终发展到低投入、高产出、高效益的良性经济格局。

启示之三:改革是解决上述问题和矛盾的唯一出路和根本途径,我们应当把真功夫下在加快体制改革和健全完善经济运行机制上,这是我们加快经济发展,把国民经济发展水平和经济质量再推上一个新台阶的真正动力。诚然,有关投资管理体制及资产管理机制的变革从宏观上讲根子或权限在中央,但在微观方面地方各级政府也并非无能为力,对此,我们具体建议如下:

①转变政府职能,减少政府对经济活动的直接干预。按照社会主义市场经济的要求,将政府对经济的干预从直接转为间接,在市场经济条件下,政府的主要职能就是通过各项法律、法规的颁布和实施,建立和维护国民经济运行秩序,使整个经济运行有序化、规范化,并利用各种可能利用的经济杠杆和手段,引导资源的合理配置。

②深化企业改革,明确产权关系,使企业成为“四自”法人。按照国家有关规定,通过股份制、租赁、拍卖等方式,将一般国有企业民营化、股份化,使企业成为自主经营、自负盈亏、自我发展、自我约束的经济法人。由企业直接参与市场活动,自主决策投资方向,自已承担投资风险,使固定资产投资项目的可行性研究,特别是投资效益的研究成为投资者的自觉行为。

③严格资金渠道管理,规范资金市场,防止资金体外循环,刹住乱集资、高利集资等严重干扰正常金融秩序的歪风和行为,改善资金渠道多样化与资金管理规范化建设不同步的局面,在短期内使投资主体的投资行为规范化。

④以上仅是治标不治本的措施,要从根本上防止投资扩张对经济运行的冲击,提高投资效应,最终提高经济发展质量,必须深化投资体制改革,明确投资主体对投资效果的责任,强化投资者和投资效果之间的约束机制,这是避免投资紧缩、放松、再紧缩、再放松恶性循环的根本措施,也是我市国民经济发展水平和质量再上一个新台阶的一剂良药。

长春市提高农民收入的途径及制约因素的分析

高岫刚

最近,党的十四届三中全会提出:从现在到本世纪末,江泽民总书记在全国农村工作会议上又强调:“各级党委、政府必须加强对农业和农村工作的领导,把大力提高农村社会生产力,加快农村经济的发展,不断增加农民收入,作为农村工作的根本出发点和落脚点。”

党的十一届三中全会以来,长春农村经济在市委、市政府的领导下迅速发展。农业总产值由1978年的28.2亿元增加到1993年的60.9亿元,增长1.2倍;农村非农产值由1.3亿元增加到83.1亿元,年平均递增31.9%;农民人均纯收入由145元增加到929元,增长5.4倍,农村由温饱型逐步向小康型迈进。

一、农民收入的现状和特点

1、农民收入增长呈阶段发性变化,增长速度逐渐减缓。

改革十五年来,长春农民收入大体经历三个阶段:

第一阶段:1978年到1984年是我市农村人均收入高速增长时期,其特点为农业增产,农民增收,改革初期随着农村生产责任制的实行,极大地解放了农村生产力,生产迅速发展,农副产品产量大幅增加,尤其是粮食生产结束了长期徘徊的局同,产量由272.3万吨猛增到468.4万吨,年平均递增9.5%;随之而来的农民人均纯收入由145元增加到452元,年平均递增20.9%。

第二阶段：1985年到1988年为平稳增长阶段，农民人均纯收入从1984年的452元增加到1988年580元，年平均递增6.4%，远远低于上一阶段的增长幅度，这是由于乡镇企业的异军突起，来自非农业的收入支持了农民收入的继续增长。这一时期农业生产虽然受到自然灾害的影响，农业减产，而农民仍然增收。

第三阶段：1989年到1992年是我市农村人均收入波动较大阶段，农民人均纯收入从1988年的580元增到1992年的723元，年平均递增5.6%，但1989年和1991年为负增长，分别比上年下降4.6%和12.6%，1992年开始回升，这一时期由于受农产品价格指数下降和农用生产资料价格指数上升的影响，农民人均纯收入实际增长仅为1%到2%，即农业增产农民不增收，1993年，由于农产品产量增加及农产品价格的提高都高于物价上涨因素，农民人均纯收入达到929元，一年增加200元，增长28.5%，扣除物价上涨因素，农民人均纯收入实际增长17.9%。

2、家庭经营收入是农民收入的主体。农村生产责任制实行以前，农民主要收入是来自集体经营收入，实行生产责任制以后，打破了原有的农民收入格局，从1980年开始，农民收入由集体转向家庭经营，到1983年末，农民家庭经营收入就占总收入的90%，到1993年，一直稳定在90%以上。

3、农民收入结构发生变化。长春市农民收入历来是以种植业收入为主，在种植业收入中又以粮食收入为主，农村经济以单一生产粮食为主，非农产业处于低水平。据收益分配统计，1978年农民来自非农业的收入只占农民收入的1.8%。1985年以后，农村大力调整产业结构，农民冲破了粮食生产的单一格局，农村工业、建筑业、运输业、商业饮食业等非农行业迅速发展，使农民来自非农业的收入逐渐增多，当年农民来自非农业的收入比重上升到20.4%，农民收入逐渐向综合型方向发展。

4、农民之间收入差距变化明显，高收入户增加，低收入户减少。据农村住户调查资料表明：1985年300元以下的低收入户比重为58.2%，到1993年比重降至5.3%；300元到1000元的中等收入户从39.1%上升到61.6%；1000元以上的高收入户又从2.7%提高到33.1%。

5、农村经济的增长与农民收入的增长不相适应。从1984年到1993年农村社会总产值平均每年增长18%，近几年乡镇企业产值每年又以30%左右的速度递增。而农民人均纯收入从1984年到1993年，年递增率只有8.3%，远远低于农村经济的增长。这表明农民收入的增长主要取决于农业的增长，而非农业的增长，尤其是乡镇企业的增长给农民带来的实惠并不多。从农村住户调查资料看1993年农民人均从企业得到的收入只占2.6%，从家庭经营中得到的收入却占93.5%，从家庭经营收入中农、林、牧、渔收入又占95.7%，这又表明我市农村非农行业及乡镇企业吸纳农村劳动力的能力都处于低水平状态。

6、农民收入与城镇居民收入的差距扩大。1980年至1984年，由于农村改革先于和快于城市改革，因此，农民收入的增幅与增速也快于城镇职工，城乡居民收入差距呈缩小趋势，1985年以后城乡居民收入差距又重新扩大。城乡居民收入之比由1985年的2.04：1上升到1989年的2.12：1，1992年进一步发展到2.23：1，1993年农民收入上升，比例回落为2.18：1。

二、制约农民收入增长的因素

长期以来，长春市农民收入增长总的来看是比较缓慢的，尤其是1989年以来，农民增产不增收，影响了农村经济的发展。这种制约农民收入增长的因素是多方面的，究其原因主要有以下几点：

1、农产品价格下降，农业生产成本上升。1991、1992连续两年农副产品价格指数下降，尤其是粮食价格下降幅度较大。仅玉米为例，1991年合同定购价每公斤0.38元，而粮食部门收购的议价每公斤0.56元，到1992年虽然合同定购价没有下降，但受市场波动影响，市场价格大幅度下降。最低下降到每公斤0.26元，下降55.2%，水稻、大豆及畜产品价格也都有不同程度的下降，据农村物价调查表明：1990年农副产品价格指数上升4.5%，1991年农副产品价格指数则下降12.7%，1992年又下降0.4%，而同期农用生产资料价格却均呈上升趋势。1990年上升6.2%，高于农产品价格指数1.7个百点。1991、1992年在农产品价格指数下降的同时，农用生产资料价格指数分别比上一年上升5.9%和4.5%。1993年略有好转。由于生产资料价格的上涨，农产品成本的增加，从1990年到1992年农业生产的物质消耗年递增9.6%，而净产值只递增3%，面对这种不利形势，农业增产不增收，加上粮食部门的亏损，占用财政资金时间长，效益差，全市五个商品粮基地县几乎都形成了“产粮大县、财政穷县”的状况，粮食越丰收，财政包袱越沉重，严重影响了农民收入的增加。

2、农民家庭中来自非农业的收入增长速度下降。1985年农村经济结构的调整，促进了非农产业的发展，弥补了农业收入的不足。据农村收益分配统计，1984年农民家庭中非农业收入只有1.58亿元，到1988年增加到7.47亿元，四年间年平均递增47.5%，到1989年非农业增长速度开始滑坡，到1992年非农业收入达到12.3亿元，年平均递增13.3%，低于前四年的增长速度，由于非农业增长速度的下降，相对影响了农民的收入。

3、农产品需求限制。改革开放以后，随着城乡居民生活水平的提高，温饱问题解决之后，恩格尔系数（食品支出占消费支出的比重）开始稳定下降，农产品供给与需求发生了变化，农产品价格的下跌，开始出现农产品“卖难”现象，结构性矛盾日益突出，农业增长开始受到需求的制约。社会需求与市场需求同时都要受经济发展水平的制约。按经济规律而言，社会需求总是要大于市场需求，而只考虑社会需求这个因素就会出现供给大于需求的现象，这就意味着农民增收与农业增产之间不再是简单的对应关系，这是导致农业增产不增收的一个重要原因。

4、农村经济结构不合理，关键是产业结构不合理。1989年到1993年长春市农村一、二、三产业结构一直在50%、40%、10%左右徘徊，农、林、牧、渔四业也一直在73%、1%、25%、1%左右，所以农民家庭中来自二、三产业和林、牧、渔业的收入过少，这种农村产业结构不利于农村经济的发展和农民收入的增加，其二是农民就业结构不合理，1993年在全市社会总产值中，农业比例只占12.2%，而农业劳动者比重仍占50%多，近几年乡镇企业迅猛发展，1993年总产值突破103亿元，比1990年翻了一番还多，而乡镇企业的就业人数只增长18.5%，平均每年增长5.8%，尤其是受国家宏观治理整顿政策的影响，迫使进城的农村劳动力回流，而农村中乡镇企业吸纳的劳动力又很少，使大批剩余劳动力滞留在农村，另一方面从乡村两级企业固定资产看，1993年比1990年增长1.5倍，年平均递增36.1%，而乡村两级企业从业人数只增长16.5%，年递增5.2%，显然投资金额与就业人数的增加不相适应，使剩余劳动力无用武之地，影响了农村经济的发展。

5、农户生产性投资不足。农村改革开放以来，农户已成为农村经济活动的主体。其投资行为与农村经济发展紧密相关，而目前千家万户家庭经营的生产方式阻碍了农业投资的进一步增加，导致了农民收入的下降，据农村住户调查资料表明：1980年至1984年，人均用于购置生产性固定资产的支出由几角钱增加到1984年的47.5元，其中1983年人均达到56.5元，同期，农民人均纯收入平均年递增18.4%，从1985年开始农民人均购置生产性固定资产支出呈逐年下降趋势，尤其是1990年到1992年人均只有20元左右，同期，农民人均纯收入则下降10个百分点。

6、农民负担加重。主要表现在：一是农民向国家缴纳的税金逐年增加，人均纳税占人均纯收入的比重不断增大。二是乡村提留统筹逐年增加，超过了国家规定的界限，三是社会负担管理失控，“三乱”现象十分严重，四是隐型负担居高不下。表现在生产资料价格的上涨，农业生产成本的增加，工农业产品价格“剪刀差”连续扩大，使农民“剪刀差”负担日益加重。另外劳动力承担的义务工和劳动积累工增加。

7、城乡二元经济体制不合理。现行的城乡二元经济体制阻止了农村非农产业的发展，阻止了农村劳动力的转移，人为地划定了农民的就业空间，不能形成城乡统一的劳动力市场，使得农村劳动力资源的成本无法得到正确反映，制约了农业劳动生产率和农业比较效益提高，影响了农民发展生产的积极性，进而阻碍了农民收入的进一步增加。

三、提高农民收入的途经

增加农民收入是当前农村进一步深化改革的中心，是各级党政领导工作的重点，如何提高农民收入水平，加快农民致富的步伐，我们认为：

1、发展生产，创造财富，努力增收。在种植业上发挥粮食生产的优势基础上，全面发展农村经济是现阶段增加农民收入的重要来源。改善农业的外部政策环境，增加对粮食生产的投入，最关键的是改造近三分之二的中低产田，增加总产，提高单产，使粮食生产重新来一次突破。在种植结构上，在保证国需民用的前提下，发展经济价值高的粮食作物，具体说就是要适当压缩玉米面积，稳定水稻，适度增加大豆和杂粮面积，大面积推广玉米、小麦间种经验，提高耕地的产出率，加大科技投入，改进耕作制度和耕作方法，降低成本还要注意发展节地型种植业，用劳动力多、产值高、收益大的瓜果蔬菜等经济作物提高复种指数，利用整个农业资源扩大食物源，着重开发利用荒地、荒山和庭院等非耕地资源，发展种植业，尤其是充分发展庭院经济是增加农民收入的有效途径，在畜牧业上，要彻底改变传统牧业生产方式及其观念，着力发展现代化的牧业经济，主要是发展节粮型的动物饲养，利用桔杆等副产品发展动物饲养，同时转化为畜产品，利用整个农业资源扩大食物源。加快畜禽品种改良，实行科学饲养，做到种、养、加、销一条龙的良性循环，为社会多创造财富，农民多增加收入。

2、发展“两高一优”农业，调整农业内部结构。随着市场导向的加大，农产品价格进一步放开，期望通过提高粮食收购价增加农民收入的空间越来越小，控制农用生产资料价格同样不能从根本上解决问题，继续走财政补贴的路子，各级财政将不堪重负，低效益的农业已不能适应农民收入增长的要求，因此走“两高一优”农业之路是提高农业经济效益和增加农民收入比较现实的选择。在保证粮食产量稳定增长的前提下，适当扩大经济作物、饲料作物、瓜果蔬菜的种植面积，加快林、牧、渔业的发展，带动农副产品加工业，以加工促进农产品转化增值，弥补原有农业生产经济效益低下的缺陷，农副产品加工业要立足于本地资源，围绕大宗农副产品和商品基地进行，重点放在精加工、深加工、达到多次加工、多次增值的目的。

3、加强宏观调控手段，巩固商品粮基地建设。当前加强宏观调控，建立合理的价格体系就是要逐步缩小工农产品价格“剪刀差”，采取有效措施制止近年来“剪刀差”继续扩大的趋势。农产品市场和价格全面放开后，国家要对粮食等关系国计民生的大宗农产品实行保护价收购制度，并通过国家粮食储备部门的吞吐，调节粮食市场供求和价格水平，以保护粮食生产者和消费者的利益。同时国家要支持化肥、农药、农机等、农业生产资料部门的生产，以合理的价格或给予补贴的方式向农民提供所需的和生产资料，另一方面从本地看，抓好五县（市）的商品粮基地，根据资源配置特点，建立粮食的商品生产体系，完善粮食流通体制，积极引导和发展农业社会化服务体系，促进粮食生产向专业化、现代化方向发展。

4、突出战略重点，超常规发展乡镇企业。从未来农村经济发展趋势看，乡镇企业是农村发展的方向。发展乡镇企业又是增加农民收入的又一个重要途径，结合本地的实际，在发展思路上，要以深化改革，扩大开放为动力，以资源优势为依托，以项目开发为主线，以增加投入为重点，采取强有力的政策措施，有效地促进国际间、区域间、城乡间生产要素的流动和优化组合，加速改善长春乡镇企业的产业结构、产品结构和技术结构，使之尽快与国际、国内的先进水平接轨，在发展方向和重点上，要突出发展资源型产业、高新技术产业、第三产业，特别是农村需要建立科技、信息、管理、咨询组织，才有希望适应社会经济发展需要，赶上世界先进水平，发展横向联合、建立企业集团，提高经济效益是乡镇企业发展的一大优势，辨证地看，要扩大农业规模经营，提高农业劳动生产率，这就需要通过发展非农产业，主要是乡镇企业来保护农业，提高农业的比较利益措施。具体是在乡镇企业发达的县（市）区继续实行以工补农、以工建农的办法，在农业基础上逐步发展壮大的乡镇企业，反过来支持所在村、社农业的发展，为农村工业化和农业现代化开辟一条新路，并且逐步形成制度化。

5、转移农村剩余劳动力是农民收入增加的另一个途径。农民收入增长与剩余劳动力的转移互为因果，是关系农村政策和发展能否继续进行的关键所在，虽然长春和全国比，人均占有耕地较多，但农村劳动力的转移仍然是农村改革发展过程中极需解决的一个重点和难点，指导、鼓励他们异地转移或就地转移，加速农村人口的城市化进程，准许农民进城办非农业实质上是向农民开放了一部分经济资源和社会资源，十年来农民进城办企业有了一定的成功经验，特别是使城市郊区及城镇边缘的农民迅速富裕起来，另外城市资源进一步向农民开放，也就是开放城镇，让他们进来建设城镇，发展城镇，同时得到挣钱的机会和天地，逐步实现人口城镇化。在体制上冲破户籍制度为根基的城乡偏离制度，是我国当前改革中的一个重要内容，十四届三中全会提出，改革小城镇的户籍制度是政策上的一个重要突破，真正做到城乡居民在发展机会面前机会平等，获得统一的社会身份。在取消现行城乡分割的二元户籍制度，实行城乡统一的流动户口制度后，要大力发展多种形式的劳动就业中介服务组织，逐步形成包括信息、咨询、职业介绍、培训在内的社会化就业服务体系。减轻农村劳动力外移的盲目性，防止农民遭受损失。

6、改革农村税制，防止增加农民负担。近几年农民负担加重是众所周知的，要想从根本上减轻农民负担，就应改革现行的税收方式。凡是需要从农民手里拿钱的，全部以税收的形式上缴，但是要制定一个纳税标准，也就是所说的费改税，农民堂堂正正地纳税，一部分上缴国家，一部分做为地方附加，除此以外的任何收费农民均不再承担，这样名目繁多的统筹、提留、摊派、集资统统废除，真正调动农民发展生产的积极性，最终加快农民致富，农村实现小康的步伐和进程。

关于解决小型亏损企业问题的初步思虑

赵继涛

长春市朝阳区共有工业企业157家，其中小型企业居156家。这些小型企业一部分经营情况较好，但还有一少部分处于亏损状态。无论从解决这些企业职工吃饭和稳定大局的角度出发，还是从保证全区经济持续、快速、健康发展的角度出发，解决小型企业亏损问题确实势在必行。根据《区政府工作报告》有关精神，结合朝阳区实际，在经过一定调查的基础上，现就解决小型企业亏损问题，提出以下思考：

一、先租后售——以固定资产按银行利率计算承租给私人或合伙经营者，当其获利后即可出售。

出售小型微亏企业，不仅能使政府或集体彻底甩掉包袱，还能使这些企业在社会化大生产中发挥补缺作用，继续为国家和地方财政创造收入。长春是省会城市，具有这种经济实力的人不少，如果有相应的政策，外租这部分企业是不成问题的。由于承租人的资金积累也甚不易，这决定了他们对投资办实业持谨慎态度。因此可采用先租后售的方法，让一人或几人合伙承担，把固定资产净值按银行贷款利率计算，一次交纳承租费。流动资金也可照此办理，一般情况下租赁期1—3年，在此期间或期后个人或合伙经营者有了经济实力或觉得购买比承租更合算时，即可出售。

二、有偿转让与股份制改造相结合——对小型微亏企业经过清产核资和资产评估，按照股份制原则予以改造。通过公开招标，产权按股份有偿转让。转让时可个人购买、可集体购买、可本地区购买、可跨地区购买。把产权有偿转让与股份制改造集于一种改革形式之中。建立起“企业自建、资金自筹、经营自主、盈亏自负”的经营机制，也可使其为无主管的企业。

根据实际情况，出售契约签订后，转让金额不太大的一次付清。如数额较大，一次付清有困难的，可在取得经济担保的情况下，分期付款，但时间不得超过两年。一般情况，第一次付款不得少于50%，余款按银行利率支付利息；对能一次付清者，可制定优惠政策，少缴纳转让金5%—10%，以鼓励其积极购买，一次付清。

三、先股后赎——用企业部分或全部财产抵偿银行的愈期贷款，银行将此资金按股份形式投入企业，在企业盈利后，再向银行赎回股本金。

债务问题是小型微亏企业的重要问题，涉及到如何处理好银企关系。要求银行按呆账处理或挂账停息都很难做到，也与现行改革政策不符。企业债台高筑，也难以继续贷款。用企业的部分或全部财产，抵偿银行的愈期贷款，而银行则以此用股份的形式投入企业，使企业卸掉债务包袱，从而加快产品开发，强化企业管理，达到提高经营效益的目的。到一定的时期，获得较大利益时，则可向银行赎回其投入的部分或全部股份。

四、先送后并——将企业资产奉送给全体职工，再让优势企业予以兼并。

对绝大多数长期亏损的小型企业，设备大都超过了折旧年限，老化严重，账面的固定资产净值也因多年提取基本为零，因此，即使出售，也无人问津。企业长期亏损，企业职工长期困难，让他们购买也难以做到。因此，不如把企业奉送给职工，使企业的包袱真正转移到职工头上。让职工群策群力，找优势企业予以兼并，这种股份制形式的兼并，产权十分明确。

奉送的原则，可按工龄长短、贡献大小分配，从实际出发，充分尊重职工的意愿，经职代会论证通过，并予以公证。

五、先并后分——两个小型微亏企业合并，实现生产要素的合理配置，再分成若干个承包单位，层层包保。

微亏企业的亏损原因是多方面的，有的是设备好，因在开拓市场方面缺腿而亏损；有的是有人才而难善用，因管理不好而亏损；有的产品有销路，流动资金也可维持，因领导班子不利而亏损（原绿园水暖件厂是一个典型的事例）。如果将两家合并，则可达到扬长避短之目的。合并后再按大生产的要求，分成若干个生产单位，用承包或其它经营方式，使企业经过努力而获得新生。

以上考虑，总的仍要坚持遵循产权明晰，确保资产增值、自负盈亏、公平合理、改老建新、思想先行、协调配套、积极稳妥的原则。也就是说在进行这项改革的同时，要考虑稳定的问题，正确把握改革、发展、稳定的关系。

长　春　经　济

【综述】长春市是中国吉林省的省会，是全省政治、经济、文化中心。位于北半球中纬地带，欧亚大陆东岸中国东北大平原的腹地。位居北纬43°05′～45°15′，东经124°18′～127°02′。南北相距217.5公里，东西长227公里，幅员面积18881平方公里。

长春市的气候介于东部山地湿润区与西部平原半干旱区之间的过渡带，属温带大陆性半湿润季风气候类型。气候总的特点是：冬季严寒漫长，春季干旱多风，夏季温暖短促，秋季晴朗温差大，年平均无霜期为140天～150天左右。

长春市地域辽阔，土质肥沃。到1994年末，全市耕地面积110.5万公顷，占全部土地面积的58.5%。土质主要是黑土、草甸土、黑钙土，分别占土地面积的34.5%、29.06%、15.28%。

长春市自然资源较为丰富。在野生植物资源群落中，有森林植物、草甸植物、草原植物等，具有经济价值的野生植物300余种。野生动物资源有豹猫、红狐、鸿雁、林蛙、中华鳖等5类34种。在矿产资源中主要有煤、油岩矿、水泥石灰岩矿、水泥粘土矿、珍珠岩矿、膨润土等，石油和天然气也有一定储量。

长春市是一个少数民族杂散居的地区。1994年末，全市人口657.5万人，其中非农业人口254.8万人。除汉族外，有26个少数民族，22万人，占全部人口的3.3%。

长春市主要名胜古迹甚多主要有：

伪皇宫：是清末代皇帝爱新觉罗·溥仪成为伪满傀儡皇帝时的宫殿，占地面积4.3万平方米。伪皇宫分为内外廷，内廷有东西两院，西院有缉西楼，东院有同征殿。中心外称外廷，有勤民楼、怀远楼、嘉乐殿等。

农安辽塔：为辽圣宗（公元983～1031年）时所建，塔高33米，砖砌实心，八角十五层，造型结构和建筑艺术独具一格。

榆树人化石：据考察测定，距今4～7万年（旧石器时代晚期），为吉林省所发现的最早的人骨化石之一，是长春市古人类生物研究领域的重要发现，填补了我国旧石器时代考古的一项空白。

长春市具有众多的优势。建国以后，特别是改革开放以来，长春市国民经济和社会事业取得了巨大成就，经济发展，社会进步，综合经济实力明显增强。1994年326.2亿元，按可比价格计算比去年增长21.5%，全市国民生产总值与1978年相比平均增长13.9%，职工平均工资平均每年增长12.5%。

经过四十多年的建设，长春市形成了具有一定特色和经济优势的经济格局，主要是：

一、汽车工业已成为长春市现代化大工业体系中的支柱产业。以长春第一汽车制造厂为核心企业的“中国一汽集团”是全国特大型企业之一。1994年末，“一汽集团”公司成员已发展到273家，人员达28万人。总产值209.5亿元，相当于全市财政收入的62.0%。年产卡车、轿车14.1万辆，占全国汽车总产量的10%。“一汽集团”的生产和销售业务遍布全国，并已逐步发展成为国际性企业集团。

二、长春市是全国重要的商品粮生产和出口基地之一。粮食生产和出口创汇在全市国民经济中占有相当的地位，已成为本市经济发展的另一优势。由于长春市自然地理环境、条件较好，土壤、气候适合农作物生长、特别是玉米、水稻、大豆、高粱等粮食品种，每年都为国家提供质地优良数量可观的商品粮，为国家换回大量外汇。1994年，全市粮食总产量达135.5亿斤，占全省粮食总产量的33.6%。

三、长春市有“文化城”之美誉，高等学校林立，科研院所集中，专业人才济济，教育、科研事业比较发达。1994年，全市拥有全日制高等院校26所，在全国所有城市中列第七位，年底在校生6.7万人。

全市共有各级各类科研人员33.3万人，占全市总人口的5.1%。中国科学院所属光机所、物理所、应化所、地理所科技力量雄厚，科研硕果累累，相关专业已成为全国科研、实验中心。

1994年，长春市国民经济继续保持了较快增长的势头，综合经济实力明显增强，经济内部结构在各种因素的推动下朝着好的方向发展和改善。反映国民经济总量的国内生产总值无论是发展规模还是增长速度，都是近年来较高的水平。1994年，全市国内生产总值完成326亿元，占全省国内生产总值的33.5%，（按可比口径计算，下同），比上年增长21.5%，分别比全国和全省平均增长速度高出9.7和7.4百分点。

1994年，全市三次产业全面发展。第一产业完成增加值71.6亿元，比上年增长7.2%。第二产业增加值完成162.8亿元，比上年增长28.6%。第三产业增加值完成91.6亿元，比上年增长19.5%。纵观全年经济发展过程，我市国民经济的高速增长，主要是依靠第二产业，特别是工业经济的高速增长带动所致。1994年，我市工业战线通过深化体制改革转换企业经营机制，根据市场需求变化，适时调整生产经营战略，重点发展以汽车制造为龙头的交通运输设备制造业，带动其他相关产业的发展。1994年，全市工业增加值完成150.3亿元，比上年增长29.8%，高于全市国内生产总值增幅8.3个百分点。不仅增长速度最高，从增长量上看，第二产业，尤其是工业贡献也最大。1994年，全市第一产业增加值净增额为27.8亿元，贡献率达31.8%（即占全市国内生产总值净增额的比重下同）；第二产业增加值净增额38.7亿元，贡献率达44.2%，其中工业增加值净增额36.9亿元，贡献率达42.1%；第三产业增加值净增额21亿元，贡献率达24%。

1994年三大产业结构调整初见成效。近几年来，全市在调整产业结构方面，采取有效办法和得力措施，同时加大调整力度，取得了可喜成绩，尤其是大力发展了第三产业，在政策、人力、物力、财政方面向第三产业倾斜，促进了第三产业的较快发展。1994年与1991年相比：第一产业增加值占全部国内生产总值的比重由1991年的28%下降到21.9%，第二产业增加值所占比重由44.8%上升到50%，第三产业增加值所占比重由27.2%上升到28.1%。在大力发展第三产业同时，着力解决和调整好第三产业的内部结构，特别是大力发展了运输邮电业、金融保险业、居民服务业、商业饮食业等国民经济发展过程中的瓶颈行业、基础产业和薄弱环节，使其成为我市第三产业中的支柱行业，并成为我市国民经济整体发展的新的生长点，从更深的层次上为全面发展我市国民经济创造较好的基础条件和外部环境。1994年，全市运输邮电业行业增加值完成20亿元，比上年增长22.1%，高于第三产业增加值增幅2.6个百分点，占全市全部第三产业增加值的比重达21.8%；居民服务业增加值完成7.8亿元，比上年增长23.6%，高于第三产业增加值增幅4.1个百分点，占第三产业增加值的比重达8.6%；金融保险业增加值完成20.6亿元，比上年增长17.3%，占全部第三产业增加值的比重达22.5%；商业饮食业增加值完成12.9亿元，比上年增长18.1%，占全部第三产业增加值的比重达14.1%。与此同时，我市卫生、教育、文化、体育、广播电影电视事业和社会福利事业等其他第三产业行业也都得到了较快发展，促进了第三产业的全面发展。（刘刚）

【农业】1994年，在中央“重视农业、支援农业、发展农业”的大环境下，长春市农村工作取得了丰硕成果。经济增长迅速，发展趋势良好。现价农林牧渔业总产值达108.2亿元，比1993年增长11.6%，增加值71.6亿元，比1993年增长63.4%。农村非农行业总产值131.1亿元，比1993年增长57.7%。趋势良好体现在以下几方面：一是产业结构调整步伐加快。种植业比重相对缩小，畜牧业等各具特色的主导产业迅速壮大，农民收入渠道拓宽。二是基地建设水平提高，规模经营初见成效。农村经济加速向区域化、集约化、专业化方向迈进。

一、种植业：粮食总产量再创历史最高水平，达677.5万吨，比1993年增长53%。其中：玉米510.1万吨，比1993年增长6.4%，平均每公顷产量为8391公斤，比1993年提高3.2%；水稻产量75.8万吨，大豆产量32.5万吨，分别比1993年下降2.5%和5.7%。经济作物中的油料、麻类、甜菜、烟叶等播种面积和产量均比1993年有不同程度的下降。蔬菜产量168.8万吨比1993年下降2.2%；瓜类产量26.1万吨，比1993年增长33.5%。水果产量18535吨，比1993年增长19.9%。种植业产值71.6亿元，比1993年增长3.6%。占农业总产值的比重为66.2%，比1993年下降5.1个百分点。

二、林业：林业生产在稳步发展的同时逐渐由传统生态型向生态效益型转变。全年造林面积7380公顷，比1993年增长15.1%。育苗面积516公顷；迹地更新113公顷，低产林改造571公顷，分别比1993年下降51.2%、68.7%81.5%。这几项指标的下降，与林业生产经过连年发展，可利用林地资源下断减少有直接关系。木材产量71900立方米，比1993年增长67.6%。林业总产值0.5亿元，比1993年增长10.5%。

三、畜牧业：畜牧业是近期农业经济增长的重要渠道，在强有力的政策引导下迅速壮大，并显示出了巨大的发展潜力。畜牧业总产值高达35.2亿元，比1993年增长32.0%。占农业总产值的比重为32.6%，比1993年提高5.3个百分点。生猪存栏180.3万头，出栏177.87万头，分别比1993年增长26.4%和32.2%。黄牛存栏63.6万头，出栏19.8万头，分别比1993年增长48.1%和75.4%。家禽存栏3406.1万只，比1993年增长23.2%。年末存栏蛋鸡1994.2万只，出栏肉鸡4354.3万只，分别比1993年增长14.3%和39.8%。羊年末存栏23.5万只，比1993年增长9.5%。鹿存栏4.4万只，产茸23529公斤，分别比1993年增长5.3%和21.2%。全年肉类总产量

30.6万吨，比1993年增长35.8%。禽蛋产量12.8万吨，比1993年增长18.9%。鲜奶产量4.3万吨，比1993年增长2.6%。畜产品的商品化也进一步提高，畜牧业商品产值达29.5亿元，比1993年增长105.7%，商品率比1993年提高2.4个百分点。

四、渔业：渔业生产形势长期保持稳定。1994年鱼产量为15277吨，比1993年增长6.5%。平均每公顷水面产鱼563公斤，比1993年增长23.2%渔业总产值0.6亿元，比1993年增长6.5%。

与快速增长的农业经济相比，农村基础设施及生产条件改善速度相对缓慢。到1994年末，全市通汽车村数1230个，占72.1%。通电话村数1535个，占90%。自来水受益村数160个，占9.4%。耕地面积仍在减少，1994年减少耕地面积2455公顷。农业机械总动力143.5万千瓦，比1993年下降2.0%，机电排灌面积27.5万公顷，旱涝保收面积9万公顷；有效灌溉面积18.7万公顷，分别比1993年增长0.5%、1.2%和0.6%。化肥施用量75.6万吨，地膜使用量1737吨农药使用量2224吨，分别比1993年增长3.0%、17.3%和19.8%。农村用电量55.7万度，比1993年增长15.4%。

五、乡镇企业：乡镇企业在宏观环境发生深刻变化，各种矛盾、困难与挑战日益加剧，体制优势逐步丧失的新形势下，积极调整发展思路，转变单纯领事优惠政策求发展的观念，努力提高自身素持，适应日益激烈的市场竞争环境，调整优化产业结构，抓住城市企业结构调整和发达地区西进的机遇，大力推进经济联合。按照开拓国际市场的需要，进一步扩大开放程度，大力发展“三资”企业和外向型企业。由于思路明确、措施得力，乡镇企业在1994年继续保持了持续、快速发展。乡镇企业总产值162.2亿元，比1993年增长53.9%。出口交货额2.9亿元，比1993年增长50.5%。到1994年末，乡镇企业个数发展到14.8万个，从业人员61.6万人，分别比1993年增长4.8%和5.7%。其中：工业企业占32.4%，批发零售及餐饮占29.4%；交通运输企业占26.1%；施工企业占9.5%；服务业占1.6%；农业企业占1%。同时股份制和外向型经济继续发展。到1994年末，全市共有股份合作制企业722个，比1993年增加652个。“三资”企业个数发展到66个，年内利用外资686万美元。

1994年，为推动我市农村经济的协调发展和全面繁荣，政府有关部门做了许多卓有成效的工作：

1. 增加了农业生产的资金投入。全年累计投入农业贷款9.1亿元，比1993年增长8.3%。

2. 认真抓好科教兴农这一重要环节，并取得了显著成效。据测算，1994年通过科教兴农使农民增收8亿元，科学技术在经济增长中的份额已达45%，比1993年提高2.3个百分点。

3. 支农工作依然有声有色。全市支农项目已达276个，固定资产投资3.6亿元，分别比1993年增长20.0%和71.4%。实现产值6.1亿元，创利税6002万元，安排就业人员1.3万人。

4. 再接再励，继续全面开展村级清财和减轻农民负担工作。

5. 在培育市场体系，搞活流通工作中，灵活使用价格杠杆，保护农民利益，增加农民收入。（杨立军）

【工业】1994年，长春工业在市委、市政府的正确领导下，积极优化资本结构、增强企业活力，妥善处理改革、发展和稳定的关系，使经济运行顺利地通过了新旧体制转换的磨合期，总体上实现了快速、稳定、健康、发展。

生产速度全面加快。1994年，全市工业完成总产值486.5亿元（当年价，下同），增加值150.3亿元，分别比上年增长24.2%和32.1%。其中，乡以上工业完成总产值409.0亿元，增长17.8%，完成增加值127.0亿元，增长23.0%；村以下工业完成总产值77.5亿元，增长59.2%，完成增加值23.3亿元，增长65.4%。上述两项指标的增长速度在全国20个重点城市中均居上游。

产销衔接趋于平衡。1994年，全市工业产品销售率为96.3%。其中，轻工业95.9%，重工业96.4%，均高于全国平均95.0%的产品销售率水平。从实物量看，全市钢材的产品销售率为96.3%、原煤99.8%、汽车98.2%、铁路客车101.3%、小型拖拉机102.6%、合成氨100.5%、水泥98.8%、卷烟101.7%、服装99.0%、胶鞋101.3%。以上大宗产品的生产总量与销售总量基本平衡。

经济效益水平提高。1994年，全市工业实现利税总额31.9亿元，比上年增长25.2%；可比速度比上年提高7.7个百分点，再超自1977年以来全市平均增长11.1%的速度。

实现按经济类型看，国有工业22.1亿元，集体工业实现4.6亿元，其他经济类型工业实现5.2亿元，分别比上年增长12.2%、3.6%、303.9%；按生产规模看，大型企业实现22.7亿元，中型企业实现5.2亿元，分别比上年增长26.6%和123.8%。

科技进步成果显著。1994年，生产新产品620项，实现总产值8.6亿元，实现利税总额1.4亿元，分别比上年增长8.9%和16.7%。在这些新产品中，具有国际先进或国际水平的34项，具有国内先进水平的335项，在这些新产品中技术含量高、经济效益好、市场前景好有的汽车、粮食深加工、高新技术领域的CA1092五吨载贷汽车、Z5B型软卧硬座客车、DX－01氨基汽车面漆等10大重点项目投产后实现产值7亿元，利税1亿元。

产品质量稳定升级。1994年，在全市重点考核的154种产品中，产品质量稳定提高率达97.8%，与上年持平。其中，列入吉林省考核计划的31户企业的38种产品共实现产值172亿元，利税23亿元，分别超额12.4%和35.3%完成计划指标。在国家组织的产品质量监督抽查中，长春市被抽查的10户企业的13种产品的合格率达100%。在国际、国内举行的质量评比中，中国一汽集团公司生产的142载重汽车、奥迪轿车，一汽大众汽车有限公司生产的捷达轿车，长春汽油机股份有限公司生产的AX－100摩托车等被国家评为名牌产品；方便米粥、双母油等在巴黎被评为名牌产品；德惠大曲、榆树大曲在巴黎名优酒评比会上被评为特别金奖；长春第一光学仪器厂生产的光电编码器获得“94年西班牙马德里国际质量奖”。

1994年，是我国经济体制改革进一步深化，综合配套措施出台较多，迈出步伐较大的一年，也是长春市工业面临机遇较多，挑战较大，开拓进取的一年。这一年，一方面随着1991年至1993年累计全国固定资产投资的完成，形成了大量的生产能力。尤其是交通运输、能源、原材料、邮电通讯等国民经济基础产业的生产能力迅速扩大，使这些部门的“瓶颈”影响有不同程度的减弱；另一方面1994年全国原材料、燃料、动力价格继续上调，加之粮油等农副产品价格的结构性调整，使长春市生产资料的购进价格和居民生活费用价格分别比上年升高23.4%和22.9%，生产发展和职工生活面临一定压力。在新旧体制转换的磨合期，长春市工业以大中型企业为重点，以“城市综合配套改革”和“优化资本结构”两个试点为契机，以“转机建制、拓展市场、调整结构、强化管理”为路数，解放思想、深化改革、狠抓落实，不仅保证了全市工业经济运行速度和运行质量的提高，而且还使职工工资水平由上年的人均3372.9元增加到4268.7元。

结构调整形成新局面。在经济结构方面1994年，全市工业总产值中，国有工业所占比重为74.9%，比上年减少0.1个百分点，集体工业为16.3%，比上年减少0.9个百分点，其他经济类型工业为8.8%，比上年增加1.0个百分点。在其他经济类型工业中，中外合资企业的比重由上年的3.6%上升到5.4%，增加1.8个百分点。在行业结构方面，1994年全市10大工业行业中，交通运输设备制造、食品加工、非金属矿物制品、专用机械制造、电力蒸气热水生产和供应、电子及通信设备制造等6个行业生产比上年增长，总产值增幅为5.0%－86.2%；生产比去年同期下降的有普通机械制造、电气机械及器材制造、医药制造、金属制品等4个行业，降幅为0.6%—18.3%。其中，交通运输设备制造业总产值为181.3亿元，比上年增长30.1%，占全市工业总产值的比重为60.1%，比上年增加3.6个百分点；食品加工业总产值为19.5亿元，比上年增长86.2%，占全市总产值的比重为6.5%，比上年增加2.3个百分点；非金属矿物制品业总产值为9.7亿元，比上年增长50.4%，占全市产值的比重为3.2%，比上年增长0.6个百分点。这三大工业行业的总产值及其增长速度、比重在全市的38个工业行业中均位于前三名，成为长春工业市的三大支柱行业。在资金结构方面，1994年，全市工业固定资产达220.0亿元，比上年增长19.8%。增幅较高，全市技术改造投资额为12.1亿元，完成额为7.0亿元，分别比上年增长67.8%和73.2%，是长春市工业技术改造投资最多的一年。

企业改革步入新起点。以理顺产权关系为重点，在做好制定《长春市建立现代企业制度实施方案》高起点做好基础工作的同时，切实解决了工业企业的众多现实问题：一是重组企业经营模式，使股份制经济健康发展；二是重组生产要素，实施“卖、破、并、联、转”等5项措施，使企业生产要素发挥更大作用；三是再造企业经营机制，使法人治理结构和企业劳动、人事、分配制度初具雏型。到1994年底，全市新组建企业集团4个，对12户企业实行了股份制经营，对44户企业实行了嫁接改造，对12户生产经营困难的企业实行了兼并，对19户整体优势丧失，局部优势尚存的企业实行了分离经营，对3户企业实行了划转隶属关系。经过一系列改革，使1亿元固定资产净值、87万平方米土地、20万平方米建筑面积得到了充分利用，使9717名在职职工、2846名离退休人员得到了合理安置，使企业的责权利更加明确，经营机制更加灵活，更加适应社会主义市场经济的要求。

企业管理跃上新台阶。1994年，市里制定了《长春市加强企业管理工作的意见》，开展了“转机制、抓管理、练内功、增效益”等活动，促进了企业由僵化经营型向应变经营型的转变，由单一经营型向多元经营型的转变，由封闭经营型向开放经营型的转变。到1994年底，市属88户大中型企业中，有16户企业达到一类标准（吉林省工业企业基础管理考核标准，下同），有35户企业达到二类标准；达到一、二类标准的企业占大中型企业户数的58.0%。在市属预算内企业中，有35户企业达到先进标准，占预算内企业户数的20.0%；有88户企业达到合格标准，占预算内企业户数的50.5%。企业整体素质的提高促进了经济的增长。经考核，长春市获得吉林省九市13项指标完成情况第一名。

1994年，在全市工业经济的顺利运行中，规模经济起着举足轻重的作用——全国闻名的中国一汽集团公司，完成总产值152.6亿元，带动全市工业生产速度加快12.8个百分点，实现利税19.3亿元，带动全市工业经济效益提高11.0个百分点；长春汽油机股份有限公司完成总产值57.2亿元，比上年增长31.2%，实现利税14.3亿元，比上年增长146.3%，成为全市工业经济发展中引人瞩目的增长点。但是在全市工业经济运行中仍然存在滞后因素，有待于立足改革、重点突破、全面解决。这就是一些企业在市场竞争中处于弱势——全市尚有亏损企业571户，虽比上年减少20户，但亏损企业亏损额达9.9亿元，比上年增亏1.6亿元；全市尚有停产及开工不足企业122户。其中，停产企业68户，开工不足企业54户，共涉及职工55143人，占全市工业职工人数的9.3%。（于明华）

【交通运输邮电通讯业】 1994年，交通邮电通讯业仍保持高速发展的态势。全市各种运输工具完成货物运输量12676万吨，比1993年增长14.9%；完成货物周转量（周转量均不含铁路、民航，下同）923044万吨公里，比1993年增长27.7%；完成旅客运输量4639.4万人，比1993年增长7.3%；完成旅客周转量100068万人公里，比1993年增长5.2%。全年邮电业务总量达51627万元，比1993年增长36.1%。

一、铁路运输继续发展，安全生产成果稳定。

1994年，铁路运输部门面临货源大幅度减少，机车动力严重不足，施工干扰较大，编组站能力吃紧，车流密度偏高等困难。积极组织货源，加强管理，提高运输效率，超额完成了客、货运输任务。长铁分局全年完成货物发送量1063万吨，比1993年下降11.1%；完成货物周转量231.8亿吨公里，比1993年增长5.4%；完成旅客发送量2531.5万人，比1993年增长2.7%；完成旅客周围量74.54亿人公里，比1993年增长2.5%。客运收入完成26170.5万元，比1993年增长5.5%。

安全生产成果稳定。铁路部门坚持"安全第一，预防为主"的方针，加强安全教育和管理工作，强化现场作业控制，安全工作又取得新成绩。截止1994年末，长铁分局实现无行车重大、大事故777天，无险性事故733天，无职工责任死亡事故1855天。在旅客安全方面，全年消灭了各责任事故，实现无旅客伤亡事件5113天。

路风建设卓有成效。铁路部门对路风建设常抓不懈。一是针对春运、暑运中买票难、乘车难、供水难，容易引发以车、以票谋私等问题，抽调干部进站上车，对所有客货窗口进行全方位包保，关键部位跟班盯岗，确保了两运期间路风处于良好的可控状态。二是针对乱收费、乱加价等路风问题出现的"回潮"，主要领导带领有关处室干部深入基层，层层查摆，制定整改措施，巩固了路风建设成果。三是开门整顿路风。邀请部分人大代表和政协委员视察路风建设，听取意见和建议，及时整改。长春站连续7年被铁道部评为"文明车站"；59/60次列车连续8年被铁道部命名为"红旗列车"称号。

二、公路建设成效显著，公路运输继续发展。

1994年全市公路建设总投资1.8亿元，重点工程建设全部完成。长大线逯家湾至马架岭11.3公里二级路路面工程提前竣工通车。九舒线、农前线、德莘线、合乾线、大莱线等100公里县级油路改建工程及榆树、德惠、农安、双阳四县（市）城区出口改造工程全面完成。新建乡村油路61.5公里，增加通油路乡镇7个；新建乡村砂石路828.9公里，增加晴雨通车村112个、屯326个。全市重点工程之一的市公路客运中心站已竣工交付使用。

截止1994年末，全市已有公路367条，总里程5759.2公里。其中，国道3条，362.8公里；省道6条，333.2公里；县道23条，1154.7公里；乡道328条，3877.1公里；专用公路7条，31.4公里。公路总里程比1993年增加了612.8公里，增长11.9%。目前，全市86%的乡镇通油路，100%的乡镇、87.87%的村、77.31%的屯实现晴雨通车。农安县继榆树之后，成为全省第二个实现乡乡通油路的县。

长春绕城高速公路，是交通部列入全国公路建设计划的重点工程，设计全长51.3公里，总投资估算7.2亿元，建设工期5年。目前，工程前期工作基本就绪。绕城高速公路的建成，将以"春城第一路"的风采展现在人们面前，将有效地改善长春市公路交通状况，为发展新的城市区团、带动卫星城创造有利条件。

1994年，全市公路载货汽车货物运输量7175万吨，比1993年增长25.9%；完成货物周围量330958万吨公里，比1993年增长28.7%；完成旅客运输量2099万人，比1993年增长4.7%；完成旅客周围量100068万人公里，比1993年增长5.2%。这一年，交通系统专业运输企业面对企业资金短缺，运输成本继续上升，运输市场竞争激烈等困难，加强内部管理，积极组织客、货源，调整运输结构，在困境中求生存、求发展。全年货物运输量完成631万吨，比1993年下降22.3%；完成货物周转量12912万吨公里，比1993年下降24.5%；完成旅客运输量1475万人，比1993年增长3.1%；完成旅客周转量76272人公里，比1993年增长3.3%。

三、民航运输高速发展，服务质量继续提高。

民航部门广大干部职工按照民航总局的总体要求，以主人翁精神创造性地开展工作。坚持以"安全求生存，优质求发展"的原则。通过新闻媒介广泛进行宣传，积极主动参与运输市场竞争，广泛征求服务工作意见，增加航线、航班等，使运输生产高速发展，服务质量不断提高。1994年，长春机场完成旅客发运量27.4万人，比1993年增长21.8%；完成旅客吞吐量54.8万人，比1993年增长23.7；完成货邮发运量3002.3吨，比1993年增长10%；完成货邮吞吐量8711.7吨，比1993年增长20%。

把握航空市场的供求关系，适时增加运力。长春机场在1994年又新开辟了长春——重庆、长春——温州——汕头两条航线，新增MD大型客机3架，并于下半年每周增加4班北京——长春——北京的对飞航班和长春——上海航班。不仅提高了航空市场的占有率和运输能力，而且缓解了热线运力不足的状况。同时，他们加速地面设施建设，新建的国际候机厅和停机坪已交付使用，新增绿化面积一万平方米，使绿化面积达到46%。截止1994年末，长春机场拥有运输航线26条，比1993年加2条。其中，国内航线23条，国际航线2条，地区航线1条。

瞄准一流，优质服务。长春民航部门把目光瞄准世界一流服务水准，主动查找差距，在年初分别召开了客、货主座谈会，记者招待会，征求服务工作意见。重点解决了航班不正常情况下的服务工作，妥善安排旅客食宿，做到吃、住、行一条龙服务。1994年，长春机场候机室被全国总工会、团中央、全国质协等单位命名为全国优秀QC小组，连续4年获国家优质服务殊荣。

四、邮政电信迅猛发展，现代化程度不断提高。

1994年，邮电业仍保持高速发展势头，综合通信能力和现代化程度进一步提高。年内净增电话交换机容量12.2万门，比1993年增长44.7%，总容量达39.5万门。新增邮电局（所）15处，比1993年增长7.4%；新增邮路长度22208公里，比1993年增长1.34倍。长春市电话网升位改号工作，由于组织严密、措施得力实现了一次成功。年内又有三个县（市）实现了程控化，至此，全市县及县以上城镇已全部实现市话程控化和长途传输数字化。全市平均每百人电话占有率由1993年的3.8台/百人，增加到5.8台/百人。市区内公用电话发展到5642台，遍布全市各个角落，极大地方便了人们生活和工作的需要。

长春电信枢纽大楼，建筑面积3.1万平方米，计划1995年末交付使用。届时，将利用光纤通讯、卫星通讯、可视电话、数据通讯、微波通讯、传真等通讯设备和手段，使长春市增加长途自动电路6万线、移动电话9万路、市话程控交换机容量12万门。

1994年全市完成邮电业务总量51627万元，比1993年增长36.1%。长途电话5067万张，比1993年增长31.2%；出口函件、包件7653万件，比1993年增长20.1%；电报84.1万份，比1993年下降26.9%。市内电话已发展到27.3万户，比1993年增长68.9%；农村电话1.5万户，比1993年增长14.9%。全市电话机总数达到37.8万部，比1993年增长52%。大规模进入百姓家庭的个人电话仍保持高速增长的态势，截止到1994年末，个人电话拥有量已达21.2万部，比1993年增长90.8%。

新兴邮电业务迅猛发展。移动电话自1992年在长春市出现后，以其现代化通讯设备的诸多优点而迅速发展，在两年多的时间内，全市"大哥大"用户发展到14461户，比1993年增长1.53倍，并实现了全省漫游。全市经营无线寻呼业务的单位38家，BP机用户发展到15.7万户，比1993年增长1.15倍。形成了以电信局126、127台为龙头企业，全社会经营无线寻呼的局面。企业间的竞争，加速了我市无线寻呼业的发展，提高了通讯水平和服务质量。特快传递业务，以其快速、准确、方便等许多优点，深得用户欢迎，全年特快传递38.5万份，比1993年增长97.4%。邮政储蓄年末余额为67200万元，比1993年增长近1倍。近年来，根据人民生活水准的提高和经济建设的需要，电信局推出了转移呼叫、三方通话等十三项市话程控新业务，开发了分组交换、168自动声讯服务系统、语音信箱、DDN网、可视电话、会议电视等在当前世界电话市场上十分活跃的新业务。邮政局新增了商业信函、有声信函、电子信函、礼仪电信等新业务。

（李振声）

【建筑业】1994年，长春市建筑业在改革开放大潮推动下亦有较大发展，全年建筑业完成增加值12.7亿元，比上年增长32.3%（未扣除价格上涨因素）。全市建安企业完成总产值42.7亿元，比上年增加8.5亿元，增长25%。其中，大中型施工企业完成38亿元，占全部总产值的89%。

长春市建安施工企业承揽的房屋建筑施工面积516万平方米，占全部施工面积的58%。从所有制形式看，国有企业完成425万平方米，占全部施工面积的82%；城镇集体企业完成91万平方米，占全部施工面积的18%。

今年新开工施工面积281万平方米，比上年降低5.4个百分点。其中大中型施工企业新开工面积127万平方米，占全部新开工面积的45%。从所有制形式看，国有施工企业新开工面积211万平方米，占全部新开工面积的75%；城镇集体新开工面积70万平方米，占全部新开工面积的25%。在国有施工企业中，地方施工企业新开工面积170万平方米，占国有施工企业新开工面积的81%。中央施工企业新开工面积41万平方米，占国有施工企业新开工面积的19%。

今年完成优良品施工面积73万平方米，与上年持平。其中大中型企业完成47万平方米，占全部优良品施工面积的64%。

今年，全市建安施工企业完成竣工产值26亿元，比上年增加5.5亿元，增长26.6%。其中大中型施工企业完成16亿元，占全部施工产值的62%。全市竣工面积282万平方米，比上年减少16万平方米，降低5.7个百分点。其中大中型建安施工企业竣工面积114万平方米，占全部竣工面积的40%。从所有制形式看，国有建安施工企业竣工面积205万平方米，占全部竣工面积的73%；集体建安施工企业竣工面积77万平方米，占全部竣工面积的27%。

今年，全市建安施工企业上交所得税金1.68亿元，比上年增加0.1亿元，增长6%。其中国有建筑施工企业上交所得税金1.42亿元，占全部上交所得税金的84.5%。

为进一步提高建安企业的市场应变能力根据建筑业市场需求的变化。今年有关部门和单位打破建筑业生产单一的经营格局，组建集团化公司，调集优良设备，集中优势兵力，占领建筑业市场。

建筑业兴旺活跃，同固定资产投资不断增长相关，尽管近年来投资规模有所收缩，但仍呈增长趋势。今年，全市完成固定资产投资96亿元，比上年增加27亿元，增长39.7%。从投资投向看，第一产业投资比重由上年的1.3%上升到1.6%；第二产业由72.1%下降到35%；第三产业由26.6%上升到63.4%。

在完成的全部固定资产投资中，基本建设投资完成43亿元，比上年增长33%；更新改造投资完成15.4亿元，增长16.7%。（吕军）

【国内贸易业】1994年长春市流通部门在市委、市政府的领导下，深入贯彻执行党的十四大精神，加大改革力度，积极转换经营机制，城乡市场呈现一派活跃、繁荣的喜人景象。

社会消费品零售额稳步增长。1994年，全市社会消费品零售额首次突破一百亿元大关。完成了101.8亿元，比上年增长22.6%。从所有制形式看，国有经济下降2%，其他非国有经济均较上年有不同程度的增长，集体、个体、私营、股份制、外商投资经济分别比上年增长3.4%、23.3%、2.8倍，57.4%和20.7%。农民对非农业居民的零售额实现17.59亿元，比上年增长89.4%。

消费需求结构继续转化。随着人民生活水平的不断提高，居民消费模式不断发生变化。在吃的方面，人们虽然在饮食方面越来越讲究营养、方便，但消费水平却处于相对稳定的状态，食品、饮料烟酒类1994年仅比上年增长4.9%。而在穿的方面，款式新颖、色彩分呈、面料多样、体现个性化，已成为消费者追求的目标，1994年纺织、服装、鞋帽类比上年增长1.1倍。在用的方面，消费者对家用电器的不同需求更加明显。追求名牌、讲究质量的消费心里十分突出，市场上出现了名牌商品供不应求，非名牌商品少人或无人问津的现象。家用电器类1994年比上年增长30.7%。此外，金银首饰、美容保健用品，室内装饰材料等的需求也在上升。

商业网点建设速度加快。长春中兴大厦、吉林中百商厦、东北商场的东北银贸购物中心的落成，长春百货大楼新楼的开业，长春友谊商店全面装修的完成，给长春市骨干商场的购物环境的改善增添了新颜。长春商业城、长春皇宫商厦、华正商场、亚太商城等一大批批发零售商场的相继落成营业，则把长春商业网点建设推向了一个新的阶段。长春国贸中心、长春中兴大厦先后被国家批准拥有直接进出口权，这就为长春商业部门在立足本国市场的同时，走出国门，放眼世界发展贸易创造了条件。

城乡集贸市场繁荣兴旺。1994年全市城乡集市贸易市场已发展到405个，比上年增加25个，成交额达54.5亿元，比上年增长26.2%，其中：城市45.9亿元，增长21.1%；农村8.6亿元，增长65.4%。在1994年城市集市贸易主要商品成交量中与上年相比粮食增长56.8%，猪肉增长29.5%，牛肉增长50.2%，羊肉增长21.7%，鸡蛋增长1.2倍，白条鸡增长33.3%，蔬菜增长28.9%。（李永新）

【榆树市】位于吉林省中北部，地处松辽平原。全市总面积4261平方公里，辖有37个乡镇，四个街道办事处，1994年总人口118.5万人，耕地面积29万公顷，土质肥沃，江河纵横，机械化程度高，盛产玉米、大豆、水稻、高粱等，素有粮豆之乡称誉，是全国重点商品粮基地县之一。

1994年，勤劳智慧的榆树人民，在市委、市政府的正确领导下，认真贯彻落实党的十四届三中、四中全会精神，紧紧围绕中央提出的“抓住机遇，深化改革，扩大开放，促进发展，保持稳定”这个全党全国工作的大政方针，坚持以经济建设为中心，以深化改革为动力，强化了工作措施，加大了工作力度，大力发展新的经济增长点，经济和各项事业都取得了显著成绩。

——**综合经济实力明显加强**。全市国民生产总值达到28.9亿元，比上年增长27%；工农业总产值达到34.7亿元，比上年增长34%；第三产业增加值达到7.8亿元，比上年增长13%。

——**农村经济全面发展**。1994年市委、市政府继续强化农业的基础地位，以市场为导向，调整和优化农业经济结构，促进了农村经济的全面增长。农村经济在以下五个方面创历史最高纪录：粮食总产量达到19.75亿公斤，比上年增长6.4%；乡镇企业固定资产1.90亿元，开发项目733个，完成产值18.05亿元，比上年增长42.6%；多种经营总收入12.29亿元，比上年增长80.7%；农业总收入达25亿元，比上年增长26.8%；农村人均纯收入1451元，比上年增长51.4%；

畜牧业生产基地建设具规模，畜产品商品化程度明显提高，生猪直线育肥、蛋肉、鸡科学饲养，黄牛规模经营已在全市全面铺开，禽发展到1100万只，猪105万头，牛22万头。

林业生产和绿化工作取得新进展，全面完成了“十年绿化吉林大地”任务。全市造林面积1200公顷，全市森林覆盖率11.4%。

——**工业速度、效益同步增长**。1994年全市工业生产以“抓改革转机制，抓技改上项目，抓管理增效益”活动为经济工作的主线，以市场需求为导向，以经济结构调整为重点，以搞活企业为中心。工业生产实现了三个稳定，保持了良好的发展势头。全市工业总产值完成6.08亿元，比上年增长19.5%，实现税金2323万元，比上年增长34%；全市投资2175万元，实施技改和开发新项目13项，使地方工业生产后劲增强。

——**城乡市场繁荣，财税金融形势好转**。到1994年末，各类市场达到64处，全年社会消费品零售额实现5.7亿元，集市贸易成交额完成3.3亿元，分别比上年增长10.1%和83%；外贸商品收购额达到8700万元，比上年增长10.1%；本级地方财政收入实现1.1亿元，比上年增长13%。在政策性增支因素有较大幅度增加的情况下，基本实现了收支平衡；银行各项存款余额11亿元，比上年增长52.8%，各项贷款余额30亿元，比上年增加13.2%。

——**文教、卫生事业成绩显著**。教育工作提前二年完成普九任务。高考取得了历史最好水平，升学人数1539人，列长春地区之首。榆树市医院和中医院均被省晋升为二甲医院。妇幼保健医院被评为爱婴医院。文化工作被评为全国文化先进县（市）。

——**城镇基础设施建设进一步完善**。铺修柏油路5条，新建排水管线7条、3011延长米。建改建供水管网6条，完成了南郊水源三期续建工程。环卫设施得到了改善，环境质量有新的提高。市区绿化覆盖率达到26.3%。主次干路两侧16万平方米人行路全面实现了硬面铺装。

——**交通、通讯事业发展迅速**。投资422万元，新修市级公路13公里，乡级公路8.6公里，乡村砂石路106公里。投资800万元，新上6000门数字程控交换机，市区程控电话达到12，000门。铺设光缆干线233公里，22个乡镇实现了程控电话联网。开通了200门900兆蜂窝式移动电话（大哥大）。和两处BP机传呼设备。提高了通讯现代化水平，大大改进了我市通讯落后状况。

——**城乡人民生活水平明显提高，居住条件继续改善**。94年全市职工平均工资达2，937元，比上年增长25.8%，农村人均纯收入达1，451元，比上年增长51.4%，新建住宅楼30余栋，15万平方米，市区人均居住面积10.5平方米，农村人均居住面积达12.9平方米。住房砖瓦化比例约达50%，全市百户电视机拥有量达50台，广播电视覆盖率100%，有线电视入户达一万多户。

总之，1994年，是深化改革开拓进取的一年，是全市经济快速发展的一年，是各项事业取得显著成绩的一年，是向经济强县（市）大步迈进的一年。目前，榆树人民在市委、市政府的领导下，抓住机遇，奋力拼搏，为95年的经济腾飞而努力奋斗。（刘辉东）

【九台市】地处吉林省中部，吉长两市中间，位于东径125°25′至126°30′，北纬43°51′至44°30′，是长春吉林两大经济区西靠东联的重要“支撑点”和“接力点”，地理位置优越，幅员广阔，山川秀丽，田良肥沃，气候宜人，河流水系，陵路交通发达，各种自然资源，特别是矿产资源丰富。

全市拥有耕地16万公顷，林地6.32万公顷，占幅员面积20.3%，居长春市县（市）区之首；草地1.63万公顷，水面2.75万公顷，（河流2.52万公顷，水库泡塘0.23万公顷），建筑及其他用地3万公顷。

水资源，属富水区，河流水乡比较发达。现有大小30条河流，大型（石头口门）水库一座，中型（五一、牛头山、柴福林）水库三座，小型水库16座，总储水量8.17亿立方米。水能蕴藏量3016千瓦，已开发1600千瓦。年境内降水20.3亿立方米，可形成地表经流3.15亿立方米，地下水资源2.74亿立方米，年境内水资源5.89亿立方米。

旅游资源丰富，拥有一江三河，一脉五峰（大黑山脉、四椤山峰、马大山峰、马达拉子峰、八台岭峰）和大小水库20余座，以李家囤子抗俄斗争遗址，卡伦湖度假村，和气古城址，蜂蜜清真寺等市，县级名胜古迹21处，旅游资源得天独厚，开发潜力很大。

市辖13个乡，12个建制镇和5个街道办事处。共有310个村，107个居委会，2731个社，1107个居民组。总人口81.5万人，汉族占91.6%，满、朝、回等14个少数民族占8.4%；农业人口占76.2%，非农业人员占23.8%。

1994年全市人民在市委，市政府的正确领导下，认真贯彻党中央确定的“抓住机遇、深化改革，扩大开放，促进发展，保持稳定”的指导方针，全市国民经济和社会各项事业都取得了新成就。全市国民生产总值达到12.2亿元，比1993年增长14.94%，比1991年增长39.23%，年递增率为9.05%，实现了拼搏三年，经济跃上新台阶的战略目标。

优化农村产业结构，农村经济全面发展。在农村经济工作中，市委、市政府坚持以农民增收致富奔小康为目标，面向市场，调整优化农村产业结构，实施了养种加、贸工农，农科教结合的战略，呈现出粮食生产，多种经营，乡镇企业同步发展的好势头。粮食总产量达到89万吨，创历史最高水平，比1993年增长4.89%，比1991年增长25.28%，四年平均递增2.10%。多种经营重点实施了“365”工程。根据市委提出的“四沿开发”，五带推进的思路，狠抓了猪、牛、鸡、果、烟、药、渔、瓜八大基地建设，带动了农村各业全面发展。1994年末，全市黄牛存栏11.37万头，比1993年增长35.04%，黄牛发展数达到15万头，比1993年增长51.52%，生猪存栏25.42万头，比1993年增长15.49%，生猪出栏头数50.65万元。比1993年增长27.07%。乡镇企业全年新上项目74个，总投资1.2亿元，实现总产值15.45亿元，比1993年增长54.1%。1994年全市农村社会总产值（现价）25.75亿元，比1993年增长69.19%，农业总产值（不变价）达到8.5亿元，比1993年增长14.68%。

工业生产持续增长。工业企业在资金困难，原材料涨价的情况下，通过抓改革，抓后劲，抓扭亏、抓集资等，坚持面向市场，以销促产，挖掘内部潜力，加大扭亏增盈力度，取得了显著成效。全部工业总产值达到10.1亿元，比1993年增长40.8%，其中，乡以上工业总产值完成4.46亿元，比1993年增24.4%，乡以上工业企业实现利润（不包括中央企业）1，276万元；重点工业项目，甘油，球墨铸铁、汽车后桥，耐火材料和酿造厂改造等项目已经竣工投产。药厂、溶剂、大理石等项目正在建设中。全市工业新增固定资产1.2亿元。

商业购销两旺，居民收入有所增加。随着“126”与“178”工程的投入使用和市场招商引资工作的深入，专业化、综合性市场为主体的城乡市场已经形成，1994年，全市社会消费品零售额达到5.4亿元，比1993年增长12.50%。由于流通部门及为生产生活服务部门的发展，1994年第三产业增加值达到27365万元，比1993年增长6%，比1991年增长23.05%，四年平均递增14.03%。1994年，全市国有集体单位职工年人均工资2,587元，比1993年提高4.06%；农民人均收入1,327元，比1993年提高46.15%。

固定资产投资在严控规模的前提下，城镇基础设施仍进一步加强。全年固定资产投资完成10,720万元。比1993年下降34%。1994年整修油路面4.05万平方米，新铺设自来水管线5,096延长米，改造自来水管线2,140延长米，新打机井两眼，日供水能力增加千吨。邮电通讯部门的万门程控电话1994年5月份正式开通使用，农村电话全部实现了自动化，可直拨全国及世界各主要城市。当年，城镇集资开发统建住宅楼20栋，112,829平方米；农村新建居民住房面积16.5万平方米。

财政收入稳中有增，金融保险事业持续发展。新的财税体制实施后，市里加强了财税征管工作，1994年，本级财政收完成8,196万元，按可比口计算径比1993年增长14.9%；财政支出完成11,518万元，比1993年增长16.9%。全市金融系统各项存款余额10.5亿元，比年初净增2.9亿元；增长38%；各项贷款余额为19.9亿元，比年初纯增3.37亿元，增长21%。保险总承保额达17.9亿元。

各项社会事业亦有发展。1994年，推广农业科技项目44项，研制工业新产品43种，增加税利300余万元。基础教育、职业教育、成人教育继续发展和提高。全市投资1572万元，改建和建设校舍10,154平方米，使教学条件有了明显改善，当年为大中专院校输送新生1,108人。卫生、文化，广播电视，体育以及其他各项事业都有新的发展。扩建的铁北医院已交付使用。群众性文体活动丰富多彩，市区有常年业余秧歌健身活动点三处，创作剧目8台。1994年有线电视投资20万元，有线电视入户数达四千户。体育运动在省十二届运动会上名列五县（市）之首。综上所述，1994年我市国民经济和社会各项事业都取得可喜成绩，在发展中有一些急待解决的问题，农业的基础地位需要进一步加强，国家对农业的投入明显不足，农民单一经营的观念尚待进一步转变；工业企业经营机制不活，历史包袱沉重，产品单一，竞争力不强；物价涨幅偏高等均需要在1995年经济工作中认真加以解决。（李文增）

【农安县】地处吉林省中部，长春市西北60公里，南北长115公里，东西宽98公里，幅员面积5400平方公里。其中，耕地434万亩，草原51万亩，水面33万亩，林地88万亩。现辖14个镇，17个乡，377个村，3785个村民小组，2463个自然屯，总人口107.4万，其中非农业人口16.6万。

农安县地势平坦，土质肥沃，草原面积较大，境内有松花江，伊通河等5条主要河流，有太平池等4座大中型水库和波罗泡等4大自然湖泊，年平均气温4—5℃，降水量500－600毫米，无霜期150天，日照2500小时，是一个宜农宜牧的好地方。

农安县地理位置优越，交通十分便利，通讯设施先进，为招商引资发展工业和第三产业提供极大方便。

1994年，农安人民在县委、县政府的正确领导下，认真贯彻党的十四届三中、四中全会精神，坚持以建设经济强县为中心，以富县裕民为目标，发扬团结、开拓，务实，争先精神，深化改革，扩大开放，使全县国民经济和社会各项事业有了长足发展，全面实现了1992年省委、省政府提出的“拼博三年，背水一战，使国民经济跃上一个新台阶”的战略目标中所提出的各项指标。1994年，实现国内生产总值32.5亿元，比上年增长22.2%。完成农业总产值28.3亿元，比上年增长17.0%，完成工业总产值16.5亿元，比上年增长34.3%，乡镇企业完成总产值20亿元，比上年增长37.9%，第三产业增加值达到7.5亿元，比上年增长24.1%，财政总收入1.4亿元，其中，县财政即得财力1.1亿元，按可比口径计算比上年增长30.4%。农、林、牧、渔业总产值跃居全国百强县之列，粮食总产量名列全国第二位。

——农村经济高速度发展，粮食生产喜获丰收，畜牧业实现历史性的突破，农民收入大幅度提高。按照县委确定的“实现一个根本转变，推进四个战略突破”的总体思路，1994年进一步强化农业的基础地位，在农村全面推广“一加一”家庭生产模式，积极发展规模经济，产出能力和经济效益都有了较大幅度的增长。1994年农业总产值达到28.3亿元，比上年增长17%。第一产业增加值18.1亿元，比上年增长16.3%。粮食总产量达到187.5万吨，比上年增长6.2%。其中，玉米163.7万吨，比上年增长7.1%。畜牧业总产值达到10.5亿元，比上年增长43.2%。生猪头数发展到107.1万头，比上年增长46.5%。禽出栏1848万只，比上年增长35.7%，其中鸡出栏1693万只，比上年增长37.8%；鹅出栏123万只，比上年增长6.9%。大牲畜存栏24万头，比上年增长22.9%，其中，黄牛存栏13.7万头，比上年增长54.5%，羊存栏16.2万只，比上年增长11.7%。肉类总产量10.6万吨，比上年增长45.2%，奶类产量3251吨，比上年增长4.1%，绵羊毛产量68吨，比上年增长6.3%。禽蛋产量36961吨，比上年增长72.8%。乡镇企业，以项目开发为重点，一手抓发展，一手抓提高，多渠道筹措资金，增加有效投资，由小型、分散、手工作坊式的生产方式，向规模化，集约化方面发展。1994年，全县乡镇企业固定资产投入3.49亿元，是上年的1.9倍，乡镇企业总产值达到20亿元，比上年增长37.9%；实现利税2.5亿元，比上年增长41.8%。林业生产又有新发展，完成造林面积1738公顷，超计划15%，森林覆盖率12.3%。渔业生产亦有所增长，全年水产品产量达4094吨，比上年增长11.9%。由于农、林、牧、渔业和乡镇企业的快速发展和产出水平、经济效益的大幅度提高，使农民收入实现突破性增长。1994年农民人均纯收入达到1488元，比上年增长58.5%，农民生活向小康目标又迈进了一大步。

工业生产快速发展。1994年，全县全口径工业总产值达到16.5亿元比上年增长34.3%；乡及乡以上工业完成总产值7.5亿元，比上年增长29.2%，实现利税9681万元，比上年增长18.2%。全县实现工业增加值5.7亿元，比上年增长32.2%。加大工业投入，集中力量抓了啤酒厂扩建，华龙饲料厂豆粕车间，涂料厂轻体复合板，造酒厂玉米酒精车间等一批新上项目和技术改造项目，增强了工业经济发展的后续力量。目前，全县已经形成了以食品饮料、配混饲料，石油化工、机械加工、纺织、服装、酿造、印刷、制药等门类较为齐全的工业体系。以石油化工厂、啤酒厂、华龙饲料厂为龙头的一批高产出、高效益企业的经济效益和社会效益明显提高。一批新、老企业正在掘起，经营管理水平大幅度提高，已跻身于吉林省乃至全国先进行列。1994年县啤酒厂晋升为省二级甲等企业，被评为全省明星企业，在全省饮料制造行业最佳经济效益评价中荣获第23位，其产品雪豹啤酒获巴黎酒类博览会国际金奖。县石油化工厂在全省石油化学工业企业最佳经济效益评价中荣获第四名，在全省乡及乡以上独立核算工业企业最佳经济效益评价中荣获第 18 名。华龙饲料厂被中国饲料工业协会命名为全国饲料工业行业百强企业。县石油化工厂和华龙饲料厂于 1994 年双双晋升为中型企业，至此，县属中型工业企业由 1 户发展到 3 户。

市场发育迅速，商品流通日趋活跃，财政实力明显增强，金融保险事业进一步发展。到 1994 年末，全县已建成各类综合、专业市场 83 处。市场建设水平又有新提高，工商贸易大厦、艺苑商厦、哈拉海楼层市场，合隆服装市场等一批综合，专业市场于 1994 年相继建成并投入使用，推动了全县市场建设向更高层次发展。1994 年，全县集市贸易成交额达到 2.06 亿元，比上年增长 43%。以转换企业经营机制、建立现代企业制度为重点，进一步深化了国合商业企业改革，与此同时，积极鼓励个体、私营经济与国合商业共同发展。至此，多种经济成份，多种经营方式，多种经营渠道并存的流通新格局在农安县已初步形成。1994 年，全县社会消费品零售总额达到 4.68 亿元，比上年增长 20%，外贸出口收购总值达到 2.03 亿元，比上年增长 20.8%，财政总收入达 1.4 亿元，县财政即得财力首次突破亿元大关，达到 11.080 万元，按可比口径计算比上年增长 30.4%。各项贷款余额达 20.6 亿元，比上年增长 8%，城乡居民储蓄存款余额 10.4 亿元，比上年增长 32%，人民保险投保总额 20 亿元，保费收入 1535 万元。

城乡基础设施建设步伐进一步加快，城乡交通条件有较大改善。1994 年，全县城镇基础设施建设投资 1200 万元，完成了第二水源一期工程当年的建设任务。投资 1934 万元，新建、改造和开通城镇街路 9 条，新修给排水管线 1950 延长米。商品住宅楼当年峻工面积达到 18.6 万平方米。完成了龙湾公园一期工程建设任务，建成了大型露天游泳池并投入使用。在通讯设施建设上，完成了 80.9 千米光纤电览铺设工程，开通了无线寻呼和移动电话业务，通讯设施向现代化水平又迈进了一大步。在乡级公路建设上，新修柏油路 6 条，总里程 67 千米，新修乡村砂石路 100 米，实现了乡乡镇镇通柏油路，部分乡村晴雨通车，农村道路和交通条件比历史上任何时候都好。

此外，教育、文化、卫生、体育及其他各项社会事业都有新进展。通过普及九年义务教育验收，教学条件进一步得到改善。全县投资 3060 万元，用于改善新建校舍 2.7 万平方米，维修翻建校舍 4.2 万平方米，基本消灭了教学危房，新购置桌椅 1.06 万套，购买各种教学仪器和音体美教学器材 4.3 万件。教学质量有了新的提高，被大、中专院校正式录取 1588 人，比上年增加 38 人。仅县实验中学即考入全国大、中专院校 661 人，升学率达 81.3%，比上年提高 4 个百分点，考入名牌大学人数比上年明显增加，考入清华大学 4 人，北京大学 1 人，中国科技大学 1 人，考入清华大学的人数在全省各中学名列第三位。兴建的建筑面积 4888.6 平方米幼儿教育中心，现已投入使用。黄龙戏剧种获中国曲协颁发的中国“孔三传”戏曲音乐金奖，黄龙戏剧作《铁血女真》荣获中国首届曹禺戏剧文学奖。体育竞技水平进一步提高，在吉林省第十二届运动会上，共获得奖牌 21 枚，其中金牌 11 枚。全县各类医院拥有医疗床位 1078 张，人员 3930 人，卫生技术人员 3007 人。县医院被晋升为二等甲级医院。广播电视覆盖率分别达到 100%和 90%。 （林子昌）

【德惠市】位于吉林省中北部，松辽平原腹地。东西宽 65 公里，南北长 96 公里，幅圆面积 3，435 平方公里。全县总人口 86.2 万人，其中农业人口 72.3 万人。现辖 13 个镇，10 个乡，市区划分为四个街道办事处。1992 年被吉林省人民政府批准为省级经济开发区，1993 年被吉林省委、省政府确定为全省重点培育的经济强县之一，1994 年被国务院批准撤县设市。

德惠地处长春、吉林、哈尔滨三城市中间，地理位置十分优越，自然条件得天独厚。京哈铁路、京哈公路平行从境内穿过，乡村公路四通八达，交通十分便利，市区面貌日新月异，是一座很有发展的新兴县级城市。

德惠地势平坦，气候适宜，盛产玉米、水稻、大豆、高粱，是全国商品粮生产基地县之一。

全市人民在市委、市政府的领导下，认真贯彻中央关于“抓住机遇，深化改革，扩大开放，促进发展，保持稳定”的工作指导方针，围绕经济建设和各项社会事业，抓住重点，突破难点，开拓进取，圆满完成了年初确定的各项工作任务和省及长春市提出的经济跃上新台阶，提前完成“八五”计划的主要目标。1994 年，全市国民生产总值实现 25.4 亿元，比 1993 年增长 46.9%；农业总产值达 17.6 亿元，比 1993 年增长 58.2%；第三产业增加值达 6.4 亿元，比 1993 年增长 32.0%。

农村经济全面发展。“两高一优”农业步伐加快，粮食作物结构、种植业结构和农业内部结构的调整有较大突破，农村各业比重更趋合理，高产高值粮食作物和瓜菜、果木等经济作物面积增加，畜牧业逐步向独立产业方向发展，生产的专业化、规模化、集约化程度进一步提高。1994 年粮食总产量达 11.75 亿公斤，比 1993 年增长 1.7%，是德惠市历史上第二个丰收年。肉鸡、肉牛、生猪、养鱼4个生产基地已具雏型，肉鸡发展到1,895万只，肉牛发展到13.9万头，生猪发展到40.8万头，鲜鱼产量达4,180吨，均比上年有大幅度增长。农业总产值近11.2亿元，比上年增长7.7%；多种经营收入实现6.72亿元，比上年增长19%。乡镇企业保持了较快的发展速度，实现产值12.28亿元，比上年增长46.9%。全市乡镇企业共开发项目213个，其中投资百万元以上的项目50个。农村经济总收入实现18.5亿元，比上年增长20%。农民人均收入达到1,352元，比上年增长49%。

工业生产稳定增长。以“转机制、抓管理、练内功、增效益”活动为主线，狠抓了味精厂提高味精生产回收率，第一水泥厂用低质原材料生产高标号水泥等10项质量攻关项目和大曲酒厂吨大曲酒耗标粮等10个节能攻关项目。集中力量开展了“大干四十天”和“奋战四季度”活动，克服了资金紧张，减利因素增多等各种不利因素的影响，确保了工业生产的稳定发展。全市工业总产值实现14.2亿元，比上年增长17.4%，实现利税3,978万元，比上年增长64.9%。1994年，广拓渠道，多方筹措资金，新上了一批技术改造项目，仅市属企业就完成技改资金6,100万元，比上年增长52.2%，安排技术改造项目和新产品开发项目34项，完成投产17项，是德惠市工业企业技术改造投资额和项目最多的一年。

商贸流通活跃，效益提高。国有商贸企业扩大了经营范围，强化了内部管理，使市场竞争能力和风险承载能力明显增强，效益亦有显著提高，国营企业的主渠道作用得到了较好发挥。全年社会消费品零售额3.7亿元，比上年增长2.8%；城乡集市贸易成交额1.08亿元，比上年增长22%；外贸出口额实现5,000万美元，比上年增长65.6%。国合商贸企业减亏234.8万元，增加税金176万元。个体工商户和私营企业由年初的7,500户发展到9,500户，增长26.7%。全年共收缴各类假、冒、伪、劣商品总价值达75万元，共清理出各类靠挂企业近400户。原有的市场进一步完善，新建的果药批发、小商品批发、粮油批发交易市场投入使用。新建的商贸大厦、惠港酒家、城西商厦等重点网点新增营业面积25，000平方米。

财税工作取得较大突破，金融形势稳定。在新的财税体制实施的第一年，克服了税源紧张等不利因素，税收征管工作成果显著，财政收入首次突破亿元大关，实现1.2亿元，比上年增长41.4%，其中工商税收8,363万元，比上年增长36.9%。银行各项存款余额达12.35亿元，比年初增加2.59亿元；各项贷款余额26.3亿元，比年初增加3.77亿元。

对外开放取得新进展。进一步加强了同国内外客商和国内大中城市及经济发达地区的友好往来和经济技术协作，全年共引进项目5项，总投资1.63亿元，引进资金619万美元，其中，合同在建项目2个，总投资2,020万元，引进资金79万美元。到目前，德惠市经济开发区累计引进合同开发项目17个，其中，已投产的12项，引进资金3,132万美元；在建项目5个，引进资金2,173万美元。

城乡基础设施建设步伐加快，投资环境继续改善。围绕增强城镇总体功能，和承载能力，改善经济建设和人民生活环境的目标，多方筹措资金，全方位采取措施，加快了城乡基础设施建设步伐。不仅完成了年初确定的“八大工程”，即：(1)新建西立交桥的各项前期准备工作；(2)西十道街油路铺设工程；(3)松柏路路基及下水工程；(4)德惠至边岗油路铺设工程；(5)德惠市委党校教学楼续建工程；(6)德惠商贸城一期工程；(7)市中医院药房、制剂室工程；(8)德惠人才劳务市场建设工程。而且还完成了面积为4万平方米的街道油路罩面铺设工程、德惠公园建设一期工程，人才培训中心大楼、社会保险公司综合楼建设等重点工程。进一步加快小区建设步伐，开发总面积达23万平方米。进一步改善了环卫设施，新修1300延米的垃圾场道路，新修和维修厕所32个，打渗水井26眼，新购置垃圾箱30个。进一步加强了城区绿化工作，新增绿化景点10处，新增城区绿化面积22.85公顷，在94年长春市绿化委员会组织的绿化大检查中，德惠市取得长春地区五县（市）第一名的好成绩。

科技、教育、卫生、广播电视等各项社会事业繁荣发展。1994年，全面推行了科普教育，充分发挥科技人才作用，加快了科技立市步伐。基础教育、成人教育、职业技术教育协调发展，中、高考成绩在长春市名列前茅。狠抓了国有医院的管理，使防病治病水平不断提高，市中医院晋升为二甲医院，完成了德惠电视台试播、建台工作，已经正式开播，并开办了德惠有线电视台，发挥了正确的舆论导向作用，积极报道我市经济建设和改革开放中的新成绩，新情况，节目内容日渐丰富，采播水平不断提高，极大地丰富了全市人民的文化生活。 （车延春）

【双阳县】位于长春市东南46公里，东以饮马河为界与永吉县相望；南邻盘石县；西与伊通县、长春市郊区接壤；北与九台市毗连。南北长75公里，东西宽45公里，全县面积2028平方公里。

双阳境内属中温带东亚季风大陆性湿润气候，春夏秋冬分明，雨热同期。年平均气温4.8℃，年平均日照2532.6小时，年平均降水量619.4毫米，无霜期平均为145天，适宜一年一季的农作物生长，盛产玉米，水稻，大豆，是全国商品粮生产基地县之一。

全县辖8个镇，8个乡；4个办事处，163个村、2个镇区；1534个村民小组。总人口40.1万人，其中农业人口近32万人。

双阳境内自然资源丰富，现有土地面积20.28万公顷，其中耕地10.25万公顷；林地4.67万公顷；草地1.84万公顷；水域1.1万公顷。现已探明、开采的矿产资源有金、铜、锑、铁、石油、天然气、煤、石灰石、矿泉水等32种，其中石油、天然气、煤、石灰石、矿泉水等矿藏的开采能力具有一定的规模。

1994年全县人民在县委、县政府的领导下，认真贯彻落实党的十四大和十四届三中、四中全会精神，紧紧围绕把长春市建设成为现代化国际性城市的总体目标，坚持工业化、城市化的发展战略，艰苦创业，奋力拼搏，解放思想，深化改革，抓住机遇，加快发展，国民经济和社会各项事业取得了令人瞩目的成就。国内生产总值达到11.8亿元，比上年增长48.1%；财政收入达到6419万元，比上年增长38.9%。

农村经济全面发展。1994年，县委、县政府继续强化农业的基础地位、在大力发展“两高一优”农业的基础上，积极发展多种经营和乡镇企业。全年实现农业增加值6.1亿元，比上年增长11.2%；占国内生产总值的51.7%。粮食总产量实现了5.93亿公斤，比上年增长9.2%；单产每公顷达到8192公斤，突破历史最高水平。多种经营基地建设亦初具规模，创历史最高水平。全年牧业增加值实现1.8亿元，比上年增长28.6%。闻名于世的双阳梅花鹿年末存栏达到3.6万头，比上年增长2.18倍；鹿茸产量完成2.2万公斤，比上年增长24.7%。黄牛存栏达到7万余头，比上年增长32.7%。生猪存栏达到13.5万头，比上年增长10.9%。家禽存栏达到258万只，比上年增长40.2%。乡镇企业总产值实现11.36亿万元，比上年增长51.6%。

工业生产、效益同步增长。1994年全县工业增加值实现2.2亿元，比上年增长13.3%；实现利税4823万元，比上年增长44.5%。乡及乡以上工业产品销售收入实现35000万元，比上年增长20.7%；产品销售率为93.8%，比上年增长5.1个百分点。

第三产业发展迅速，市场繁荣兴旺。1994年，第三产业增加值达到3亿元，比上年增长65.1%。

第三产业是双阳经济发展新的增长点。近年来，以旅游资源开发和市场建设为龙头推进了双阳第三产业全面大发展，随着双阳湖旅游区、北山公园旅游区、金马溶洞旅游区、吊水壶风景区的开发，城乡市场呈现一派繁荣活跃的喜人景象。1994年全县商品零售总额达到2.5亿元，比上年增长17.7%；出口创汇总额达到8000万元，比上年增长28.8%。

县城基础设施建设硕果累累。1994年初，县委，县政府确定的重点建设项目大多如期实现。万门程控电话已开通，商贸城亦试营业；县城房屋综合开发13万平方米，有900户居民喜迁新居，双阳38中教学楼和县医院门诊大楼按期交付使用，双明公路的油板路也完成了路基工程。

科学、文化、教育、卫生、通信等各项社会事业在经济飞速发展的同时，不断加强发展。1994年，全县机关企事业各类科技人员10802人，比上年增长3.8%。当年工业应用的6项新技术和农业应用的60项新技术均收到了较好的经济效果。教育体制改革促进了全县教育事业的快速发展，办学条件有了显著改善，全县校舍不但全部实现砖瓦化，而且向教学楼发展。已建成教学楼26栋，总面积5.6万平方米，占全县校舍总面积27%。普及九年义务教育得到了国家教委和省、市有关部门的高度评价。高考成绩逐年提高，1994年录取率为45.2%，比上年增长16个百分点。在文化事业方面，县评剧团演出的《三醉酒》获优秀剧目一等奖，并在国家“文华”奖受最高奖。年末，有线电视用户达到5200户，比上年增长40%。邮电通讯事业有了空前发展，通讯设施建设取得令人瞩目的成绩。万门程控电话交换机，无线寻呼、移动电话业务正式开通。在城乡公用事业方面自双阳县城开创全国县级首家使用天然气纪录以来，年末天然气供气管道达380公里，比上年增长8.6%，供应用户超过9000户，比上年增长6.3%。年供气量1000万立方米，区划内供气户比例达95%。

随着国民经济和社会各项事业的发展，人民生活水平有了很大提高。1994年全县农村人均收入达到1469元，比上年增长59.7%。城镇职工平均工资达到2808元，比上年增长24.1%城乡居民储蓄存款余额4600万元，比上年末增长45.4%。

1994年全县经济各项社会事业的发展是县委、县政府带领全县人民坚持改革开放，加速向社会主义市场经济体制的转变；坚持经济发展的总战略，以把双阳建设成长春国际性卫星城为目标，加快了工业化、城市化的进程；坚持抓住重点，突破难点，在艰难中求发展，快发展，在困境中求生存，求速度的结果。

（张文峰）

【朝阳区】 地处长春市区西南部，位于东经125°1′——125°18′，北续43°47′——43°59′之间，总面积291平方公里，其中城区面积57平方公里，近郊面积234平方公里。辖16个街道办事处，3个农业乡，有汉、朝、蒙、回等25个民族，有人口90余万人。

改革开放以来，经过十几年的建设与发展，朝阳区的整体实力不断增加，城区面貌发生了很大的变化，基本上形成了自己的优势与特点。朝阳区幅员辽阔，自然资源丰富，气候适宜，盛产各种蔬菜、粮豆和其它一些经济作物，是长春市重要的副食品基地之一。朝阳区工业门类齐全，基础较好，是一个新兴的工业城区。朝阳区科技文化事业比较发达，素有“文化区”之称。朝阳区地理位置优越，交通设施、通讯设施良好，人文景观众多，环境幽雅，发展第三产业有一定的潜力，是投资、旅游、经商的理想之地。

1994年，朝阳区委、区政府带领全区人民认真贯彻落实党的十四届三中、四中全会精神和党中央确定的“抓住机遇，深化改革，扩大开放，促进发展，保持稳定”的指导方针，克服了国家推行财政金融税收体制改革，一些宏观高控措施相继出台，经济环境并不宽松等困难，依靠科技进步，合理调整产业、产品结构，坚持加快发展不动摇，保持全区一、二、三产业协调，快速发展的良好势头，全区经济驶入了高速增长的快车道。在经济高速发展的同时，其他多项社会事业亦有较快的发展。

工业生产快速增长并获得较好经济效益。全口径工业总产值完成10.39亿元，为年计划的174%，比上年增长101.9%；实现利润1.09亿元，为年计划的178.6%，比上年增长107.2%；工业产品销售收入实现9.74万元，实现增加值32813万元。

农村经济稳步发展，后劲不断增强。全口径农业收入实现14.64亿元。农民人均收入实现1711元。全区蔬菜总产量完成13380万公斤，蔬菜总产值达6244万元，比上年增长33.8%。粮豆总产量达1707.9万公斤。乡镇企业继续保持了较快的发展势头，全年乡镇企业总产值实现23.45亿元，实现利润21665万元，均比1993年翻了一番还多。全区亿元村已发展到8个，其中两亿元村有4个。

第三产业发展步伐加快，流通领域日趋活跃。全区第三产业增加值达到2.69亿元。第三产业向多领域发展，规模越来越大，效益越来越好。

对外开放不断扩大，外向型经济有了新发展。全区“三资”企业已发展到21户，协议投资总额达4247.8万美元，其中外方投资1847.6万美元，到位金额1355.2万美元。“三资”企业的规模不断扩大，效益明显提高。“三资”企业年创产值17058万元，利税1393.3万元，出口产品已达15种，直接出口创汇额248万美元，间接出口创汇381万美元。朝阳区工业开发区总体规划已完成，建设总投资1535万元，总开发面积11万平方米，为未来开发区投资办厂的客户提供了优良的开发环境。

广泛培植财源，财政收入持续增长。全区财政收入突破亿元大关，达到10741万元，比上年增长35.5%。

以科技为先导，发挥现有的科技优势，增强对科技的投入，大力开发新产品，新项目，促进科技成果的转化。全年完成科技发展项目50项。其中工业项目35项，新增产值9500万元，新增创税900万元。完成技术改造项目58项，新增产值3055万元，利税5408元。成为长春市通过“科技争优”、“科技达标”国家级验收的县区。

此外，教育、城建、卫生等社会各项事业亦协调发展并取得了令人满意的成绩。

朝阳区国民经济和各项社会事业之所以取得这样好的成绩，其原因是多方面的，但主要原因是：

一、解放思想，抓住机遇，坚持经济大发展不动摇。年初，区委、区政府在认真总结近年来成功地发展经济的经验，正确分析1994年经济发展形势的基础上，提出继续坚持“五以”（以乡镇企业为龙头，以科技为先导，以“一汽”为依托，以第三产业为重点，以外向型经济为突破口”）方针，以壮大区级财力为落脚点，进一步解放思想，抓住机遇，加快发展，促进全区经济持续、快速、健康发展的指导思想。在工作部署上打破过去经济增长速度保8%争10%的惯例，把增长速度确定在高起点上，安排了保16%争20%的增长速度。

二、加大改革力度，促进经济快速发展。在配合国家多领域重大改革出台的同时，根据本区的实际，有步骤，有重点地深化改革，扩大企业自主权，股份合作制试点、商业企业国有民营、公有私营取得明显进展，企业三项制度改革已全面铺开。股份合作制企业发展到52户，股本总额达5068万元，累计融资1039万元。在农村不断加快农村市场经济体制建设，在推动农村经济奔小康，向“两优一高”农业发展上迈出了新的步伐。

三、超常规发展乡镇企业，带动全区经济的发展。乡镇企业在1993年取得突破性进展的基础上，1994年又呈现出超常发展的势态。乡镇企业产值、利润均比上年翻了一番。涌现出8个亿元村（其中两亿元村4个），10个五千万元村。开发技术项目108个，固定资产投资达20116万元。12个工业小区建设已初具规模。

四、突出重点，全面提高经济效益和经济质量。在发展经济的过程中，始终把调整结构，提高经济效益、提高经济质量作为经济工作中的重点，逐步培植新的经济增长点。具体作法有：一是抓骨干企业，把年利润达到50万元的企业作为区重点骨干企业，在政策上给予倾斜；二是抓项目开发。几年来，始终把项目开发，技术改造、发展规模经济作为提高经济效益和经济质量的关键环节来抓。仅1994年，全区就开发新项目184项，当年增加产值17381万元，利润1834万元；三是抓为“一汽”配套企业。近年来，把为“一汽”配套企业作为全区经济增长的骨干力量来抓，使其成为新的经济增长点；四是抓薄弱环节，下功夫、花力气抓好停产、半停产企业的挖潜改造，使其逐步步入正常的生产秩序；五是实行激励机制，对效益好的企业的经营者予以重奖，有力地推动了全区经济效益的增长。

五、加快市场的培育建设，促进第三产业大发展。1994年全区建成具有一定规模的各类市场41处，各街道办事处组建集贸市场16处，既方便了群众生活，又活跃了街道经济。劳务市场的建成使用为企业用工和劳动者就业提供了便利。本着积极扶持，放手发展个体私营经济的原则，努力促进非公有制经济的发展。1994年，全区个体工商户已发展到13700个，私营经济实体发展到121户，个体私营经济已经发展成为全区财政收入的重要来源。

六、扩大对外开放，主动拓宽对外经贸领域。本着疏通渠道、广交朋友、建立窗口，发展实体，提高效益的工作思路，积极开展对外贸易工作。1994年协议外资额为572.5万美元，“三资”企业规模扩大，经济效益增长较快。新组建的朝阳外贸总公司将成为我区对外贸易的重要窗口。与韩国汉城阳川区经济友好合作关系的确立，为全区发展外向型经济提供了广阔的发展前景。

七、统筹兼顾，促进科技和教育等各项事业协调发展。始终坚持以科技为先导，促进科技与经济的紧密结合。在结构调整过程中，重视科技的投入，科技支撑体等。科技市场体系逐步得到完善。坚持“两手抓”的工作方针，在改革和发展经济的同时，协调发展社会各项事业。

1995年是“八五”计划的最后一年，是省委、省政府提出经济再上新台阶，农村致富奔小康的第一年，是全区经济与社会发展承前启后十分关键的一年。全区人民在区委、区政府领导下，将进一步解放思想、抓住机遇，乘势快速发展。要以建立现代企业制度为目标，全面深化经济体制改革，积极推行股份合作制，在规范和完善现有股份制企业的同时，争取把60%的中小企业改造成股份制企业，继续对边小微亏商业企业实行国有民营、公有私营，在部分工业企业中进行公有私营试点。加快结构调整步伐，壮大主导产业，大力发展汽车配套工业、农副产品深加工高新技术三大主导产业，改造和发展锅炉、铸造、钣金、金属压力密器等传统产业，同时以市场为导向发展生物、医药、食品、电子等新产品，增加名优产品数量以优取胜。要继续超常规发展乡镇企业，抓好现有的12个工业小区的开发建设，形成一批布局合理，高效，连片集中的乡镇企业群体。全方位、深层次地推进对外开放，以开发区为龙头，以和韩国汉城阳川区建立经济友好合作关系为突破口，进一步强化整体开放意识，进一步加强对外接触，发展经贸伙伴，扩大合作领域。搞好规划，以培育市场体系为重点，大力发展第三产业和个体私营经济。以增收致富奔小康为目标，稳定发展农村经济，坚持两个文明一起抓，继续协调发展各项社会事业，为把朝阳区早日建设成为现代化国际性城市中发达城区而努力奋斗。

朝阳区是一个充满生机与希望的城区。他们热忱欢迎国内外有识之士和各界朋友来此观光考察，投资开发，兴办实业，携手共创未来。（赵继涛、陈黎明）

【南关区】位于长春市中南部，东隔伊通河与二道河子区相望，西至斯大林大街与朝阳区为邻，南与郊区接壤，北与宽城区毗连，全区总面积151.58平方公里，是长春市的一个老城区、老商业区。全区辖14个街道办事处和1乡1镇，总人口49万人，其中非农业人口43.3万人。

南关区物华天宝，地理优越。西南部是科研文化区，大中专院校、科研单位40多所，我区的卫星科技园犹如一颗珍珠镶嵌在那里，熠熠闪光；中部是繁华的商业区，各大商店、商场、大厦比比皆是，各类市场布局合理，处处繁荣，重庆路商业一条街彻夜兴隆，永春商贸城、长春傢具城更是别具一格，令人耳目一新；东北部为长春市钢铁基地，各种型号、规格的钢铁产品应有尽有；东南部为著名旅游风景区——净月潭和中国第一个绿化中心，闻名亚洲的长春动植物园（东方乐园）、长春市儿童公园皆在辖区之内；长春经济开发区和森林旅游城座落于净月潭之滨，极赋吸引力，正在兴建的韩国工业村、净月葡萄园渡假村、亚光游乐园、八一水上乐园更让人流连忘返。

南关区地理位置十分优越，交通非常便利，哈大高速公路、长吉、长双、长伊公路纵贯境内，市内交通四通八达，各路电车、汽车任人选乘，十分方便。

改革开放以来，全区经济迅猛发展，城乡面貌焕然一新，各项事业欣欣向荣，人民生活蒸蒸日上。

1994年全区认真贯彻落实中央提出的“抓住机遇、深化改革、扩大开放、促进发展、保持稳定”的方针，牢牢把握经济建设这个中心，坚持两个文明建设一起抓，进一步解放思想，更新观念，锐意进取，真抓实干，使经济建设和各项工作都取得了新的成就。

经济建设快速增长。全区农业、工业、第三产业各项指标均有较大幅度增长，达到了历史最高水平。国民生产总值完成了5.3亿元，比上年增长31.5%，农业人均收入1，968元，比上年增长28.10%；工业总产值实现10.54亿万元，比上年增长53.7%，工业利润实现5201.8万元，比上年增长21.2%，销售收入达8.8亿元，比上年增长39.9%，其中，乡镇集体工业产值完成7.2亿元，比上年增长112.3%，利润完成3，646.1万元，比上年增长71.5%；第三产业加值达到2.08亿元，比上年增长48.7%，全区商业销售额近2.4亿元，比上年增长10%，利润实现553万元，比上年增长15.5%。积极增加对第三产业的投入，1994年，规划和改造马路市场15个，退路进厅市场4个，集贸市场成交额6.3亿元。1994年末，全区个体业户达到11，570户，比上年增长113%，从业人员达到19，547人，比上年增长123%；私营企业达到95户，比上年增长132%。尤为可喜的，1994年全区财政收入实现了历史性的新突破，年财政收入完成9，223.3万元，比上年增长36.3%。

经济体制改革不断深化。19943年，以产权制度改革为重点，积极调整企业组织结构，在全区工商企业中，实行股份合作制29户，实行公有私营48户，实行兼并4户，实行联合2户，出售产权2户，剥离经营2户，出租1户，划小核算单位6户，引资嫁接6户。

对外开放又迈新步伐。1994年创办了一批规模大、起点高的合资合作企业，全区新办“三资”企业4户，协议利用外资额890万美元。全区外贸出口总额787.8美元。占地面积15万平方米的韩国工业村已于1994年10月举行了奠基仪式；占地面积8万平方米的净月葡萄园渡假村已破土动工；占地面积58.6平方米的亚光游乐园项目，市计委已立项，市规划局已正式批准，前期工作正在抓紧进行。

各项事业发展令人欣慰。在教育事业方面，通过深入贯彻落实《中国教育改革和发展纲要》，该区在评为省“普九”工作先进区和全国特殊教育先进区的基础上，1994年又被评为国家“普九”合格区。中小学毕业及格率分别达到95.6%和100%，被省、市评为教育科研工作先进区。在卫生事业方面，认真贯彻“预防为主”的方针，加强预防保健工作，使传染病的发病率比上年下降18%。初级卫生保健工作又有三分之一的街道办事处达标，经省验收获市城区第一名。在计划生育工作方面，由于认真落实《吉林省计划生育条例》，坚持“三为主”的工作方针，深入开展计划生育综合治理，连续三年被评为全国“三优”教育先进区。全区人口出生率7.24‰，人口自然增长率0.9‰，计划生育率达到100%。在文体事业方面，坚持一手抓繁荣、一手抓“扫黄”，深入开展群众性的文化娱乐活动，圆满地完成了第二届长春电影节市里下达的各项任务，南关区被市政府评为电影节有功单位。竞技体育成绩显著，在第十二届省运动会上共获金牌51枚，银牌40枚，铜牌29枚，居全省县（区）金牌、奖牌、总分三项之首。在城建事业方面紧紧围绕建设现代化国际性城市的要求，加强城市基础设施建设和环境卫生综合治理，市容环境卫生水平有了明显提高，在省市进行的几次卫生检查评比中均取得了较好名次。全年新修柏油路12869平方米，排水管线1322延长米，铺装人行步道3312平方米。全年植树20.8万株，栽种草坪6万平方米，新增绿地59.4公倾，绿化覆盖率达到38.4%，提前完成了长春市人民政府下达的“十年绿化吉林大地”任务。

在过去的一年中虽然取得了巨大成就，但在前进中仍存在一些问题，主要表现为经济发展不平衡，农业基础设施比较薄弱，产业和产品结构不尽合理，对第三产业投入不够，新项目不多。（花景海）

【宽城区】位于长春市的北部，东濒伊通河；南临光复大路、上海路、新发路、北安路、西安大路，与南关区和朝阳区相接；西以西环城公路与朝阳区城西乡为界；北跨越北环城公路与郊区兰家乡为邻。全区总面积119.98平方公里，东西最宽度为11.25公里，南北最长度为14.1公里。地处东经125°18′08″，北纬43°53′57″。区辖13个街道办事处和1个乡。总人口37.1万人。

中长铁路从宽城区东西穿越，把它分为南北两部，俗称“铁南”，“铁北”。铁南是宽城区的政治、经济、文化中心。区委、区人大、区政府、区政协驻地均设在“铁南”青岛路9号，吉林省委，省政府所在地均位于宽城区南部。长江路、贵阳街、光复路市场等又是铁南的繁华商业区。“铁北”是本世纪初开发起来的工业区，是长春市能源、交通、机电、机械制造、面粉、粮油加工等工业生产要地。

1994年，全区人民在区委、区政府的直接领导下，认真落实党的十四大和十四届三中、四中全会精神，坚定不移地执行中央“抓住机遇、深化改革、扩大开放、促进发展、保持稳定”的方针，围绕市委、市政府提出的建设现代化国际性城市的总体战略，加快实施“用25年时间把我区建设成为发达、繁荣、富裕、文明的现代化城区”的总体发展目标，全面深化改革，不断加大工作措施和力度，大力推进社会主义物质文明和精神文明建设，全区国民经济和社会各项事业都取得了显著的成绩。

一、经济建设快速发展，综合实力有所增强。一年来，经济工作紧紧把握“抓住机遇，加快发展”这个主题，以提高经济效益为中心，努力实施宽城区“25年发展规划”，深化企业改革，完善管理体制，不断调整结构，努力增加投入，注重规模经济，拓展第三产业，培育市场体系，提高整体水平，出现了空前未有的大发展好势头。

——综合经济实力进一步增强。1994年，国内生产总值实现5.2亿元，比上年增长20.5%。国民经济中的一些重大比例关系进一步协调、三大产业国内生产总值虽同步增长，但所占比重发生显著变化，1990年与1994年相比，第一产业持平，第二产业由53.8%下降到49.7%，第三产业由38.7%提高到42.8%。

——工业生产保持了较高的增长速度。1994年实现工业总产值9.7亿元，比上年增长37.9%；实现销售收入8.1亿元，比上年增长40.5%；实现工业利润5864万元，比上年增长25.0%。

——农村经济全面发展。1994年，农业基础设施建设进一步加强，多种经营有了新的突破。全年农业投入800万元，新建温室307栋，光照温室360栋，新增保护地41.8垧，为丰富市民“菜篮子”做出积极的贡献。全年提供蔬菜商品量8000万公斤，内食鸡总量181万公斤，生猪出栏6800头，鲜奶310万公斤，禽蛋总量100万公斤。到1994年末，全区各类养殖专业户已发展到550户，农民人均收入达1700元，比上年增长13.3%。

乡镇企业坚持以项目开发为主线，加大固定资产投入，培养新的经济增长点。1994年，乡镇企业总产值完成13.5亿元，其中乡村集体工业完成产值6.3亿元，比上年增长64.5%，实现利润3287万元，比上年增长59.6%。

——不断拓宽新领域，充分利用区内有利条件，实施“南商北工”的新格局，第三产业发展步伐不断加快。全年开发第三产业项目46个，投资总额17401万元，其中有25个项目建成营业。区属商业在市场竞争激烈的形势下，转换机制，拓宽渠道，使企业有了较大发展。饮食、服务业面向社会提供高档次服务。总面积7700平方米，投资2000万元的奋进广源宾馆已正式交付使用，并取得较好效益。第三产业1994年实现增加值2.2亿元，比上年增长17.1%，全年上缴税金3000万元，占全区财政收入的三分之一。

——新旧财税体制平稳过渡，财政收入稳步增长。在区财政紧张、增支因素较多的困难条件下，狠抓税收征管工作，改革机关经费管理和街乡财政管理体制，积极组织财政收入，1994年，全区财政收入实现9478万元，比上年增长52.9%。

——外向型经济适应改革开放新形势，整体开发功能有所增强。1994年，新办“三资”企业4户，引进外资68万美元。出口产品11种，出口创汇850万美元。

二、体制改革不断深化，企业活力明显增强。按照整体推进与重点突破，统一规划与分类指导相结合原则，企业改革以把企业培育成“四自”的法人实体和市场竞争主体为出发点，不断加大改革力度，强化改革措施，结合区、街（乡）的具体情况，采取“一厂一方、因厂制宜，多种改革措施并举”和采取“二改一调一转”的作法，即：改革企业所有制形式，改变企业经营方式；调整企业组织结构；转换企业经营机制。不仅推进了企业改革的不断深化，而且取得明显成效。

——股份制企业有较大发展。1994年，全区建立改造股份制企业77户，注册股本金达4306万元。到目前为止，股份制企业已增加到84户，股本金总额为9210万元。与此同时，企业组织结构调整又有新进展。新组建企业集团2户，长春宇海集团总公司和长春华兴集团实行集团化后，由于资本集中和优化组合，形成了新的生产力，实现了规模经济。长春白山图片社等7户企业实行横向联合，使企业增强了市场竞争力。

——企业经营方式有较大改变。1994年，国有商业企业和部分工业企业实行国有民营、公有私营、租赁经营和“剥离”经营等有效经营方式，企业面貌焕然一新。商业系统针对企业小、门点多、经营分散的特点，继续将6户国有企业和5户集体企业租赁给职工个人经营，实行房产国有、设备租赁、资金自筹、自主经营，企业效益有较大提高；街道系统有7户企业进行了公有私营试点，使企业充满生机和活力；“剥离”经营使长春市锅炉铺机厂等5户企业重现生机。

——企业内部经营机制转换全面铺开。1994年区委、区政府在全区企业大力推行了长春市电气器材厂等企业三项制度改革的经验，在101户企业实行了全员合同化管理、工资制度综合改革试点和工资总额与上缴税金挂钩等项改革，进一步增强了企业活力，促进了经济效益的提高。

同时，产权制度改革、财税体制改革、区属以下企业养老保险社会统筹、农村积累式养老保险、转变政府职能等改革也取得了新的进展。

三、社会事业健康发展，精神文明建设取得新成果。

——城市建设与管理水平有了进一步提高。围绕迎接“94中国长春电影节”，认真开展了城市环境综合整治工作。进一步完善内部管理机制，全面落实岗位目标责任制，充分发挥城管专业队伍作用，坚持不懈地治理脏乱差，使城乡结合部、背街小巷等偏僻地区环境卫生水平不断提高，在市背街小巷环卫达标竞赛和省市卫生检查中均取得较好成绩。1994年，全区道路建设投资874万元，翻建和维修主要街路9条，完成道路建设13.6万平方米，植树34.6万株，种草15.3万平方米，栽花20.5万平方米，全区绿化覆盖率达到37.1%。宽城区代表长春市接受省“十年绿化吉林大地”检查，受到好评。

——教育工作成效显著。牢固树立教育优先发展的战略思想，深入贯彻《中国教育改革和发展纲要》及《长春市义务教育条例》，加快普及九年义务教育步伐，增加对教育的投入，努力改善办学条件，提高基础教育水平。全年教育投入2418万元，比上年增长55.6%，高于国家规定的增长比例和区财政收入的增长比例，在省“双基”验收中受到好评。教育、教学改革不断深化，实行了教改和科研的有机结合，使教育、教学水平有了大幅度提高。省首届小学数学整体优化实验研讨会，推广了宽城区“发散聚合式”数学教学法；市教育科研工作现场会、省青少年科技教育活动现场会也先后在宽城区召开。宽城区被长春市评为教育科研先进区、长春职业教育先进区、有8个教改项目获优秀成果奖。由于坚持了教改和科研，使教学质量明显提高，初中会考及格率为83%，优秀率38%，受到市教委的好评。全市106所中学会考，宽城区有四所中学排在前十名。其中，72中学及格率、平均分名列全市教办中学第一名。与此同时，乡村教育有了发展。全年投入320万元，新建了小南小学教学楼，改善了办学条件。小学毕业及格率、小学生入学巩固率均为100%，基本扫除了文盲。此外，职业教育、幼儿教育、特殊教育等亦都有了不同程度的发展和提高。捐资助教工作成绩显著，全年集资383万元，为改善办学条件做了贡献。

——科技进步水平不断提高。科技工作“坚持科技兴区”战略，积极研制开发新产品，大力发展民营科技型企业。全年技术改造投资2865万元，完成技改15项，新增产值1059万元，利润139万元。开发引进新产品67项，总投资1100万元，实现产值2205万元，利税210万元，有6项被国家列入新产品计划。

——卫生事业稳步发展，医疗水平有所提高。卫生工作坚持两个效益一起抓，积极创造条件，克服不利因素，开辟了发展城区卫生事业的新路子。贯彻落实“三保三放”和“两转两补”的方针，引导医疗单位在保证基本医疗服务的同时，开展特殊医疗服务，增强自我补偿能力，转变经营机制，实现由单纯的福利型向福利型与经营型并存的方向转变。坚持走小综合大专科的路子，开发医疗市场，开发专科建设。目前已发展了神经内科等专科专病项目50余个，收到了良好的社会效益和经营效益。民族医院转换经营机制的经验得到推广，成为市卫生改革、医院管理的先进典型。

——计划生育工作实施目标管理。计划生育工作进一步完善人口目标管理责任制，大力开展“计划生育三结合”活动，大力宣传优生、优育知识，加强对流动人口的管理，有效地控制了人口的增长。全年人口出生率为7.27‰，自然增长率2.77‰，计划生育率达到99.0%。

——文化事业繁荣活跃。以迎接“94中国长春电影节”和庆祝建国45周年为主线，广泛开展了群众性系列文化活动。基层文化阵地建设不断加强，区图书馆被评为全省十优图书馆。奋进乡文化站被列为全省“百镇工程”的试点单位。

——群众性的体育活动蓬勃开展。在省十二届运动会上，宽城区夺取金牌33枚，银牌15枚，铜牌14枚，总分位居全省第二。其中速滑比赛实现了金牌零的突破，金牌总数列全省第一名。

1994年，在区委、区政府的领导下，全区经济建设、改革开放和各项社会事业都取得了令人瞩目的成绩，但在发展中仍存在许多困难和问题，经济结构尚不尽合理，发展不平衡，整体外向水平不高；城市管理和整体环境质量尚有许多不尽人意之处；资金紧张，依然制约着经济建设和各项社会事业的发展。（曹富）

【二道河子区】地处长春市城区东部，东与郊区兴隆山镇、南关区净月镇相连，南与长春市经济开发区接壤，西靠伊通河，北与宽城区、郊区衔接。南北长18.23公里，东西宽4.1公里，总面积74.9平方公里。人口为26万人，其中非农业人口22万人。区辖7个街道办事处，1个乡，140个居民委员会，11个村民委员会。

二道河子区是长春市正在开发的一个新型地区。此区交通中枢特点明显，处于哈大、长烟、长伊公路和京哈、长图、长伊公路和京哈、长图、长白、长烟铁路的交汇部，辐射数十省、市、县、区，是塞北春城长春市的东大门，也是哈大高速公路的主要入市口。随着东北经济圈的提出、建立和长春市发展战略的东移，二道河子区以东已成为长春市建设成现代化国际性城市的重点发展区域。

二道河子区有发展的较好基础。目前，乡村企业处于吉林省领先地位。全区现有工业企业380户、工业企业拥有固定资产15亿元。经过多年建设发展形成了以医药化工、铸造锻造、建材印刷、机械加工行业为主导、门类较为齐全的工业体系。二道河子区第三产业起步快，开发潜力大。目前已形成了一个多层次，多种类的市场新格局。近年自建、改建、引建了长春木材交易市场、长春市生产资料市场、东站综合市场等8处。

二道河子区旅游景点和服务设施发展较快，闻名全国的西游记宫和历险城就座落在这个区。

二道河子区非但有上述地理、自然、环境优势，而且经济与社会各项事业发展亦突飞猛进。1994年这个区的突出特点是：一、经济持续快速健康发展，提前一年登上新台阶。

工业生产从总体上保持了快速发展势头。全区工业总产值完成9.25亿元，比上年增长33.5%，超“上台阶”目标11.4个百分点；实现销售收入7.8亿元，比上年增长23.6%，超“上台阶”目标5.4个百分点；实现利润6062万元，比上年增长16.3%，基本达到“上台阶”目标。

乡村经济继续保持了吉林省乡镇经济排头兵的地位，乡村工业总产值完成6.7亿元，比上年增长48.9%；实现销售收入5.75亿元，比上年增长43.8%；实现利润4600万元，比上年增长443.8%，被省评为发展乡镇企业先进乡，乡村人均收入达到2320元。

第三产业又迈出了新步伐。全区第三产值增加值实现1.6亿，比上年增长18.7%。个体、营业户已发展到3140户，比上年增长12%。全区社会商品零售额实现36000万元，比上年增长29%。市场建设也有长足的发展，远达木材市场业户已由1993年的150户发展到200余户；引进的长春市特种钢材市场、生产资料交易市场已开始运营；新建的1万5千平方米营业面积、经营近2万种商品的亚泰商城于年底正式开业。拟自建、扩建的吉林街市场、丹阳路市场、迁安路市场、安乐路市场已完成规划设计并将组织实施。目前以生产资料、生活资料为主线的市场体系框架已基本形成，以东盛大街、吉林大路为轴心的商业区的规划设计和起步工作也进展顺利。

对外开放招商引资工作有新的突破。1994年新办“三资”企业5户，总投资564万美元，合同利用外资156万美元。目前，全区“三资”企业已达19户，共引进资金687万美元。宏盛村同日本、韩国合资兴建的豪绅庄园，是集服务、餐饮、娱乐于一体的四星级大酒店，总投资7500万元，建筑面积3万平方米，现裙楼主体已完工，进入了室内外装修阶段。宏新村的锅炉配件厂被国家确定为出口基地企业后，又成立了享受直接进出口权的省五金矿产进出口总公司长春分公司，年销售额可达2000万元。宏盛村在美国洛杉机创办的“三维公司”已开始运转。家用化学品厂的人参阿美系列化妆品继出口俄罗斯之后，又远销荷兰，并首次打入日本市场，成为我国向日本出口化妆品的第一家。

财政收入有较大幅度增长。在国家实施财税新体制改革的第一年，克服困难，狠抓税收征管工作，全面落实税收征管目标责任制，强化依法治税征税，做到了应收尽收。财政收入全口径完成5115万元，比1993年增长20.2%。其中，完成本级财政收入1736万元，比预算增长9.6%，实现了当年财政收支平衡。

二、加大企业转机建制力度，各项改革明显加快步伐。

在经济体制改革方面，紧紧围绕建立现代化企业制度这一总目标，以产权制度改革为突破口，从转换企业机制、转变政府职能和完善各项配套改革入手，坚持整体推进与重点突破相结合，加大工作力度，从而实现了以改革促经济发展的战略目标。具体情况是：

产权制度改革推出新举措。通过深入贯彻《企业法》和《城镇集体所有制企业条例》，认真进行了建立现代化企业制度的各项基础工作，进一步扩大了各项改革试点范围，进而加快了工商企业向现代企业转轨。1994年，全区有25户企业实行了股份合作制，8户企业实行公有民营，2户企业实行剥离经营，7户企业实行了产权出售。

综合配套改革有新进展。在企业内部通过推行“三项制度”改革，进一步增强了企业活力，促进了企业经济效益提高。全区共有105户企业推行了全员劳动合同制，同时积极探索了待业、社会养老、医疗保险以及卫生、教育、住房制度等方面的改革，并取得了初步成效。

企业组织结构调整也有新突破。针对部分企业组织结构不合理和技术力量薄弱的现状，积极进行了组织结构的调整，引导企业在调整中重新组合，寻找发展和生存的途径。1994年，全区已有了3户企业实行兼并，组建了2个企业集团，使微利、亏损企业找出路，重点企业扩大了规模，增强了实力。

三、社会各项事业蓬勃发展，整体水平进一步提高。

教育事业创历史最好水平。全区“普九”工作顺利地通过了省代表国家的检查验收，《教师法》进一步得到贯彻落实。教学质量大幅度提高，中考成绩继续保持全市领先地位，形成了一批在全市有较高知名度的“特色校”。108中的学科竞赛、52中的教学管理、53中的师德教育、34中的军校共建、东盛小学的健康管理、开封小学的环境育人、八道街小学的德育工作等在省、市都具有一定的知名度。小学入学率、普级率、巩固率和毕业率达100%；初中毕业合格率达97.6%，升学率达95.32%。

医疗卫生事业得到加强。积极探索卫生管理体制改革、专科建设有所进展，增设了肿瘤科、皮肤科、康复治疗等11项新专科，取得了较好的经济效益和社会效益。此外，预防保健工作超额完成上级下达的指标，妇幼保健通过省级评审，结核防治工作在全省名列前茅。全区计划免疫覆盖率达100%，“四苗”接种率达95.6%。卫生行政执法工作进一步加强，保证了全区人民的身心健康。

城市管理水平不断提高。1994年，城建部门继续加强硬建设，强化软件管理。全年投资800万元，新建了东环城路，远达西街、东民路、民丰六条及乐群大街等5条街路，面积达5万平方米，是年初计划的1.7倍。投资160万元，新建排水管线6条，3500延长米，是年计划的2倍。森林城建设取得明显进展，全区增加绿化面积24.3公项，绿化覆盖率达到32.6%，比上年提1.1个百分点，顺利通过省对我区提前三年完成“十年绿化吉林大地”的检查验收。

计划生育工作成效显著，1994年，在过去多年的基础上，积极探索了与新形势相适应的计划生育工作新机制，目前已初步形成了以计划生育社区服务为主的孕前型管理的新框架，有力地促进了各项目标的实现。全区人口出生率和自然增长率分别为5.7‰和1.84‰，均低于全市控制水平。

文化、体育事业健康发展。坚持“一手抓繁荣，一手抓扫黄”，全区群众性文化娱乐活动丰富多彩。群众性体育活动广泛开展，在“七街一乡”成立了体育总会。在省运动会上共获金牌29枚、银牌18枚、铜牌5枚，被市评为最佳贡献单位。（傅维祺）

【长春市郊区】位于吉林省中部，呈陕长状环绕省城长春市四周。东部与双阳县、九台市接壤，南部与伊通相连，西部与怀德县相望，北部与德惠市、农安县相邻，全区行政区划面积1013，96平方公里，年末实有耕地47183公顷。区辖八镇二乡，92个行政村，556个自然屯，747个村民小组，全区总人口28万，其中农业人口19.6万。气候属暖温带大陆性半湿润季风气候，大于10℃的积温2860℃，年均日照2643小时，无霜期142－159天。

地理位置优越。郊区环绕吉林省城长春市四周。居省城科学、文化、技术最近的辐射圈内。新立城、三道两镇紧靠长春经济技术开发区，农林乡紧连净月森林旅游城。它既有广阔和便利的商品销售市场，又有市内大中型国有企业的支持，便于发挥城乡经济优势的互补作用，有利城郊一体发展，具有发展经济得天独厚的条件。

自然资源丰富。郊区境内土地辽阔，地势平坦，土质肥沃。与此相适应的水利资源也很丰富，水域面积达15万亩，其中，水库、坑塘面积9.9万亩。伊通河、新开河、雾开河流经境内，地下水储量3190万吨。全区林地面积19.4万亩，草地面积771亩。矿产资源亦很丰富，主要有煤炭、大理石、膨润土，脊柱石、白土，矿泉水系国家鉴定的优质矿泉水。境内野生植物种类繁多，有70科241种；野生动物有4类94种。

交通、通讯十分便利。有长大、长哈、长图、长白及正在修建的长烟铁路在境内通过。北哈、图乌两条国有公路与长白、长吉南北线，长郑、长东（东丰）、长大、（大浦柴河）长伊、长农八条省、市级公路纵横全区，在区过境的高速公路正在兴建中。乡、镇道路已实现柏油化、村道砂石化，形成了四通八达的公路网。全区的通讯也十分便利，10个乡镇全部安装了程控电话，装机容量达1520门。

党的十一届三中全会以来，全区人民在区委、区政府领导下，坚持以经济建设为中心，以改革开放为动力，充分发挥城郊优势，大力发展城乡经济，使全区经济和社会各项事业不断跃上新台阶。1994年全区国内生产总值完成12.44亿元，比1993年增长42.3%，工农业总产值完成21.6亿元，比1993年增长35.4%，乡镇企业总产值完成23亿元，比1993年增长43.7%，居全省首位，已跨入全国二百强县区之中。全区预算内财政收入8706万元，比1993年增长33.9%，第三产业增加值3.54亿元，比1993年增长26.60%。全区农民人均纯收入1584元，比1993年增长51.6%。

这一年经济与社会发展的突出特点是：

一、效益农业有了新突破。农业经济在粮食生产保持阶段性发展水平的同时，实现了一个提高、两个突破、四个大发展。在粮豆作物播种面积减少的情况下，1994年粮食总产量仍达2.27亿公斤，垧产5755公斤，创郊区历史最高水平。农业总产值完成5.36亿元，比1993年增长16.1%，其中：种植业完成26.1亿元，比1993年增长8.70%。蔬菜基地建设有了历史性的突破，保护地面积达47.3平方米，陆地菜达到1万公顷，新建大棚和温室600栋，26万平方米，1994年蔬菜总产量336401吨，比1993年增长24.2%。瓜类生产硕果累累，产量达51002吨，比1993年增长67.20%。林果开发亦有新突破，完成1466.7公顷。畜牧业生产有四大发展：一是肉鸡达到246.6万只，比1993年增长52.4%；二是蛋鸡达373.1万只，比1993年增长24.0%；三是黄牛发展到3.3万头，比1993年增长32.3%；四是生猪发展到21.7万头，比1993年增长17.6%。郊区是全国商品粮生产基地县（区）之一，按政策规定1994年提前完成了粮食定购任务。保质保量地完成兰家马哨口和谢家店两座大型排涝站。

瓜菜复种和大南镇蛋鸡饲养被评为市优秀科技项目。林业生产成绩显著，大南镇等7个林业站进入全省百强站，造林绿化成为全省“十佳”县区之一，区领导包保的林业工程被评为市级优秀工程，林业生产正向生态经济林的方向发展。

二、工业和乡镇企业保持了较高的发展速度。在区委、区政府的领导下，全区上下齐动员，各主管部门采取有力措施，强化管理，开发项目，积极响应区委、区政府提出的“百日会战”号召，使全区工业生产继续保持较快的发展势头。1994年工业总产值完成16.25亿元，比1993年增长43.20%，其中，乡及以上工业完成5.28亿万元，比1993年增长23.2%。乡镇企业发展更快，1994年完成总产值23.04亿元，比1993年增长43.7%。年初确定的乡镇企业“4321”计划已全面实现，合心和兴隆山镇经济开发区和新立城特镇建设也取得明显成果，新上项目51个，新增产值3780万元，实现税收405万元。

三、第三产业逐年发展。随着社会主义市场经济的不断完善和发展，郊区城乡市场繁荣，购销两旺。1994年，第三产业实现增加值35450万元，比1993年增长26.60%。社会商品零售总额完成4.4亿元，比1993年增长37.5%，商业系统完成销售额19765万元，比1993年增长22.3%，外贸创汇700万美元。按市政府的要求，完成了中药材市场、乐山长宏大牲畜交易市场和兴隆山、合心镇等肉类市场的建设。商贸企业本着区内建、市内占、外埠延、国外办的发展思路，扩大了经营范围，拓宽了经营渠道，全区商办工业达36户，实现产值32363万元。银信部门积极筹措资金，增加贷款额度，推动了全区的经济发展，1994年全区各项贷款75303万元，比1993年增长10.5%，各项存款63044万元，比1993年增长32.0%，全区城乡储蓄存款余额42461万元，比1993年增长36.7%。

保险事业不断发展。人民保险积极开办各个险种，1994年全区城郊保险投保总额18.79亿元，比1993年增长2.8倍，保险费总额1135万元，比1993年增长3倍，投保5500件，理赔3480件，理赔支出900万元，比1993年增长1.3倍。社会保险开展业务以来也有较快的发展，全区参加养老保险24978人，养老金602万元，待业保险13582人，保险金37万元，比1993年增长48.6%。

四、社会各项事业硕果累累。1994年，教育工作巩固和发展了“普九”成果，大力加强基础教育，有重点地抓好职业技术教育，积极发展成人教育，质量意识明显增强。校园校舍建设水平进一步提高，区乡加大投入，使7所中小学校舍楼房化，投资410万元，完成了九中教学楼建设。教育改革不断深入，初三分流取得了较好成果。教师合法权益受到保护，教师队伍素质有所提高。职业教育被市评为先进区，率先通过了国家“两基”验收。

科技工作成绩显著。编制了“九五”计划和长期规划，科技培训向纵深发展，1994年办各类培训班918期，培训87486人次。推广农业技术732项，其中3项获市特等奖，1项获市一等奖。实施科技攻关计划、星火计划23项，其中11项科技成果通过省、市、区鉴定，有3项科技成果获市科技进步奖。合心镇省级高效农业科技示范园区建设健康发展，承担了省科委5个科技开发项目，推广25项科技新成果和新技术，建设水平在全省11个高效农业科技园区中名列前茅。

文化体育工作有新发展。文化市场管理进一步加强，圆满地完成了94长春电影节方队表演，大南镇文化活动中心通过省级“百镇文化辐射中心”验收。体育工作硕果累累，在省第十二届运动会上，我区运动员获16枚奖牌，金牌7枚、银牌6枚、铜牌3枚，创造了郊区历史上参加省级竞赛的最好成绩。

卫生事业不断发展。1994年计划生育工作坚持走“三结合”的道路，抓好基层基础建高，出色的完成了省市下达的各项指标。1994年全区出生人口3071人，出生率11.01‰，人口自然增长率6.5‰，计划生育率97.8%。卫生工作突出农村重点，加强院、站所建设，预防保健和医疗卫生水平不断提高，三项建设被市评为先进区。

广播宣传工作围绕实施“光环”战略和建设现代化城郊发达区充分发挥了舆论导向和教育作用。1994年共播送各类稿件80套版块（800件），在94年长春电影节活动中获市电影节宣传先进单位。在94年长春广播奖评比中有8篇稿件获奖，一等奖2篇、二等奖3篇、三等奖3篇。在吉林广播奖评选中2篇获三等奖。94年长春记者协会好新闻评比中1篇获三等奖。在对台广播中1篇获省、市对台宣传优秀奖，并推荐国家在厦门召开的对台工作会议上评奖，列为海峡之声广播电台对台广播节目。

五、财政收入不断增加、人民生活水平明显提高。

由于经济的大发展，财政收入明显增加。1994年，全区预算内财政收入（按全口径计算）8706万元，比1993年增长33.90%，经过全区广大干部和人民群众的共同努力，精心安排，实现了全年财政收支平衡，略有节余。

1994年全区人民生活水平明显提高。全区年末平均职工为22767人，工资总额7978万元，职工年平均工资3504元，比1993年增长38.4%。据全区150户农村住户抽样调查资料推算1994年农民人均纯收入1584元，比1993年增长51.6%。1994年农村新建房

1138户，建房面积10.9万平方米，住户结构也逐改进，农村住户75%以上为砖瓦结构，从而改善了农民的居住条件。

1994年，郊区各方面工作都取得了可喜成绩，但在发展和前进中也存在一些不足。主要是表现在：改革开放的深度、力度和广度还不够；工业生产名牌和拳头产品甚少，经济效益还不十分理想；尽管税收有所增加，但财政形势一直比较严峻。

（孙福庆、李文发）

统计资料

行政区划

单位：个

	城市		农村			
	街道办事处	居民委员会	乡政府	镇政府	村民委员会	村民小组
总计	**59**	**1 435**	**77**	**72**	**1 706**	**15 586**
市区	**50**	**1 022**	**8**	**9**	**163**	**1217**
南关区	14	288	1	1	18	127
宽城区	13	180	1	—	12	64
朝阳区	16	369	3	—	27	180
二道河子区	7	140	1	—	14	99
郊区	—	45	2	8	92	747
县（市）	**9**	**413**	**69**	**63**	**1 543**	**14 369**
九台市	5	101	13	12	310	2 731
榆树市	4	120	21	16	388	3 450
农安县	—	88	17	14	377	3 792
德惠市	—	71	10	13	305	2 862
双阳县	—	33	8	8	163	1 534

自然概况

	单位	长春市	榆树市	九台市	农安县	德惠市	双阳县
一、土地资源							
1. 国土面积	平方公里	18 881	4 705	3 100	5 400	2 560	2 000
2. 耕地面积	公顷	1 103 614	290 811	160 030	291 057	212 454	82 688
二、水利资源							
1. 地表水资源年径流总量	亿立方米	12.9	3.4	2.9	1.3	1.7	2.4
2. 地下水资源量	亿立方米	12.4	2.4	2.2	3.7	2.4	0.7
3. 淡水总面积	万亩	150.0	42.3	8.1	35.1	28.4	10.1
#养殖面积	万亩	40.7	4.3	8.1	13.8	4.1	3.2
三、林木资源							
1. 森林面积	万公顷	24.7	4.8	6.6	5.4	3.0	3.6
2. 森林覆盖率	%	13.5	11.6	20.4	11.7	10.9	19.8

各部门机构数和人数（一）

	机构数（个）	人数（人）
一、农村基层组织	—	—
1.基层组织	—	—
乡政府	77	—
镇政府	72	—
村民委员会	1 706	—
村民小组	15 586	—
2.乡镇企业	148 353	61 6112
农业企业	1 420	21 550
工业企业	48 112	280 474
建筑企业	14 060	119 205
交通运输企业	38 766	75 446
商业、饮食、服务业企业	45 995	119 437
其他企业	—	—
二、按国民经济行业分组		
(一)农、林、牧、渔业	571	26 311
1.农业	19	3 904
2.林业	58	2 197
3.畜牧业	31	8 346
4.渔业	4	123
5.农、林、牧、渔服务业	459	11 741
(二)采掘业	21	10 165
(三)制造业	2 885	568 189
(四)电力、煤气及水的生产和供应业	27	19 534
(五)建筑业	326	114 374
1.土木工程建筑业	231	92 938
2.线路、管道和设备安装业	41	14 657
3.装修装饰业	54	6 779
(六)地质勘查业、水利管理业	225	15 443
1.地质勘查业	38	6 386
2.水利管理业	187	9 057
(七)交通运输、仓储及邮电通信业	264	45 387
#公路运输业	82	19 728
管道运输业	1	1 784
航空运输业	2	1 830
交通运输辅助业	44	7 028

各部门机构数和人数(二)

	机构数 (个)	人数 (人)
仓　储　业	26	2 471
邮电通信业	109	12 546
(八)批发和零售贸易、餐饮业	3 550	211 362
1.食品、饮料、烟草和家庭用品批发业	872	70 559
2.能源、材料和机械电子设备批发业	634	23 801
3.其他批发业	314	14 657
4.零　售　业	1 550	93 899
5.商业经纪与代理业	22	482
6.餐　饮　业	158	7 964
(九)金融、保险业	215	21 504
1.金　融　业	196	20 138
2.保　险　业	19	1 366
(十)房地产业	183	15 392
1.房地产开发与经营业	76	4 839
2.房地产管理业	107	10 553
3.房地产代理与经纪业	—	—
(十一)社会服务业	732	61 275
1.公共服务业	123	26 410
2.居民服务业	105	4 736
3.旅　馆　业	168	13 228
4.租赁服务业	1	62
5.旅　游　业	14	2 425
6.娱乐服务业	18	790
7.信息、咨询服务业	101	1 846
8.计算机应用服务业	20	334
9.其他社会服务业	182	11 444
(十二)卫生、体育和社会福利业	381	40 358
1.卫　　生	329	37 682
2.体　　育	22	1 565
3.社会福利保障业	30	1 111
(十三)教育、文化艺术及广播电影电视业	3 565	130 476
1.教　　育	3 276	114 388
普通高等院校	27	22 763
中等专业学校	54	6 739
普通中学	431	31 835

各部门机构数和人数(三)

	机构数 (个)	人数 (人)
小　　学	1 922	44 251
幼 儿 园	842	8 800
2.文化艺术	203	9 949
艺术表演团体	16	1 734
艺术表演场所	14	909
艺术创作机构	9	98
艺术研究机构	2	55
电影制片厂	1	2 090
影 剧 院	13	419
图 书 馆	10	407
群众文化艺术	82	657
出版发行事业	34	2 647
出 版 社	10	495
文物事业	12	438
3.广播电影电视业	86	6 139
(十四)科学研究和综合技术服务业	353	32 293
1.科学研究业	115	16 744
(1)自然科学研究	77	15 402
(2)社会科学研究	23	869
(3)综合科学研究	15	473
2.综合技术服务业	238	15 549
(1)气　　象	14	612
(2)地　　震	3	112
(3)测　　绘	11	687
(4)技术监督	50	1 689
(5)海洋环境	—	—
(6)环境保护	13	422
(7)技术推广和科技交流服务业	36	592
(8)工程设计业	41	9 439
(9)其他综合技术服务业	70	1 996
(十五)国家机关、政党机关和社会团体	1 411	59 302
#国家机关	1 238	54 024
政党机关	92	2 865
(十六)其他行业	226	8 061

国民经济主要指标

	单 位	1993	1994
一、总户数与总人口			
户 数	户	1 670 969	1 700 389
人 口 数	人	6 510 368	6 574 999
二、全部从业人员	万人	317.5	336.4
#职 工 人 数	万人	134.8	134.9
三、国内生产总值	万元	2 209 055	3 261 840
四、总 投 资	万元	690 663	1 150 825
五、总 消 费	万元	1 359 794	1 796 453
六、固定资产投资总额	万元	687 673	961 008
七、财 政 收 入	万元	—	79 378
财 政 支 出	万元	—	152 980
八、居民消费价格总指数	%	—	122.9
零售物价指数	%	114.7	120.5
九、农 业			
1.农 业 总 产 值	万元	609 451.7	680 163
2.主要农产品产量			
粮 食	吨	—	6 774 762
油 料	吨	39 619	39 933
糖 料	吨	68 788	54 883
猪 、牛 、羊 肉	吨	139 634	188 708
十、工 业			
1.工 业 总 产 值	亿元	302.8	376.1
2.主要工业产品产量			
汽 车	辆	175 738	186 518
拖 拉 机	台	25 023	42 787
铁 路 客 车	辆	882	1 022
十一、社会消费品零售总额	万元	830 768	1 018 439
十二、外贸进出口总值	万美元	163 470	205 008
十三、各类学校数、在校生数			
学 校 数	个	2 541	2 528
在 校 生 数	人	1 122 487	1 145 998
十四、卫生机构及卫生技术人员数			
机 构	个	827	802
卫生技术人员	人	36 070	37 047

注：三、四、五项指标均按当年价格计算；七项指标仅为市本级数；九、十项指标按1990年不变价格计算；十三项中含高等学校及中等专业学校、农职业中学、普通中学、小学。

国民经济主要指标占全国全省比重

	单位	长春	占全省(%)	占全国(%)
国内生产总值	亿元	326.2	33.5	0.7
#第三产业	亿元	91.6	32.1	0.6
工业增加值	亿元	150.3	38.5	0.8
农业增加值	亿元	71.6	29.6	0.9
工农业主要产品产量				
粮食	吨	6 774 762	33.6	1.5
油料	吨	39 933	13.9	0.2
甜菜	吨	54 883	5.6	0.4
汽车	辆	186 518	98.1	13.3
大中型拖拉机	台	895	100.0	1.9
固定资产投资总额	万元	961 008	32.8	0.6
基建	万元	430 701	31.9	0.7
更改	万元	154 463	29.1	0.5
社会消费品零售总额	万元	1 018 439	25.7	0.6
高等学校在校学生数	人	67 043	70.4	2.8
医疗床位数	张	23 638	25.0	0.8
卫生技术人员数	人	37 047	28.0	0.9
职工工资总额	万元	576 111	32.0	0.9
城乡居民年末储蓄余额	万元	1 652 552	30.9	—
邮电业务总量(按1990年不变价计算)	万元	51 561	33.3	0.7

注：本表所占比重均取之吉林省统计局及国家统计局统计公报。

平均水平主要指标

	单位	1994年
人均国内生产总值	元	4 925
人均消费水平	元	1 747
职工人均工资	元	4 271
城市居民人均生活费收入	元	2 580
农村居民人均纯收入	元	1 416
每一农业人口占有耕地面积	亩	4.3
每一农业人口生产粮食	吨	1.7
每一工业职工创造产值	万元	6.6
每一工业职工实现利税	元	5 302.4
每万人口拥有批发零售贸易业、餐饮业网点	个	121.6
每万人口拥有批发零售贸易业、餐饮业人员	人	440
每万人口拥有医疗床位数	张	36
城市居民人均居住面积	平方米	6.78
农村居民人均居住面积	平方米	15.1

1994年每天社会经济活动概况（一）

	单　位	每日数
一、每天主要经济活动		
国内生产总值	万元	8 936.6
总　投　资	万元	3 153.0
总　消　费	万元	4 921.8
工业总产值	万元	13 328.7
农业总产值	万元	2 964.9
社会消费品零售总额	万元	2 790.2
集市贸易成交额	万元	1 493.2
银行当年现金收入	万元	22 308.5
城镇居民储蓄	万元	4 156.9
乡村储蓄	万元	370.6
财政收入	万元	217.5
旅游外汇收入	万元	21.5
施工住宅建筑面积	平方米	10 085.5
竣工住宅建筑面积	平方米	4 829.9
公路货运量	万吨	14.8
铁路货运量	万吨	2.9
民航邮运量	吨	8.2
主要产品产量		
钢	吨	287.0
钢　材	吨	245.3
发　电　量	万千瓦小时	866.8
原　煤	吨	3 168.2
汽　车	辆	511.0
铁路客车	辆	2.8
拖　拉　机	台	117.2
化　肥	吨	38.4
水　泥	吨	3 259.2
电　视　机	台	107.7
摩　托　车	辆	325.1
洗　衣　机	台	519.2
布	万米	10.3
卷　烟	箱	615.6
酒	吨	436.7
粮　食	吨	18 561.0
猪、牛、羊肉	吨	517.0

1994年每天社会经济活动概况（二）

	单　位	每 日 数
二、每天主要服务性活动		
生活煤气使用量	万立方米	20.3
家庭液化气使用量	吨	19.5
生 活 用 电 量	万千瓦小时	262.3
生 活 用 水 量	万吨	34.6
铁路客运人数	万人	6.9
公路客运人数	万人	5.8
民航旅客人数	人次	750.7
公共电汽车客运量	万人次	83.2
长　途　电　话	万张	13.9
报　刊　杂　志	万份	10.2
接待旅游人数	人	86.1
#外　国　人	人	67.2
三、每天发生的其他活动和事件		
出　生　人　数	人	219.0
死　亡　人　数	人	97.0
迁　入　人　口	人	361.0
迁　出　人　口	人	293.0
结　婚　人　数	对	155.2
离　婚　人　数	对	10.6
城市安置待业人数	人	49.8
各种交通事故	起	2.0
交通事故死亡人数	人	1.4
交通事故伤人数	人	0.8
交通事故造成经济损失	元	7 990.3
职工伤亡事故件数	件	0.2
死　亡　事　故	起	0.1
重　伤　事　故	起	0.1
职工工伤死亡人数	人	0.1
职工伤亡财务损失	元	2 794.5
日产日清垃圾量	吨	2 375
废 水 排 放 量	万吨	43.8
废 气 排 放 量	万标立方米	13 520.4
火　灾　起　数	起	3.1
火　灾　损　失	元	16 660.5
火化尸体数	具	94.1

长春市社会经济历年主要指标（一）

年份	总人口（万人）	#非农业人口	工业总产值（万元）	农业总产值（万元）	粮食总产量（吨）	社会消费品零售总额（万元）
1949	275.0	41.4	4 774	105 593	1 373 180	—
1952	300.5	66.5	25 224	152 604	1 847 155	21 865
1957	352.7	106.7	75 129	131 356	1 349 000	35 577
1962	402.2	126.1	90 943	142 939	1 302 881	54 838
1965	435.9	134.0	180 506	144 136	1 432 640	52 546
1970	474.6	106.9	272 515	146 138	2 120 959	63 388
1975	525.6	144.9	398 802	285 991	2 844 891	98 436
1980	562.3	170.0	516 125	296 704	2 688 731	165 883
1985	589.5	199.0	861 933	344 765	3 270 910	345 975
1990	637.8	232.7	1 307 834	542 455	6 246 871	580 406
1991	642.6	236.2	1 433 025	526 429	5 807 478	654 297
1992	645.7	239.6	1 929 312	555 820	5 998 293	763 030
1993	651.0	246.8	2 469 400	609 452	6 433 929	830 768
1994	657.5	254.8	3 015 205	680 163	6 774 762	1 018 439

注：本表价值量指标均按1990年可比价格计算；工业总产值不包括村及村以下产值；1993年以前社会消费品零售总额系社会商品零售总额。

长春市社会经济历年主要指标（二）

年份	各类学校数（所）	高校（所）	独立自然科研机构数（个）	各类科技人员数（万人）	城市居民人均年生活费收入（元）	农民人均年纯收入（元）
1949	1 764	2	2	—	—	—
1952	1 690	3	4	—	—	—
1957	1 450	6	9	—	140	—
1962	2 480	12	23	—	218	—
1965	5 858	10	29	—	222	—
1970	3 387	8	—	—	—	—
1975	4 193	6	—	—	—	—
1980	2 444	15	71	—	—	229.8
1985	2 579	28	81	17.0	706	346.7
1990	2 562	26	75	29.3	1 268	759.4
1991	2 545	26	83	30.4	1 415	663.2
1992	2 547	26	79	31.3	1 613	750.0
1993	2 541	26	80	32.4	2 029	929.0
1994	2 528	27	78	33.3	2 580	1 416.0

国内生产总值构成项目
(按当年价格计算)

单位：万元

	增加值	劳动者报酬	固定资产折旧	生产税净额	营业盈余
国内生产总值	**3 261 840**	**1 529 065**	**348 526**	**405 915**	**978 334**
第一产业	716 008	567 161	12 290	15 147	121 410
第二产业	1 629 655	526 865	153 613	370 863	578 314
工业	1 503 000	465 432	143 381	358 883	535 304
建筑业	126 655	61 433	10 232	11 980	43 010
第三产业	916 177	435 039	182 623	19 905	278 610
农林牧渔服务业	5 462	4 035	670	269	488
地质勘探业、水利管理业	12 546	7 197	2 621	536	2 192
交通运输、仓储、邮电通讯业	200 109	85 161	78 395	12 285	24 268
批发和零售贸易、餐饮业	135 809	107 015	19 888	—27 532	36 438
金融保险业	206 120	16 819	8 622	25 437	155 242
房地产业	35 585	8 269	15 237	3 031	9 048
社会服务业	74 907	36 616	7 885	1 907	28 499
卫生、体育、社会福利事业	31 918	27 405	4 283	—	230
教育、文艺、广播电影电视事业	117 533	71 455	32 578	1 193	12 307
科学研究和综合技术服务业	27 927	19 516	3 846	1 473	3 092
国家政党机关、社会团体	60 741	46 523	7 776	433	6 009
其他	7 520	5 028	822	873	797

按可比价格计算的国民生产总值

单位：万元

	按可比价格计算		1994为1993年%
	1994年	1993年	
国民生产总值	**2 347 674**	**1 932 834**	**121. 5**
一、国内生产总值	**2 347 557**	**1 932 747**	**121.5**
第 一 产 业	443 723	414 073	107.2
第 二 产 业	1 262 205	981 560	128.6
工 业	1 145 000	881 976	129.8
建 筑 业	117 205	99 584	117.7
第 三 产 业	641 629	537 114	119.5
农林牧渔服务业	3 844	3 377	113.8
地质勘探、水利管理业	8 804	7 078	124.4
交通运输和仓储业	110 557	102 202	108.2
邮 电 通 讯 业	30 990	11 037	280.8
批发和零售贸易、餐饮业	93 704	77 441	121.0
金 融 保 险 业	145 257	129 664	112.0
房 地 产 业	24 474	18 926	129.3
社 会 服 务 业	51 803	44 129	117.4
卫生、体育、社会福利事业	22 701	20 270	112.0
教育、文艺、广播电影电视事业	82 133	66 562	123.4
科学研究和综合技术服务事业	19 475	15 352	126.9
国家政党机关和社会团体	42 625	36 634	116.4
其 他	5 262	4 442	118.5
二、国（地区）外净要素收入	**117**	**87**	**134.5**

户数与人口

	总户数（户）	总人口（人）	按性别分		按农业、非农业分	
			男	女	农业人口	非农业人口
总计	**1 700 389**	**6 574 999**	**3 360 547**	**3 214 452**	**4 027 014**	**2 547 985**
市区合计	**630 676**	**2 237 074**	**1 140 026**	**1 097 048**	**426 723**	**1 810 351**
城区小计	**557 947**	**1 950 576**	**988 156**	**962 420**	**209 385**	**1 741 191**
南关区	142 646	481 723	243 928	237 795	47 703	434 020
宽城区	112 992	371 452	186 916	184 536	33 258	338 194
朝阳区	223 136	836 854	425 295	411 559	83 709	753 145
二道河子区	79 173	260 547	132 017	128 530	44 715	215 832
郊区	72 729	286 498	151 870	134 628	217 338	69 160
县（市）合计	**1 069 713**	**4 337 925**	**2 220 521**	**2 117 404**	**3 600 291**	**737 634**
九台市	210 668	814 870	418 610	396 260	623 065	191 805
榆树市	310 295	1 185 814	608 008	577 806	1 029 011	156 803
农安县	241 469	1 074 373	549 592	524 781	908 349	166 024
德惠市	203 009	861 564	437 925	423 639	722 809	138 755
双阳县	104 272	401 304	206 386	194 918	317 057	84 247

人口增减变动

单位：人

	年平均人口	增加		减少	
		出生	迁入	死亡	迁出
总计	**6 542 683**	**79 918**	**131 550**	**35 214**	**106 767**
市区合计	**2 212 395**	**19 703**	**76 217**	**12 336**	**31 248**
城区小计	**1 929 160**	**15 188**	**56 621**	**10 948**	**21 612**
南关区	479 818	3 643	11 270	3 164	5 386
宽城区	370 008	2 965	4 568	2 296	1 335
朝阳区	823 664	6 322	33 290	4 000	12 786
二道河子区	255 670	2 258	7 493	1 488	2 105
郊区	283 235	4 515	19 596	1 388	9 636
县（市）合计	**4 330 288**	**60 215**	**55 333**	**22 878**	**75 519**
九台市	814 493	11 614	9 448	5 037	15 294
榆树市	1 184 621	16 848	15 613	6 000	22 799
农安县	1 072 841	15 168	9 948	6 045	15 952
德惠市	857 928	12 233	10 961	3 605	11 782
双阳县	400 405	4 352	9 363	2 191	9 692

非农业人口增减人数

单位:人

	全　市	市　区	县(市)
一、年末非农业人口数	**2 547 985**	**1 810 351**	**737 634**
二、本年增加的非农业人口	**173 166**	**119 024**	**54 142**
1. 出　　生	22 594	13 638	8 956
2. 非农业人口迁入	66 085	45 089	20 996
3. 农业人口转非农业人口	21 686	18 166	3 520
①招　　生	14 487	13 782	705
②招　　工	277	203	74
③征 用 土 地	933	742	191
④随 军 家 属	99	96	3
⑤科技干部家属	169	26	143
⑥职工居民家属	4 404	2 893	1 511
⑦落 实 政 策	657	293	364
⑧煤矿井下工人家属	38	29	9
⑨其　　他	622	102	520
4. 自港、澳、台和国外迁入	161	155	6
5. 复 员 转 业	3 402	2 375	1 027
6. 刑 满 释 放	742	677	65
7. 自理口粮常住人口	19	19	0
8. 其　　他	58 477	38 905	19 572
三、本年减少的非农业人口	**93 312**	**66 164**	**27 148**
1. 死　　亡	12 523	10 298	2 225
2. 非农业人口迁出	51 063	27 458	23 605
3. 迁往港、澳、台和国外	122	116	6
4. 服　　役	1 012	525	487
5. 逮　　捕	304	125	179
6. 其　　他	28 288	27 642	646

人口出生率、死亡率、自然增长率

	出生率(‰)	死亡率(‰)	自然增长率(‰)
总计	**12.21**	**5.38**	**6.83**
市区合计	**8.90**	**5.57**	**3.32**
城区合计	**8.03**	**5.87**	**2.15**
南关区	7.59	6.59	0.99
宽城区	8.01	6.20	1.80
朝阳区	7.67	4.85	2.81
二道河子区	8.83	5.82	3.01
郊区	15.94	4.90	11.04
县(市)合计	**13.54**	**5.31**	**8.23**
九台市	14.25	6.18	8.07
榆树市	14.22	5.06	9.15
农安县	14.13	5.63	8.50
德惠市	14.25	4.20	10.05
双阳县	10.86	5.47	5.39

镇人口

	镇数(个)	总户数(户)	总人口	
			合计	#非农业人口
总计	**73**	**625 490**	**2 517 378**	**480 921**
市辖区	9	75 285	277 879	66 172
九台市	12	85 755	348 850	28 321
榆树市	16	129 493	529 048	35 811
农安县	14	134 299	562 978	145 232
德惠市	14	138 761	568 186	128 296
双阳县	8	61 897	230 437	77 089

全市职工人数(一)

单位:人

	国有		集体		其他	
	全市	#市区	全市	#市区	全市	#市区
总计	**958 917**	**714 394**	**349 364**	**284 027**	**58 723**	**52 466**
中央单位	260 844	250 938	—	—	—	—
省属单位	150 599	143 497	—	—	—	—
市属单位	317 929	272 238	—	—	—	—
县及县以下单位	229 545	47 721	—	—	—	—
(一)农、林、牧、渔业	19 910	5 452	1 279	415	5 122	22
农业	3 893	1 859	—	—	11	11
林业	2 197	493	—	—	—	—
畜牧业	3 088	1 462	147	31	5 111	11
渔业	123	111	—	—	—	—
农、林、牧、渔服务业	10 609	1 527	1 132	384	—	—
(二)采掘业	9 830	5 945	334	334	—	—
(三)制造业	344 509	298 152	194 915	167 741	24 079	23 094
(四)电力、煤气及水的生产和供应业	18 901	1 5184	511	511	122	122
(五)建筑业	69 437	57 643	39 217	34 296	5 052	5 052
土木工程建筑业	55 529	44 302	32 630	28 609	4 174	4 174
线路、管道和设备安装业	10 287	9 917	4 227	3 939	136	136
装修装饰业	3 621	3 424	2 360	1 748	742	742
(六)地质勘查业、水利管理业	14 955	9 296	438	105	—	—
地质勘查业	6 153	4 492	218	101	—	—
水利管理业	8 802	4 804	220	4	—	—
(七)交通运输业、仓储和邮电通信业	31 172	18 606	14 142	12 694	15	15
公路运输业	8 593	3 220	11 102	9 654	15	15
管道运输业	1 784	1 784	—	—	—	—
航空运输业	1 830	1 830	—	—	—	—
交通运输辅助业	5 192	1 388	1 835	1 835	—	—
仓储业	2 370	1 861	92	92	—	—
邮电通信业	11 403	8 523	1 113	1 113	—	—
(八)批发和零售贸易、餐饮业	123 592	68 604	65 549	41 593	20 831	20 659
食品饮料、烟草和家庭用品批发业	59 863	25 432	10 331	7 908	157	148
能源、材料和机械电子设备批发业	15 898	11 991	6 818	6 090	744	635
其他批发业	4 676	3 380	8 730	6 529	1 191	1 160
零售业	37 642	22 861	37 374	19 082	18 146	18 123
商业经纪与代理业	482	482	—	—	—	—
餐饮业	5 031	4 458	2 296	1 984	593	593
(九)金融、保险业	17 691	12 634	3 362	1 156	—	—
金融业	16 436	11 678	3 362	1 156	—	—

全市职工人数(二)

单位:人

	国有		集体		其他	
	全市	#市区	全市	#市区	全市	#市区
保险业	1 255	956	—	—	—	—
(十)房地产业	13 588	11 925	896	819	866	866
房地产开发与经营业	3 790	3 242	148	128	866	866
房地产管理业	9 798	8 683	748	691	—	—
(十一)社会服务业	37 611	34 323	21 261	19 313	2 033	2 033
公共服务业	19 406	18 166	6 741	5 628	243	243
居民服务业	2 462	2 277	2 179	2 115	71	71
旅馆业	9 713	8 077	2 379	1 635	1 113	1 113
租赁服务业	62	62	—	—	—	—
旅游业	2 310	2 299	—	—	115	115
娱乐服务业	119	119	275	250	395	395
信息、咨询服务业	1 374	1 242	246	246	83	83
计算机应用服务业	186	186	125	125	13	13
其他社会服务业	1 979	1 895	9 316	9 314	—	—
(十二)卫生、体育和社会福利业	36 540	25 293	3 627	1 675	37	37
卫生	33 971	23 045	3 524	1 572	37	37
体育	1 562	1 529	—	—	—	—
社会福利保障业	1 007	719	103	103	—	—
(十三)教育、文化事业和广播电影电视业	126 956	79 262	475	428	57	57
教育	113 739	68 789	392	345	—	—
#普通高等学校	32 173	32 173	—	—	—	—
普通中学	27 705	10 974	—	—	—	—
小学校	32 156	9 323	—	—	—	—
文化艺术业	7 147	6 311	83	83	38	38
广播电影电视业	6 070	4 162	—	—	19	19
(十四)科学研究和综合技术服务业	30 966	30 022	949	920	137	137
1. 科学研究业	16 634	16 634	78	78	7	7
#自然科学研究	15 315	15 315	65	65	—	—
社会科学研究	866	866	—	—	—	—
其他科学研究	453	453	13	13	7	7
2. 综合技术服务业	14 332	13 388	871	842	130	130
#气象	612	528	—	—	—	—
地震	112	103	—	—	—	—
测绘	684	627	—	—	—	—
技术监督	1 615	1 024	49	20	—	—
环境保护	422	312	—	—	—	—
技术推广和科技交流服务业	496	438	95	95	—	—

全市职工人数(三)

单位:人

	国有		集体		其他	
	全市	#市区	全市	#市区	全市	#市区
工程设计业	9 059	9 059	203	203	53	53
其他综合技术服务业	1 332	1 297	524	524	77	77
(十五)国家机关、政党机关和社会团体	57 739	36 616	347	19	—	—
#国家机关	52 489	32 410	328	—	—	—
政党机关	2 860	2 009	—	—	—	—
(十六)其他行业	5 520	5 437	2 062	2 008	372	372
#企业管理机构	2 095	2 095	704	704	75	75

全市女职工人数

单位:人

	总计		国有		集体		其他	
	全市	#市区	全市	#市区	全市	#市区	全市	#市区
总计	**539 735**	**431 556**	**345 781**	**270 201**	**165 524**	**136 697**	**28 430**	**24 658**
(一)农、林、牧、渔业	10 095	2 345	6 158	2 005	496	332	3441	8
(二)采掘业	1 183	795	1 126	738	57	57	—	—
(三)制造业	242 048	211 489	130 997	114 511	102 504	88 684	8 547	8 294
(四)电力、煤气及水的生产和供应业	5 522	4 615	5 345	4 438	138	138	39	39
(五)建筑业	21 223	19 564	11 735	10 782	8 018	7 312	1 470	1 470
(六)地质勘查业、水利管理业	4 206	2 649	4 036	2 581	170	68	—	—
(七)交通运输业、仓储及邮电通信业	12 959	9 386	9 276	6 075	3 681	3 309	2	2
(八)批发和零售贸易、餐饮业	93 688	68 194	46 803	31 643	33 432	23 184	13 453	13 367
(九)金融、保险业	8 945	6 411	7 237	5 670	1 708	741	—	—
(十)房地产业	3 701	3 158	3 126	2 608	387	362	188	188
(十一)社会服务业	29 338	26 459	17 162	15 547	11 102	9 838	1 074	1 074
(十二)卫生、体育和社会福利业	23 149	16 109	20 971	14 962	2 152	1 121	26	26
(十三)教育、文化艺术和广播电影电视业	57 069	37 859	56 857	37 659	194	182	18	18
(十四)科学研究和综合技术服务业	10 147	9 813	9 839	9 511	252	246	56	56
(十五)国家机关、政党机关和社会团体	13 575	9 891	13 511	9 889	64	2	—	—
(十六)其他行业	2 887	2 819	1 602	1 582	1 169	1 121	116	116

全市职工工资总额(一)

单位:千元

	国有		集体		其他	
	全市	#市区	全市	#市区	全市	#市区
总计	**4 472 521**	**3 742 455**	**1 011 722**	**860 025**	**276 867**	**249 663**
中央单位	1 855 685	1 802 247	—	—	—	—
省属单位	712 000	685 613	—	—	—	—
市属单位	1 177 140	1 032 364	—	—	—	—
县及县以下单位	727 696	222 231	—	—	—	—
(一)农、林、牧、渔业	62 617	20 675	3 038	570	23 527	197
农业	10 701	6 645	—	—	107	107
林业	6 624	1 765	—	—	—	—
畜牧业	9 355	4 202	169	92	23420	90
渔业	247	222	—	—	—	—
农、林、牧、渔服务业	35 690	7 841	2 869	478	—	—
(二)采掘业	36 131	24 962	1 270	1 270	—	—
(三)制造业	1 689 038	1 587 445	539 871	489 524	124 157	120 483
(四)电力、煤气及水的生产和供应业	101 144	87 427	2 922	2 922	1 213	1 213
(五)建筑业	353 478	328 120	145 240	125 788	22 365	22 365
土木工程建筑业	269 899	246 154	124 498	105 905	16 907	16 907
线路、管道和设备安装业	61 901	60 772	14 747	13 982	804	804
装修装饰业	21 678	21 194	5 995	5 901	4 654	4 654
(六)地质勘查业、水利管理业	67 713	49 050	1 075	301	—	—
地质勘查业	28 475	21 600	351	279	—	—
水利管理业	39 238	27 450	724	22	—	—
(七)交通运输、仓储及邮电通信业	166 433	121 496	40 986	38 038	77	77
公路运输业	22 121	8 715	24 899	21 951	77	77
管道运输业	11 725	11 725	—	—	—	—
航空运输业	16 876	16 876	—	—	—	—
交通运输辅助业	16 855	5 865	8 868	8 868	—	—
仓储业	9 006	7 246	203	203	—	—
邮电通信业	89 850	71 069	7 016	7 016	—	—
(八)批发和零售贸易、餐饮业	386 560	242 759	166 546	114 244	85 976	85 776
食品、饮料、烟草和家庭用品批发业	190 151	94 101	29 861	24 794	958	939
能源、材料和机械电子设备批发业	56 233	48 913	25 229	23 700	3 232	3 108
其他批发业	16 352	13 889	23 434	17 810	7 244	7 237
零售业	110 867	74 180	82 565	42 702	71 922	71 872
商业经纪与代理业	1 567	1 567	—	—	—	—
餐饮业	11 390	10 109	5 457	5 238	2 620	2 620
(九)金融、保险业	124 035	94 946	18 870	7 010	—	—
金融业	113 044	85 731	18 870	7 010	—	—

全市职工工资总额(二)

单位:千元

	国有		集体		其他	
	全市	#市区	全市	#市区	全市	#市区
保险业	10 991	9 215	—	—	—	—
(十)房地产业	58 691	54 635	3 124	2 914	5 099	5 099
房地产开发与经营业	14 558	13 752	652	592	5 099	5 099
房地产管理业	44 133	40 883	2 472	2 322	—	—
(十一)社会服务业	159 146	149 644	61 756	56 877	10 489	10 489
公共服务业	91 199	87 135	22 262	19 483	969	969
居民服务业	6 408	5 882	6 051	5 943	195	195
旅馆业	37 648	33 466	6 661	4 710	6 782	6 782
租赁服务业	240	240	—	—	—	—
旅游业	8 694	8 622	—	—	434	434
娱乐服务业	415	415	823	784	1 686	1 686
信息、咨询服务业	6 717	6 180	1 088	1 088	332	332
计算机应用服务业	813	813	418	418	91	91
其他社会服务业	7 012	6 891	24 453	24 451	—	—
(十二)卫生、体育和社会福利业	174 112	13 7785	13 395	8 402	220	220
卫生	161 756	126 436	13 010	8 017	220	220
体育	7 284	7 141	—	—	—	—
社会福利保障业	5 072	4 208	385	385	—	—
(十三)教育、文化艺术和广播电影电视业	599 856	430 905	2 001	1 826	228	228
教育	542 718	380 359	1 757	1 582	—	—
#普通高等学院	183 570	183 570	—	—	—	—
普通中学	125 005	62 692	—	—	—	—
小学校	127 274	47 558	—	—	—	—
文化艺术业	36 227	33 688	244	244	159	159
广播电影电视业	20 911	16 858	—	—	69	69
(十四)科学研究和综合技术服务业	189 082	185 946	4 122	4 023	795	795
科学研究业	103 625	103 625	304	304	20	20
#自然科学研究	96 999	96 999	214	214	—	—
社会科学研究	4 516	4 516	—	—	—	—
其他科学研究	2 110	2 110	90	90	20	20
综合技术服务业	85 457	82 321	3 818	3 719	775	775
#气象	3 094	2 706	—	—	—	—
地震	553	500	—	—	—	—
测绘	4 970	4 729	—	—	—	—
技术监督	7 178	5 315	225	126	—	—
环境保护	1 542	1 218	—	—	—	—
技术推广和科技交流服务业	2 105	1 963	321	321	—	—
工程设计业	58 960	58 960	843	843	274	274

全市职工工资总额(三)

单位:千元

	国有		集体		其他	
	全市	#市区	全市	#市区	全市	#市区
其它综合技术服务业	7 055	6 930	2 429	2 429	501	501
(十五)国家机关、政党机关和社会团体	279 853	202 316	1 217	102	—	—
#国家机关	252 616	179 273	1 115	—	—	—
政党机关	14 413	10 977	—	—	—	—
(十六)其他行业	24 632	24 344	6 289	6 214	2 721	2 721
#企业管理机构	10 249	10 249	2 805	2 805	798	798

全市国有经济单位全部职工工资总额

单位:千元

	工资总额	其中		
		计时和计件标准工资	奖金和计件超额工资	津贴和补贴
总计	**4 472 521**	**2 456 246**	**797 702**	**1 061 719**
中央单位	1 855 685	929 277	473 802	395 207
省属单位	712 000	394 551	83 009	183 872
市属单位	1 177 140	691 688	165 787	287 985
县及县以下单位	727 696	440 730	75 104	194 655
(一)农、林、牧、渔业	62 617	38 446	5 609	16 453
(二)采掘业	36 131	18 290	9 792	5 785
(三)制造业	1 689 038	915 899	412 940	329 434
(四)电力、煤气及水的生产和供应业	101 144	49 092	30 232	18 668
(五)建筑业	353 478	190 521	89 552	46 274
(六)地质勘查业、水利管理业	67 713	33 524	6 430	25 344
(七)交通运输、仓储及邮电通信业	166 433	82 474	42 328	40 398
(八)批发和零售贸易、餐饮业	386 560	247 085	44 318	85 523
(九)金融、保险业	124 035	51 045	4 888	59 288
(十)房地产业	58 691	35 677	9 552	13 052
(十一)社会服务业	159 146	83 587	29 962	40 182
(十二)卫生、体育和社会福利业	174 112	88 677	15 545	58 202
(十三)教育、文化艺术和广播电影电视业	599 856	340 239	50 015	180 496
(十四)科学研究和综合技术服务业	189 082	105 191	17 368	54 167
(十五)国家机关、政党机关和社会团体	279 853	162 728	26 661	81 140
(十六)其他行业	24 632	13 771	2 510	7 313

市区国有经济单位全部职工工资总额

单位:千元

	工资总额	其中		
		计时和计件标准工资	奖金和计件超额工资	津贴和补贴
总　　计	**3 742 455**	**1 995 587**	**720 695**	**880 026**
中央单位	1 802 247	900 347	465 251	380 354
省属单位	685 613	377 660	79 913	177 642
市属单位	1 032 364	594 127	151 227	259 385
县及县以下单位	222 231	123 453	24 304	62 645
(一)农、林、牧、渔业	20 675	12 431	1 019	5 846
(二)采　掘　业	24 962	11 701	6 947	4 067
(三)制　造　业	1 587 445	849 209	402 884	306 083
(四)电力、煤气及水的生产和供应业	87 427	40 450	27 719	16 122
(五)建　筑　业	328 120	169 340	88 130	43 522
(六)地质勘查业、水利管理业	49 050	23 840	4 695	18 557
(七)交通运输、仓储及邮电通信业	121 496	57 692	33 548	29 554
(八)批发和零售贸易、餐饮业	242 759	144 691	35 056	56 410
(九)金融、保险业	94 946	33 864	3 317	49 781
(十)房地产业	54 635	33 078	9 178	12 013
(十一)社会服务业	149 644	77 546	29 023	37 803
(十二)卫生、体育和社会福利业	137 785	68 833	11 039	48 063
(十三)教育、文化艺术和广播电影电视业	430 905	235 829	32 771	133 812
(十四)科学研究和综合技术服务业	185 946	103 442	16 962	53 200
(十五)国家机关、政党机关和社会团体	202 316	120 001	15 938	57 975
(十六)其他行业	24 344	13 640	2 469	7 218

全市职工平均工资

单位:元

	国有		集体		其他	
	全市	#市区	全市	#市区	全市	#市区
总计	**4 699**	**5 196**	**2 977**	**3 088**	**4 839**	**4 818**
中央单位	7 114	7 170	—	—	—	—
省属单位	4 702	4 749	—	—	—	—
市属单位	3 688	3 733	—	—	—	—
县及县以下单位	3 303	4 634	—	—	—	—
(一)农、林、牧、渔业	3 207	3 832	2 373	1 354	5 460	6 793
(二)采掘业	3 745	4 259	4 097	4 097	—	—
(三)制造业	4 917	5 305	2 858	2 948	5 405	5 480
(四)电力、煤气及水的生产和供应业	5 406	5 792	5 741	5 741	12 635	12 635
(五)建筑业	4 836	5 034	3 738	3 870	3 417	3 417
(六)地质勘查业、水利管理业	4 580	5 318	3 125	2 840	—	—
(七)交通运输、仓储及邮电通信业	5 337	6 358	2 913	2 999	6 417	6 417
(八)批发和零售贸易、餐饮业	3 253	3 572	2 604	2 798	4 292	4 311
(九)金融、保险业	7 173	7 720	5 621	6 106	—	—
(十)房地产业	4 751	5 042	3 514	3 589	5 964	5 964
(十一)社会服务业	4 058	4 156	3 092	3 135	5 763	5 763
(十二)卫生、体育和社会福利业	4 819	5 511	3 747	5 013	5 946	5 946
(十三)教育、文化艺术和广播电影电视业	4 828	5 533	4 230	4 286	4 000	4 000
(十四)科学研究和综合技术服务业	6 098	6 183	4 316	4 344	6 069	6 069
(十五)国家机关、政党机关和社会团体	4 923	5 660	3 487	6 375	—	—
(十六)其他行业	4 519	4 535	3 126	3 174	7 752	7 752

职工人数变动情况

单位：人

	总计		国有经济单位		城镇集体经济单位		其他各种经济类型单位	
	全市	#市区	全市	#市区	全市	#市区	全市	#市区
(一)增加人数	91 187	67 646	65 782	47 683	13 871	10 352	11 534	9 611
从农村招收	12 302	8 498	5 252	3 609	3 044	2 409	4 006	2 480
从城镇招收	16 627	13 052	10 665	8 268	3 580	2 710	2 382	2 074
录用的复员转业军人	4 184	2 338	3 938	2 240	177	35	69	63
录用的大、中专、技工学校毕业生	15 506	10 978	14 121	9 821	635	442	750	715
调入人数	34 875	27 123	25 425	19 251	5 636	4 106	3 814	3 766
#由外省、自治区、直辖市调入	5 727	4 848	5 245	4 798	430	28	52	22
其他	7 693	5 657	6 381	4 494	799	650	513	513
(二)减少人数	82 711	69 136	55 125	46 087	24 651	20 132	2 935	2 917
离休、退休、退职	21 478	19 435	18 115	16 482	3 101	2 691	262	262
开除、除名、辞退	12 517	11 819	6 211	6 089	5 593	5 017	713	713
终止、解除合同	7 393	4 873	4 062	2 116	2 880	2 323	451	434
调出人数	31 254	25 318	19 756	16 630	10 346	7 537	1 152	1 151
#调到外省、自治区、直辖市	972	682	845	645	117	28	10	9
其他	10 069	7 691	6 981	4 770	2 731	2 564	357	357

全市其他各种类型经济单位职工人数和工资

	人数(人)		工资总额(千元)
	合计	#女性	
总计	**58 723**	**28 430**	**276 867**
一、按经济类型分组			
联营经济	1 223	595	3 607
股份制经济	32 059	16 459	140 834
外商投资经济	19 695	8 885	102 998
港、澳、台投资经济	5 296	2 389	27 520
其他经济	450	102	1 908
二、按国民经济行业分组			
农、林、牧、渔业	5 122	3 441	23 527
制造业	24 079	8 547	124 157
电力、煤气及水的生产和供应业	122	39	1 213
建筑业	5 052	1 470	22 365
交通运输、仓储及邮电通信业	15	2	77
批发和零售贸易、餐饮业	20 831	13 453	85 976
房地产业	866	188	5 099
社会服务业	2 033	1 074	10 489
卫生、体育和社会福利业	37	26	220
教育、文化艺术及广播电影电视业	57	18	228
科学研究和综合技术服务业	137	56	795
其他行业	372	116	2 721

市区其他各种经济类型单位职工人数和工资

	人数（人）		工资总额（千元）
	合计	#女性	
总计	**52 466**	**24 658**	**249 663**
一、按经济类型分组			
联营经济	1 223	595	3 607
股份制经济	31 887	16 373	140 634
外商投资经济	14 007	5 244	78 089
港、澳、台投资经济	4 899	2 344	25 425
其他经济	450	102	1 908
二、按国民经济行业分组			
农、林、牧、渔业	22	8	197
制造业	23 094	8 294	120 483
电力、煤气及水的生产和供应业	122	39	1 213
建筑业	5 052	1 470	22 365
交通运输、仓储及邮电通信业	15	2	77
批发和零售贸易、餐饮业	20 659	13 367	85 776
房地产业	866	188	5 099
社会服务业	2 033	1 074	10 489
卫生、体育和社会福利业	37	26	220
教育、文化艺术及广播电影电视业	57	18	228
科学研究和综合技术服务业	137	56	795
其他行业	372	116	2 721

工业企业全部职工人数和工资（一）

	年末人数（人）				工资总额（千元）	
	全市	#市区	工程技术人员		全市	#市区
			全市	#市区		
总计	**593 201**	**511 083**	**36 483**	**32 764**	**2 495 746**	**2 315 246**
中央企业	—	—	—	—	—	—
地方企业	—	—	—	—	—	—
轻工业	193 869	149 945	9 602	7 787	524 313	434 941
重工业	399 332	361 138	26 881	24 977	1 971 433	1 880 305
1. 采掘业	**10 164**	**6 279**	**296**	**175**	**37 401**	**26 232**
煤炭采选业	8 382	5 392	241	132	31 865	22 826
石油和天然气开采业	212	212	35	35	986	986
非金属矿采选业	1570	675	20	8	4550	2 420
2. 制造业	**563 503**	**488 987**	**34 519**	**31 115**	**2 353 066**	**2 197 452**

工业企业全部职工人数和工资（二）

	年末人数（人）				工资总额（千元）	
	全市	#市区	工程技术人员		全市	市区
			全市	#市区		
食品加工业	19 621	11 382	952	564	63 461	41 075
食品制造业	13 526	9 146	530	323	32 437	24 050
饮料制造业	12 790	3 647	692	229	30 590	10 900
烟草加工业	2 497	2 497	184	184	2 731	2 731
纺织业	26 403	24 964	785	744	59 608	57 905
服装及其他纤维制品制造业	11 789	9 255	352	237	32 489	27 673
皮革、毛皮、羽绒及其制造业	4 641	2 795	109	57	9 417	4 848
木材加工及竹、藤、棕、草制品业	7 555	7 091	298	272	27 086	26 319
家俱制造业	2 385	1 851	69	49	5 721	5 112
造纸及纸制品业	6 911	3 956	167	94	13 905	9 686
印刷业、记录媒介的复制	18 006	15 136	635	544	45 108	40 777
文教体育用品制造业	2 681	1 698	74	47	5 901	3 502
石油加工及炼焦业	1 676	454	232	13	4 249	1 010
化学原料及化学制品制造业	12 399	8 816	709	534	33 470	28 059
医药制造业	15 045	12 643	1 877	1 706	53 576	49 136
化学纤维制造业	60	60	8	8	240	240
橡胶制造业	8 781	8 258	482	464	26 106	24 866
塑料制造业	6 366	5 227	196	177	14 951	13 389
非金属矿物制品业	21 777	14 885	1 163	767	76 961	57 361
黑色金属冶炼及压延加工业	8 040	7 554	317	298	29 715	28 778
有色金属冶炼及压延加工业	2 286	2 049	95	88	7 477	7 170
金属制品业	15 641	13 429	599	549	41 385	38 249
普通机械制造业	48 777	42 512	2 906	2 621	152 984	141 249
专用设备制造业	35 319	30 377	2 578	2 317	132 084	120 529
交通运输设备制造业	191 152	184 708	13 833	13 617	1 228 501	1 213 669
电气机械及器材制造业	16 404	14 534	805	748	55 480	52 704
电子及通信设备制造业	11 816	11 816	1 324	1 324	41 776	41 776
仪器、仪表及文化、办公用机械制造业	13 573	13 545	1 102	1 102	47 190	47 190
其他制造业	25 586	24 702	1 446	1 438	78 467	77 499
3. 电力、煤气及水的生产和供应业	**19 534**	**15 817**	**1 668**	**1 474**	**105 279**	**91 562**
电力、蒸汽、热水的生产和供应业	10 853	8 198	1 190	1 041	69 115	57 951
煤气生产和供应业	4 991	4 860	265	261	20 747	20 396
自来水的生产和供应业	3 690	2 759	213	172	15 417	13 215

全社会固定资产投资完成额(一)

单位:万元

	合计	基本建设	更新改造	其他投资	房地产开发	农村集体	城镇私人建房	农村私人建房
总计(按区县分)	**845 650**	**430 701**	**154 463**	**29 646**	**230 840**	**63 305**	**26 215**	**25 838**
市区其中:	762 997	372 939	142 864	20 067	227 127	4 445	1 699	—
郊区	4 335	1 755	193	2 387	1 012	1 012	—	—
二道	462	422	—	40	—	—	—	—
朝阳	1 500	1 166	—	334	—	3 433	—	—
南关	234	234	—	—	—	—	—	—
宽城	425	425	—	—	—	—	—	—
九台	11 017	7 254	2 703	1 060	—	5 205	2 775	4 800
双阳	12 951	10 803	446	828	874	11 622	1 389	3 959
德惠	33 828	27 305	4 438	1 282	803	3 958	7 111	14 410
农安	19 522	9 626	3 120	5 268	1 508	34 861	6 704	1 922
榆树	5 335	2 774	892	1 141	528	3 214	6 537	747

全社会固定资产投资完成额(二)

单位:万元

	投资完成额合计	基本建设投资	更新改造投资	其他投资	房地产开发投资	农村集体投资	城镇私人建房投资	农村私人建房投资
总计	**845 650**	**430 701**	**154 463**	**29 646**	**230 840**	**63 305**	**26 215**	**25 838**
一、按区域分								
市区	762 997	372 939	142 864	20 067	227 127	4 445	1 699	—
双阳县	12 951	10 803	446	828	874	11 622	1 389	3 959
德惠市	33 828	27 305	4 438	1 282	803	3 958	7 111	14 410
农安县	19 522	9 626	3 120	5 268	1 508	34 861	6 704	1 922
九台市	11 017	7 254	2 703	1 060	—	5 205	2 775	4 800
榆树市	5 335	2 774	892	1 141	528	3 214	6 537	747
二、按用途分								
农林牧渔业用	10 530	10 272	78	180	—	—	—	—
工业建筑业用	225 572	89 919	12 0721	12 252	2 680	—	—	—
商业运输邮电业用	285 674	169 856	29 743	12 491	73 584	—	—	—
住宅	201 766	69 210	907	3 350	128 299	—	—	—
其他	122 108	91 444	3 014	1 373	26 277	—	—	—

全 社 会 固 定 资 产

	总计	国有经济	集体经济	联营经济	股份有限公司
总计	**845 650**	**468 237**	**18 908**	**3 555**	**74 296**
一、按用途分					
农林牧渔业用	10 530	3 068	180	—	—
工业建筑业用	225 572	171 404	12 035	950	3 589
商业运输邮电业用	285 674	60 689	2 470	1 302	34 670
住宅	201 766	135 145	3 350	1 303	31 863
其他	122 108	97 931	873	—	4 174
二、按种类分					
基本建设	430 701	243 153	—	—	4 288
更新改造	154 463	128 807	—	950	4 269
其他	29 646	10 238	18 908	—	—
房地产开发	230 840	86 039	—	2 605	65 739

注:此表不含农村集体、城镇私人、农村私人投资

全 社 会 固 定 资 产

	总计	国有经济	集体经济	联营经济	股份有限公司
总计(按行业分)	**845 650**	**468 237**	**18 908**	**3 555**	**74 296**
1、农林牧渔业	8 865	1 532	51	—	—
2、采掘业	1 553	1 553	—	—	—
3、制造业	361 216	173 717	14 741	950	959
4、电力、煤气及水的生产供应业	44 854	44 854	—	—	—
5、建筑业	1 888	1 805	83	—	—
6、地质勘查、水利管理业	3 524	3 524	—	—	—
7、交通运输、仓储及邮电通信业	44 218	44 218	—	—	—
8、批发和零售贸易餐饮业	38 275	12 944	3 030	—	7 358
9、金融保险业	4 317	4 276	41	—	—
10、房地产业	233 167	88 366	—	2 605	65 739
11、社会服务业	10 262	6 096	310	—	240
12、卫生、体育和社会福利业	6 884	6 752	132	—	—
13、教育、文化艺术及广播电影电视业	32 348	32 348	—	—	—
14、科学研究和综合技术服务业	2 045	2 045	—	—	—
15、国家机关、政党机关和社会团体	52 234	44 207	520	—	—
16、其他行业	—	—	—	—	—

投　资　完　成　额(三)

单位:万元

有限责任公司	中外合资经营	中外合作经营	外资企业	与大陆合资经营企业	与大陆合作经营企业	港澳台独资企业	其他经济
—	**263 641**	—	**7 600**	**1 906**	—	—	**7 507**
—	7 282	—	—	—	—	—	—
—	32 994	—	4 600	—	—	—	—
—	177 790	—	3 000	706	—	—	5 047
—	26 905	—	—	1 200	—	—	2 000
—	18 670	—	—	—	—	—	460
—	171 153	—	4 600	—	—	—	7 507
—	20 437	—	—	—	—	—	—
—	500	—	—	—	—	—	—
—	71 551	—	3 000	1 906	—	—	—

投　资　完　成　额(四)

有限责任公司	中外合资经营	中外合作经营	外资企业	与大陆合资经营企业	与大陆合作经营企业	港澳台独资企业	其他经济
—	**263 641**	—	**7 600**	**1 906**	—	—	**7 507**
—	7 282	—	—	—	—	—	—
—	—	—	—	—	—	—	—
—	166 549	—	4 300	—	—	—	—
—	—	—	—	—	—	—	—
—	—	—	—	—	—	—	—
—	—	—	—	—	—	—	—
—	—	—	—	—	—	—	—
—	14 643	—	300	—	—	—	—
—	—	—	—	—	—	—	—
—	71 551	—	3 000	1 906	—	—	—
—	3 616	—	—	—	—	—	—
—	—	—	—	—	—	—	—
—	—	—	—	—	—	—	—
—	—	—	—	—	—	—	—
—	—	—	—	—	—	—	7 507
—	—	—	—	—	—	—	—

基 本 建 设

	本年完成投资	按用途分				
		农林牧渔业用	工业建筑业用	商业运输邮电业用	住宅	其他
总计	**430 701**	**10 272**	**89 919**	**169 856**	**69 210**	**91 444**
1、农林牧渔业	8 777	7 901	—	150	711	15
2、采掘业	849	—	797	—	52	—
3、制造业	224 246	550	60 586	134 245	27 915	950
4、电力煤气及水的生产供应业	43 793	—	26 431	—	3 065	14 297
5、建筑业	1 740	—	—	15	1720	5
6、地质勘查业、水利管理业	3 524	1 444	—		2 080	—
7、交通运输、仓储及邮电通信业	15 555	—	—	8 871	4 161	2 523
8、批发和零售贸易餐饮业	24 087	—	2 105	17 059	1 669	3 254
9、金融保险业	3 701	—	—	—	1 107	2 594
10、房地产业	2 327	—	—	28	1 972	327
11、社会服务业	9 952	—	—	3 610	240	6 102
12、卫生、体育和社会福利业	6 699	—	—	—	165	6 534
13、教育、文化艺术及广播电影电视业	32 317	110	—	430	10 675	21 102
14、科学研究和综合技术服务业	2 039	—	—	—	1 791	248
15、国家机关、政党机关和社会团体	51 095	267	—	5 448	11 887	33 493
16、其他行业	—	—	—	—	—	—

投　资　完　成　额

单位:万元

按建设性质分						
1、新建	2、扩建	3、改建	4、单纯建造生活设施	5、迁建	6 恢复	7、单纯购置
211 154	**195 103**	**10 933**	**12 081**	**1 200**	—	**230**
—	8 777	—	—	—	—	—
—	849	—	—	—	—	—
159 598	62 152	1 600	896	—	—	—
18 984	24 081	128	600	—	—	—
—	75	—	1 665	—	—	—
—	—	2 038	1 446	—	—	40
4 450	10 105	—	1 000	—	—	—
10 869	12 855	103	200	—	—	60
—	3 701	—	—	—	—	—
1 689	—	428	210	—	—	—
6 476	3 236	—	240	—	—	—
—	2 213	4 466	20	—	—	—
1 554	27 232	690	1 596	1 200	—	45
—	123	1 245	586	—	—	85
7 534	39 704	235	3 622	—	—	—
—	—	—	—	—	—	—

基本建设投资完成额

	本年完成投资(万元)		比重(%)	
	全　市	#市区	全　市	#市区
总　　　计	**430 701**	**372 939**	**100.0**	**100.0**
一、按构成分				
1、建　筑　工　程	242 480	208 130	56.3	55.8
2、安　装　工　程	16 838	13 528	3.9	3.6
3、设备工器具购置	140 775	128 037	32.7	34.3
其中:购置旧设备	54	54	—	—
4、其　他　费　用	30 608	23 244	7.1	6.3
其中:旧建筑物购置费	4 056	1 030	—	—
二、按工程用途分				
1、农林牧渔业用	10 272	1 995	2.4	0.5
2、工业、建筑业用	89 919	63 962	20.9	17.2
3、商业、运输邮电业用	169 859	163 291	39.4	43.8
4、住　　　宅	69 210	58 925	16.1	15.8
5、其　　　他	91 444	84 766	21.2	22.7
三、按建设性质分				
1、新　　　建	211 154	184 620	49.0	49.5
2、扩　　　建	195 103	167 921	45.3	45.0
3、改　　　建	10 933	9 924	2.5	2.7
4、单纯建造生活设施	12 081	9 044	2.8	2.4
5、迁　　　建	1 200	1 200	0.3	0.3
6、恢　　　复	—	—	—	—
7、单　纯　购　置	230	230	0.1	0.1
四、按行业分				
1、农林牧渔业	8 777	738	2.0	0.2
2、采　掘　业	849	808	0.2	0.2
3、制　造　业	224 246	198 476	52.0	53.2
4、电力、煤气及水的生产和供应业	43 793	41 563	10.2	11.1
5、建　筑　业	1 740	1 665	0.4	0.4
6、地质勘查业、水利管理业	3 524	3 036	0.8	0.8
7、交通运输、仓储及邮电通信业	15 555	14 040	3.6	3.8
8、批发和零售贸易餐饮业	24 087	17 837	5.6	4.8
9、金融、保险业	3 701	2 193	0.9	0.6
10、房　地　产　业	2 327	1 899	0.5	0.5
11、社会服务业	9 952	8 735	2.3	2.3
12、卫生、体育和社会福利业	6 699	5 843	1.6	1.6
13、教育、文化艺术及广播电影电视业	32 317	28 652	7.5	7.7
14、科学研究和综合技术服务业	2 039	2 039	0.5	0.5
15、国家机关、政党机关和社会团体	51 095	45 415	11.9	12.3
16、其　他　行　业	—	—	—	—

基本建设投资完成额和新增固定资产

单位:万元

	本年完成投资(万元)		新增固定资产	
	全　市	#市区	全　市	#市区
总　　计	**430 701**	**372 939**	**195 537**	**165 140**
一、按隶属关系分				
1、中　　央	247 722	245 868	95 848	93 566
2、省	37 358	13 517	11 971	11 926
3、地　　区(市)	118 066	107 954	66 254	56 780
4、县	20 809	—	17 896	—
5、其　　他	6 746	5 600	3 568	2 868
二、按建设性质分				
1、新　　建	211 154	184 620	57 133	48 821
2、扩　　建	195 103	167 921	122 318	103 989
3、改　　建	10 933	9 924	6 877	6 168
4、单纯建造生活设施	12 081	9 044	9 144	6 097
5、迁　　建	1 200	1 200	—	—
6、恢　　复	—	—	—	—
7、单　纯　购　置	230	230	65	65
三、按　行　业　分				
1、农 林 牧 渔 业	8 777	738	447	240
2、采　掘　业	849	808	—	—
3、制　造　业	224 246	198 476	78 935	70 010
4、电力、煤气及水的生产和供应业	43 793	41 563	12 788	12 000
5、建　筑　业	1 740	1 665	365	290
6、地质勘查、水利管理业	3 524	3 036	4 711	4 603
7、交通运输、仓储及邮电通信业	15 555	14 040	3 012	1 381
8、批发和零售贸易餐饮业	24 087	17 837	19 737	14 244
9、金 融 、保 险 业	3 701	2 193	5 034	2 893
10、房　地　产　业	2 327	1 899	428	—
11、社 会 服 务 业	9 952	8 735	11 521	10 821
12、卫生、体育和社会福利业	6 699	5 843	3 216	2 765
13、教育文化艺术及广播电影电视业	32 317	28 652	27 548	23 076
14、科学研究和综合技术服务业	2 039	2 039	2 373	2 373
15、国家机关、政党机关和社会团体	51 095	45 415	25 422	20 444
16、其　他　行　业	—	—	—	—

基 本 建 设

	本年完成投资	按用途分				
		农林牧渔业用	工业建筑业用	商业运输邮电业用	住宅	其他
总计	**372 939**	**1 995**	**63 962**	**163 291**	**58 925**	**84 766**
1、农林牧渔业	738	269	—	—	461	8
2、采掘业	808	—	756	—	52	—
3、制造业	198 476	550	36 185	133 945	26 846	950
4、电力、煤气及水的生产供应业	41 563	—	24 916	—	2 495	14 152
5、建筑业	1 665	—	—	—	1 665	—
6、地质勘查业、水利管理业	3 036	971	—	—	2 065	—
7、交通运输、仓储及邮电通信业	14 040	—	—	8 341	3 182	2 517
8、批发和零售贸易餐饮业	17 837	—	2 105	12 348	200	3 184
9、金融保险业	2 193	—	—	—	750	1443
10、房地产业	1 899	—	—	—	1 572	327
11、社会服务业	8 735	—	—	3 610	240	4 885
12、卫生、体育和社会福利业	5 843	—	—	—	20	5 823
13、教育文化艺术及广播电影电视业	28 652	110	—	—	9 620	18 922
14、科学研究和综合技术服务业	2 039	—	—	—	1 791	248
15、国家机关、政党机关和社会团体	45 415	95	—	5 047	7 966	32 307
16、其他行业	—	—	—	—	—	—

投资完成额(市区)

单位:万元

按建设性质分						
1、新建	2、扩建	3、改建	4、单纯建造生活设施	5、迁建	6、恢复	7、单纯购置
184 620	**167 921**	**9 924**	**9 044**	**1 200**	**—**	**230**
—	738	—	—	—	—	—
—	808	—	—	—	—	—
135 582	60 630	1 600	664	—	—	—
17 707	23 128	128	600	—	—	—
—	—	—	1 665	—	—	—
—	—	1 550	1 446	—	—	40
4 450	9 590	—	—	—	—	—
10 801	6 766	10	200	—	—	60
—	2 193	—	—	—	—	—
1 689	—	—	210	—	—	—
5 330	3 165	—	240	—	—	—
—	1 357	4 466	20	—	—	—
1 554	23 829	690	1 334	1 200	—	45
—	123	1 245	586	—	—	85
7 507	35 594	235	2 079	—	—	—
—	—	—	—	—	—	—

更　新　改　造

	本年完成投资	按用途分				
		农林牧渔业	工业建筑业	商业运输邮电业	住宅	其他
总　　计	**154 463**	**78**	**120 721**	**29 743**	**907**	**3 014**
1、农林牧渔业	37	26	—	—	—	11
2、采掘业	487	—	487	—	—	—
3、制造业	122 229	—	119 174	—	886	2 169
4、电力、煤气及水的生产和供应业	1 061	—	1 052	—	—	9
5、建筑业	65	52	8	—	—	5
6、地质勘查业、水利管理业	—	—	—	—	—	—
7、交通运输、仓储及邮电通信业	18 642	—	—	18 572	21	49
8、批发和零售贸易餐饮业	10 658	—	—	10 613	—	45
9、金融、保险业	575	—	—	558	—	17
10、房地产业	—	—	—	—	—	—
11、社会服务业	—	—	—	—	—	—
12、卫生、体育和社会福利业	53	—	—	—	—	53
13、教育文化艺术及广播电影电视业	31	—	—	—	—	31
14、科学研究和综合技术服务业	6	—	—	—	—	6
15、国家机关、政党机关和社会团体	619	—	—	—	—	619
16、其他行业	—	—	—	—	—	—

投　资　额(全市)

单位:万元

按建设性质分						
1、新建	2、扩建	3、改建	4、单纯建造生活设施	5、迁建	6、恢复	7、单纯购置
475	**106 026**	**30 833**	—	**1 000**	—	**16 129**
—	—	—	—	—	—	37
—	—	481	—	—	—	6
475	96 904	23 614	—	1 000	—	236
—	—	785	—	—	—	276
—	—	—	—	—	—	65
—	—	—	—	—	—	—
—	2 661	1 395	—	—	—	14 586
—	6 443	3 956	—	—	—	259
—	—	558	—	—	—	17
—	—	—	—	—	—	—
—	—	—	—	—	—	—
—	—	44	—	—	—	9
—	—	—	—	—	—	31
—	—	—	—	—	—	6
—	18	—	—	—	—	601
—	—	—	—	—	—	—

更新改造投资完成额

	本年完成投资(万元)		比重(%)	
	全　市	#市区	全　市	#市区
总　　　计	**154 463**	**142 864**	**100**	**100**
一、按构成分				
1、建筑工程	48 631	46 470	31.5	32.5
2、安装工程	6 757	5 308	4.4	3.7
3、设备工器具购置	90 104	82 200	58.3	57.5
其中:购置旧设备	5 288	5 198	3.4	3.6
4、其他费用	8 971	8 886	5.8	6.3
其中:旧建筑物购置费	6	6	—	—
二、按用途分				
1、农、林、牧渔业	78	—	0.2	—
2、工业、建筑业	120 721	112 484	78.1	78.7
3、商业、运输邮电业	29 743	26 735	19.3	18.7
4、住　　宅	907	886	0.4	0.6
5、其　　他	3 014	2 759	2.0	2.0
三、按建设性质分				
1、新　　建	475	475	0.4	0.3
2、扩　　建	106 026	99 879	68.6	70.0
3、改　　建	30 833	25 971	20.0	18.2
4、单纯建造生活设施	—	—	—	—
5、迁　　建	1 000	1 000	0.6	0.6
6、恢　　复	—	—	—	—
7、单纯购置	16 129	15 539	10.4	10.9
四、按行业分				
1、农、林、牧渔业	37	—	—	—
2、采掘业	487	481	0.3	0.3
3、制造业	122 229	114 006	79.1	80.0
4、电力、煤气及水的生产和供应业	1 061	1 052	0.7	0.7
5、建筑业	65	—	—	—
6、地质勘查业、水利管理业	—	—	—	—
7、交通运输、仓储及邮电通信业	18 642	15 665	12.1	10.9
8、批发和零售贸易、餐饮业	10 658	10 552	7.0	7.4
9、金融、保险业	575	558	0.4	0.4
10、房地产业	—	—	—	—
11、社会服务业	—	—	—	—
12、卫生、体育和社会福利业	53	44	—	—
13、教育、文化艺术及广播电影电视业	31	31	—	—
14、科学研究和综合技术服务	6	—	—	—
15、国家机关、政党机关和社会团体	619	475	0.4	0.3
16、其他行业	—	—	—	—

更新改造投资和新增固定资产

单位:万元

	本年完成投资		新增固定资产	
	全　市	#市区	全　市	#市区
总　　计	**154 463**	**142 864**	**81 619**	**75 387**
一、按隶属关系分				
1、中　　央	62 251	59 636	30 913	28 798
2、省	3 813	3 684	2 104	1 975
3、地　区　(市)	79 824	79 544	44 894	44 614
4、县	8 575	—	3 708	—
5、其　　他	—	—	—	—
二、按建设性质分				
1、新　　建	475	475	75	75
2、扩　　建	106 026	99 879	53 858	49 820
3、改　　建	30 833	25 971	21 050	19 446
4、单纯建造生活设施	—	—	—	—
5、迁　　建	1 000	1 000	—	—
6、恢　　复	—	—	—	—
7、单　纯　购　置	16 129	15 539	6 636	6 046
三、按　行　业　分				
1、农、林、牧渔业	37	—	37	—
2、采　掘　业	487	481	414	408
3、制　造　业	122 229	114 006	55 533	52 177
4、电力、煤气及水的生产和供应业	1 061	1 052	1 061	1 052
5、建　筑　业	65	—	65	—
6、地质勘查业、水利管理业	—	—	—	—
7、交通运输、仓储及邮电通信业	18 642	15 665	8 745	6 268
8、批发和零售贸易餐饮业	10 658	10 552	13 926	13 820
9、金融、保险业	575	558	1135	1 118
10、房　地　产　业	—	—	—	—
11、社　会　服　务　业	—	—	—	—
12、卫生、体育和社会福利业	53	44	53	44
13、教育、文化、艺术及广播电影电视业	31	31	31	31
14、科学研究和综合技术服务业	6	—	6	—
15、国家机关、政党机关和社会团体	619	475	613	469
16、其　他　行　业	—	—	—	—

更 新 改 造

	本年完成投资	按用途分				
		农林牧渔业	工业建筑业	商业运输邮电业	住宅	其他
总计	**142 864**	—	**112 484**	**26 735**	**886**	**2 759**
1、农林牧渔业	—	—	—	—	—	—
2、采掘业	481	—	481	—	—	—
3、制造业	114 006	—	110 951	—	886	2 169
4、电力、煤气及水的生产和供应业	1 052	—	1 052	—	—	—
5、建筑业	—	—	—	—	—	—
6、地质勘查业、水利管理业	—	—	—	—	—	—
7、交通运输、仓储及邮电通信业	15 665	—	—	15 665	—	—
8、批发和零售贸易、餐饮业	10 552	—	—	10 512	—	40
9、金融、保险业	558	—	—	558	—	—
10、房地产业	—	—	—	—	—	—
11、社会服务业	—	—	—	—	—	—
12、卫生、体育和社会福利业	44	—	—	—	—	44
13、教育、文化艺术及广播电影电视业	31	—	—	—	—	31
14、科学研究和综合技术服务	—	—	—	—	—	—
15、国家机关、政党机关和社会团体	475	—	—	—	—	475
16、其他行业	—	—	—	—	—	—

投资额(全市)

单位:万元

按建设性质分						
1、新建	2、扩建	3、改建	4、单纯建造生活设施	5、迁建	6、恢复	7、单纯购置
475	**99 879**	**25 971**	**—**	**1 000**	**—**	**15 539**
—	—	—	—	—	—	—
—	—	481	—	—	—	—
475	92 189	20 147	—	1 000	—	195
—	—	785	—	—	—	267
—	—	—	—	—	—	—
—	—	—	—	—	—	—
—	1 254	—	—	—	—	14 411
—	6 436	3 956	—	—	—	160
—	—	558	—	—	—	—
—	—	—	—	—	—	—
—	—	—	—	—	—	—
—	—	44	—	—	—	—
—	—	—	—	—	—	31
—	—	—	—	—	—	—
—	—	—	—	—	—	475
—	—	—	—	—	—	—

其 他 固 定

	完成投资				
	自开始建设累计	本年完成	建筑工程	安装工程	设备工器具购置
总　　计	**40 830**	**29 646**	**18 756**	**967**	**5 186**
1、农、林、牧、渔业	51	51	51	—	—
2、采　掘　业	217	217	20	145	45
3、制　造　业	22 720	14 741	8 816	662	4 593
4、电力、煤气及水的生产和供应业	—	—	—	—	—
5、建　筑　业	83	83	—	—	83
6、地质勘查业、水利管理业	—	—	—	—	—
7、交通运输、仓储及邮电通信业	10 021	10 021	5 984	—	37
8、批发和零售贸易、餐饮业	6 605	3 530	2 923	150	397
9、金融、保险业	41	41	—	10	31
10房　地　产　业	—	—	—	—	—
11、社会服务业	310	310	310	—	—
12、卫生、体育和社会福利业	262	132	132	—	—
13、教育、文化艺术及广播电影电视业	—	—	—	—	—
14、科学研究和综合技术服务业	—	—	—	—	—
15、国家机关、政党机关和社会团体	520	520	520	—	—
16、其　他　行　业	—	—	—	—	—

资 产 投 资 额

按用途分					本年新增固定资产
农林牧渔业	工业建筑业	商业运输邮电业	住宅	其他	
180	12 252	12 491	3 350	1 373	22 671
30	—	—	—	—	51
—	217	—	—	—	—
150	11 952	408	2 160	71	10 233
—	—	—	—	—	—
—	83	—	—	—	83
—	—	—	—	—	—
—	—	9 521	—	500	5 701
—	—	2 476	804	250	5 660
—	—	—	—	41	41
—	—	—	—	—	—
—	—	66	234	10	310
—	—	—	72	60	92
—	—	—	—	—	—
—	—	—	—	—	—
—	—	20	80	420	500
—	—	—	—	—	—

房 地 产 开 发 投 资 额

	计算单位	全市	市区
一、房地产开发投资额	万元	230 840	227 127
二、商品房屋销售额	万元	45 854	45 215
三、房地产开发房屋建筑面积	—	—	—
1、本年施工面积	平方米	3 782 470	3 714 810
2、本年竣工面积	平方米	1 316 653	1 277 893
3、商品房屋销售建筑面积	平方米	280 202	270 982

其他固定资产投资额

	本年完成投资(万元)		比重(%)	
	全　市	#市区	全　市	#市区
总　　计	**29 646**	**20 067**	**100**	**100**
一、按　构　成　分				
1、建　筑　工　程	18 756	10 556	63.3	52.6
2、按　装　工　程	967	617	3.3	3.1
3、设备工器具购置	5 186	4224	17.5	21.0
其中:购置旧设备	233	233	0.8	1.2
4、其　他　费　用	4 737	4 670	16.0	23.3
其中:旧建筑物购置费	105	45	0.4	0.2
二、按工程用途分				
1、农林牧渔业用	180	—	0.6	—
2、工业、建筑业用	12 252	10 476	41.3	52.2
3、商业、运输邮电业用	12 491	7 944	42.1	39.6
4、住　　宅	3 350	1 447	11.3	7.2
5、其　　他	1 373	200	4.6	1.0
三、按建设性质分				
1、新　　建	4 530	4 300	15.3	21.4
2、扩　　建	17 382	11 991	58.6	59.8
3、改　　建	7 203	3 521	24.3	17.5
4、单纯建造生活设施	—	—	—	—
5、迁　　建	—	—	—	—
6、恢　　复	—	—	—	—
7、单　纯　购　置	531	255	1.8	1.3

市 区 其 他 固 定

	完成投资				
	自开始建设累计	本年完成	建筑工程	安装工程	设备工器具购置
总　　计	**30 851**	**20 067**	**10 556**	**617**	**4224**
1、农、林、牧、渔业	21	21	21	—	—
2、采　掘　业	50	50	20	—	29
3、制　造　业	20 222	12 243	7 131	617	3 826
4、电力、煤气及水的生产和供应业	—	—	—	—	—
5、建　筑　业	—	—	—	—	—
6、地质勘查业、水利管理业	—	—	—	—	—
7、交通运输、仓储及邮电通信业	6 261	6 261	2 254	—	7
8、批发和零售贸易、餐饮业	4 035	1 360	998	—	362
9、金融、保险业	—	—	—	—	—
10、房　地　产　业	—	—	—	—	—
11、社会服务业	—	—	—	—	—
12、卫生、体育和社会福利业	262	132	132	—	—
13、教育、文化艺术及广播电影电视业	—	—	—	—	—
14、科学研究和综合技术服务业	—	—	—	—	—
15、国家机关、政党机关和社会团体	—	—	—	—	—
16、其　他　行　业	—	—	—	—	—

资 产 投 资 额

按用途分					本年新增固定资产
农林牧渔业用	工业建筑业用	商业运输邮电业用	住 宅	其 他	
—	**10 476**	**7 944**	**1 447**	**200**	**14 196**
—	—	—	—	21	21
—	50	—	—	—	—
—	10 426	408	1 375	34	—
—	—	—	—	—	—
—	—	—	—	—	—
—	—	—	—	—	—
—	—	6 261	—	—	2 261
—	—	1 275	—	85	3 690
—	—	—	—	—	—
—	—	—	—	—	—
—	—	—	—	—	—
—	—	—	72	60	92
—	—	—	—	—	—
—	—	—	—	—	—
—	—	—	—	—	—
—	—	—	—	—	—

全社会房屋施工、

	施工房屋面积(平方米)					竣
	合计	基建	更改	其他	房地产开发	合计
合计	**7 527 926**	**3 009 836**	**530 680**	**204 940**	**3 782 470**	**3 041 704**
其中:住宅	3 681 161	1 232 965	29 458	70 747	2 347 991	1 762 931
中直属	1 951 357	1 465 248	208 617	64 742	212 750	864 980
其中:住宅	952 142	767 857	25 958	45 100	113 227	488 975
省属	1 511 154	266 717	24 493	1 876	1 218 068	525 658
其中:住宅	775 024	127 080	—	—	647 944	417 766
市属	2 831 047	763 513	264 051	77 622	1 725 861	1 114 313
其中:住宅	1 346 625	197 209	3 500	1 005	1 144 911	595 647
县(市)属	456 639	311 258	33 519	60 700	51 160	347 262
其中:住宅	212 891	140 819	—	24 642	47 430	17 6104
总计:市区	6 770 240	2 420 796	495 621	139 013	3 714 810	2 632 727
其中:住宅	3 412 651	1 053 027	29 458	46 105	2 284 061	1 559 908
五县(市)	757 686	589 040	35 059	65 927	67 660	408 977
其中:住宅	268 510	179 938	—	24 642	63 930	203 023

注:此表不含农村集体、城镇私人、农村私人投资

竣工面积及价值

工 房 屋 面 积(平方米)				竣工房屋价值(万元)				
基 建	更 改	其 他	房地产开发	合 计	基 建	更 改	其 他	房地产开发
1 351 248	**229 453**	**144 350**	**1 316 653**	**412 335**	**224 220**	**36 727**	**15 179**	**136 209**
689 629	6 900	52 047	1 014 355	145 766	59 457	248	3 025	83 036
623 399	97 589	46 042	97 950	176 854	148 716	13 082	5 395	9 661
386 848	3 400	26 400	72 327	45 324	37 217	68	1 375	6 664
114 780	24 493	—	386 385	42 261	10 667	2 660	—	28 934
86 180	—	—	331 586	34 256	6 874	—	—	27 382
349 563	101 875	43 908	618 967	125 490	46 087	20 432	5 528	53 443
100 169	3 500	1 005	490 973	46 745	7 376	180	72	39 117
248 606	5 496	54 400	38 760	23 664	16 382	553	4 256	2 473
116 432	—	24 642	35 030	11 621	7 990	—	1 578	2 053
1 047 694	222 417	84 723	1 277 893	379 658	199 243	36 087	10 592	133 736
546 278	6 900	27 405	979 325	132 182	49 504	248	1 447	80 983
303 554	7 036	59 627	38 760	32 677	24 977	640	4 587	2 473
143 351	—	24 642	35 030	13 584	9 953	—	1 578	2 053

农村集体固定资产投资

	本年完成投资					本年新增固定资产	房屋施工面积	房屋竣工面积
	合计	建筑工程	安装工程	设备购置	其他			
总计	**63 305**	**23 909**	**1 276**	**35 788**	**2 332**	**59 669**	**827 769**	**727 577**
一、按建设性质分								
1、新建	49 952	15 876	841	31 433	1 802	45 397	733 613	638 072
2、扩建	10 999	6 919	275	3 354	451	11 536	71 106	68 455
3、改建	2 081	1 042	134	879	26	2 615	21 610	19 754
4、其他	273	72	26	122	53	121	1 440	1 296
二、按国民经济行业分								
1、农、林、牧、渔业	11 854	4 701	308	6 437	408	11 542	290 026	281 966
2、采掘业	2 068	291	26	1 701	50	2 068	9 955	9 750
3、制造业	39 971	11 658	863	25 686	1 764	36 592	247 116	170 517
4、电力、煤气及水的生产和供应业	63	14	15	34	—	63	1 600	700
5、建筑业	696	138	7	530	21	565	4 680	4 572
6、地质勘查业、水利管理业	—	—	—	—	—	—	—	—
7、交通运输、仓储及邮电通信业	1 145	100	—	1 030	15	1 087	1 900	1 740
8、批发和零售贸易、餐饮业	4 705	4 299	47	335	24	4 949	249 742	243 502
9、金融、保险业	—	—	—	—	—	—	—	—
10、房地产业	—	—	—	—	—	—	—	—
11、社会服务业	2 545	2 460	10	25	50	2 545	17 480	10 480
12、卫生、体育和社会福利业	173	163	—	10	—	173	1900	800
13、教育、文化艺术及广播电影电视业	65	65	—	—	—	65	2 800	2 800
14、科学研究和综合技术服务业	—	—	—	—	—	—	—	—
15、国家机关、政党机关和社会团体	20	20	—	—	—	20	570	570
16、其他行业	—	—	—	—	—	—	—	—

城镇、工矿区和农村私人建房

	本年竣工房屋面积		本年竣工房屋价值		建房户数
	合计	#住宅	合计	#住宅	
一、城镇、工矿区私人建房	**592 592**	**542 297**	**26 215**	**23 723**	**7 151**
1、市	37 749	34 332	1 699	1 545	458
其中:农业户建房	—	—	—	—	—
2、县城	300 442	295 642	16 734	16 548	4 053
其中:农业户建房	21 381	14 595	763	651	302
3、镇	254 401	212 305	7 782	5 630	2 640
其中:农业户建房	171 723	168 624	5 012	4 902	2 106
二、农村私人建房	**68 743**	**62 257**	**25 838**	**24 782**	**9 196**

全社会能力汇总表

生产能力(或效益)名称	代码	计量单位	建设规模	本年施工规模		新增生产能力	
				合　计	其中:本年新开工	累计新增	其中:本年新增
甲	乙	丙	401	402	403	404	405
原煤开采	101	万吨/年	30.00	30.00	—	—	—
炼铁	142	万吨/年	3.50	3.50	—	3.50	3.50
电炉钢	145	万吨/年	3.50	3.50	—	3.50	3.50
初轧	146	万吨/年	2 400.00	2 400.00	2 400.00	1 200.00	1 200.00
热轧钢材	152	万吨/年	0.80	0.80	0.80	0.60	0.60
铜冶炼	175	吨/年	5 000.00	5 000.00		5 000.00	5 000.00
其中:电解铜	176	吨/年	5 000.00	5 000.00	—	5 000.00	5 000.00
铜加工	177	吨/年	2 000.00	2 000.00	—	2 000.00	2 000.00
铝加工	234	吨/年	1 500.00	1 500.00	1 500.00	600.00	600.00
火力发电	293	万千瓦	10.00	10.00	—	—	—
水泥	301	万吨/年	117.07	51.00	10.00	68.07	2.00
轮胎外胎	353	万条/年	80.00	80.00	5.00	5.00	5.00
轮胎内胎	354	万条/年	80.00	80.00	5.00	5.00	5.00
化学原料药	361	吨/年	1 730.00	1 730.00	30.00	—	—
化学药制剂	362	吨/年	65.00	65.00	17.00	—	—
中成药	364	吨/年	9.00	9.00	9.00	9.00	9.00
金属切削机床制造	384	台/年	103.00	103.00	—	103.00	103.00
铸铁件能力	385	吨/年	450.00	450.00	450.00	450.00	450.00
大中型拖拉机制造	392	台/年	2 000.00	2 000.00	—	—	—
铁路客车制造	414	辆/年	800.00	800.00	—	150.00	—
载货汽车制造	418	辆/年	92 000.00	27 000.00	—	92 000.00	27 000.00
轿车制造	419	辆/年	180 000.00	180 000.00	—	—	—
其它汽车制造	420	辆/年	3 500.00	3 500.00	—	—	—
摩托车制造	423	辆/年	40 000.00	40 000.00	—	—	—
食用植物油	492	日处理原料:吨	310 000.00	310 000.00	—	—	—
	493	日精炼油:吨	54 000.00	54 000.00	—	—	—
肉加工品	494	吨/年	100.00	100.00	100.00	—	—
其中:熟肉加工	495	吨/年	100.00	100.00	100.00	—	—
奶粉	505	吨/年	1.00	1.00	1.00	1.00	1.00
啤酒	508	吨/年	503.00	503.00	503.00	3.00	3.00
其他酒	510	吨/年	132.50	132.50	—	—	—

全社会能力汇总表

生产能力(或效益)名称	代码	计量单位	建设规模	本年施工规模		新增生产能力	
				合计	其中:本年新开工	累计新增	其中:本年新增
甲	乙	丙	401	402	403	404	405
机制纸及纸板	522	万吨/年	1.50	1.50	—	—	—
服装	529	万件/年	52.00	52.00	3.00	31.00	31.00
塑料制品	530	万吨/年	7115.90	7 115.90	3 588.90	3 242.00	3 242.00
铁路机车购置	561	台	100.00	100.00	—	100.00	100.00
载货汽车购置	565	辆	14.00	14.00	14.00	14.00	14.00
载客汽车购置	566	辆	76.00	76.00	76.00	76.00	76.00
小汽车购置	567	辆	104.00	104.00	103.00	104.00	104.00
其它汽车购置	568	辆	9.00	9.00	9.00	9.00	9.00
改建公路	578	公里	1 010.86	1 010.86	1 010.86	131.30	131.30
新建独立公路桥梁	580	延长米	120.00	120.00	120.00	120.00	120.00
	581	座	4.00	4.00	4.00	4.00	4.00
市内电话自动交换机	606	门	35 200.00	35 200.00	15 200.00	800.00	800.00
长途自动电话交换设备	607	路端	80 000.00	80 000.00	80 000.00	—	—
粮食仓库	625	万公斤	10 000.00	10 000.00	—	10 000.00	10 000.00
	626	平方米	1 770.00	1 770.00	—	1 770.00	1 770.00
商业饮食服务网点	627	处	71.00	70.00	43.00	35.00	35.00
	628	平方米	927 390.00	926 287.00	320976.00	198 679.00	198 679.00
高等院校:学生席位	631	个	14 180.00	5 180.00	1 680.00	—	—
建筑面积	632	平方米	32 562.00	32 562.00	9 630.00	—	—
中等学校:学生席位	633	个	22 985.00	22 985.00	9 685.00	12 833.00	11 833.00
建筑面积	634	平方米	100 286.00	100 286.00	47 774.00	52 838.00	48 088.00
小学校:学生席位	635	个	10 840.00	10 840.00	8 500.00	5 040.00	5 040.00
建筑面积	636	平方米	31 163.00	31 163.00	20 753.00	17 966.00	17 966.00
其他学校:学生席位	637	个	3 220.00	3 220.00	2 870.00	2 350.00	2 350.00
建筑面积	638	平方米	8 600.00	8 600.00	8 100.00	5 100.00	5 100.00
医院病床	651	张	3 366.00	3 366.00	2 151.00	265.00	265.00
宾馆、旅馆、招待所客房数	653	间	30.00	30.00	30.00	30.00	30.00
城市自来水供水能力	661	万吨/日	2.00	2.00	2.00	—	—
城市供热能力:蒸汽	666	吨/小时	96 838.00	28 368.00	1 336.00	5 570.00	1 336.00
热水	667	兆瓦/小时	700.90	362.90	80.00	334.00	80.00

主要原材料、能源消费与库存

	单位	本年消费量		年末库存量	
		全市	#市区	全市	#市区
煤炭	吨	4 913 210	4 381 362	708 329	614 559
焦炭	吨	123 327	114 740	8 192	7 376
焦炉煤气	万立方米	8 508	8 508	—	—
其他煤气	万立方米	23 453	23 453	—	—
原油	吨	148 174	24 369	5 431	2 772
汽油	吨	71 853	56 174	3 021	2 907
煤油	吨	22 489	22 467	1 791	1 791
柴油	吨	61 876	58 675	2 085	1 994
燃料油	吨	37 779	35 372	9 878	9 878
液化石油气	吨	16	1	—	—
炼厂干气	吨	2 722	40	—	—
其他石油制品	吨	1 838	1 838	4	4
天然气	万立方米	7 830	7 495	—	—
热力	百万千焦	11 137 318	11 041 179	—	—
电力	万千瓦时	477 033	452 220	—	—
生铁	吨	109 108	103 139	6 113	4 721
钢材	吨	829 185	768 988	188 477	185 133
铜	吨	3 736	3 696	234	220
铝	吨	5 904	5 884	246	245
铅	吨	503	499	192	192
锌	吨	3015	3 013	214	211
锡	吨	148	148	42	42
铜材	吨	5 574	5 553	1 474	1 465
铝材	吨	1 667	1 249	588	583
硫酸	吨	9 684	8 296	170	70
烧碱	吨	3 098	2 921	144	123
纯碱	吨	8 813	7 207	965	885
天然橡胶	吨	4 648	4 559	211	158
合成橡胶	吨	3 236	3 231	255	255
水泥	吨	738 635	594 382	21 707	20 998
平板玻璃	重量箱	105 570	92 163	6 892	6 882
原木	立方米	148 814	125 146	10 237	9 805
锯材	立方米	105 941	91 245	15 548	15 374
润滑油	吨	17 187	16 960	1 976	1 919

主 要 原 材 料

	钢材（吨）	铜材（吨）	铝材（吨）	原木直接消费（立方米）	锯材（立方米）	煤炭（吨）	焦炭（吨）	焦炉煤气（万立方米）
总　　计	**829 185**	**5 574**	**1 667**	**95 652**	**105 941**	**4 913 210**	**123 327**	**8 508**
采　掘　业	**600**	—	—	**12 625**	—	**20 702**	**24**	—
煤炭采选业	597	—	—	12 212	—	19 035	—	—
石油和天然气开采业	3	—	—	—	—	—	—	—
非金属矿采选业	—	—	—	413	—	1 667	24	—
制　造　业	**653 413**	**5 549**	**976**	**70 551**	**53 755**	**2 551 857**	**106 231**	**2 280**
食品加工业	340	—	—	—	25	98 417	—	—
食品制造业	995	—	—	—	2	123 568	17	—
饮料制造业	578	1	2	—	7	96 829	—	—
烟草加工业	5	—	—	—	—	—	—	—
纺　织　业	100	—	—	—	66	53 896	10	—
服装及其他纤维制品制造业	64	—	—	—	101	12 361	—	—
皮革、毛皮、羽绒及其制品业	7	—	—	—	—	3 331	7	—
木材加工及竹、藤、棕、草制品业	94	—	—	61 748	5 852	15 360	—	—
家具制造业	478	—	—	1 500	4 055	2 161	50	—
造纸及纸制品业	245	—	—	—	—	26 006	—	—
印刷业、记录煤介的复制	—	—	2	—	—	10 064	—	1 473
文教体育用品制造业	—	—	—	—	123	4 577	1	—
石油加工及炼焦业	13	—	—	—	360	1007	—	—
化学原料及化学制品制造业	1 222	1	60	3	—	121 505	2 581	—
医药制造业	18	1	6	—	916	87 004	—	—
橡胶制品业	165	—	2	—	—	36 207	40	—
塑料制品业	178	—	—	—	—	13435	—	—
非金属矿物制品业	9 015	12	83	—	127	183 027	383	247
黑色金属冶炼及压延加工业	2 091	—	—	—	27	11 487	39 198	—

能 源 消 费 量(一)(全市)

其他煤气(万立方米)	原油(吨)	汽油(吨)	煤油(吨)	柴油(吨)	燃料油(吨)	液化石油气(吨)	炼厂干气(吨)	其他石油制品(吨)	天然气(万立方米)	热力(百万千焦)	电力(万千瓦时)
23 453	**148 174**	**71 853**	**22 489**	**61 876**	**37 779**	**16**	**2 722**	**1 838**	**7 830**	**11 137 318**	**477 033**
—	—	**1 184**	—	**432**	**1**	—	—	—	—	—	**2 283**
—	—	1 066	—	349	—	—	—	—	—	—	2 075
—	—	70	—	12	—	—	—	—	—	—	17
—	—	48	—	71	1	—	—	—	—	—	191
21 027	**148 174**	**33 723**	**1 011**	**9 913**	**35 933**	**16**	**2 722**	**435**	**6 243**	**10 110 136**	**177 412**
—	—	1 700	—	279	—	—	—	—	134	31 757	15 844
2	—	966	—	251	—	—	—	—	102	126 222	3 613
—	—	1 763	—	127	—	—	—	—	14	195 137	3 859
—	—	315	—	16	—	—	—	—	937	—	1 315
—	450	536	—	57	—	—	—	—	—	—	4 930
—	—	376	18	2	—	—	—	—	18	—	682
—	—	96	—	12	—	—	—	—	—	—	206
—	—	297	—	87	—	—	—	—	582	—	1 097
—	—	25	5	—	—	—	—	—	—	6	103
—	—	443	—	40	—	—	—	—	83	89 621	1 908
—	—	564	2	9	—	—	—	—	5	13 584	936
—	—	34	—	—	—	—	—	—	—	—	99
—	120 618	307	—	6	7 166	—	2 682	400	—	—	1 308
—	100	2 016	—	457	206	—	—	—	662	—	6 371
—	—	1 077	—	80	—	1	—	—	—	47 571	2 216
—	—	456	—	23	—	—	—	—	—	83 918	1 960
—	—	277	—	21	—	—	—	—	—	—	696
—	6 964	2 068	12	965	601	—	40	—	273	—	10 297
—	9 265	654	—	71	76	—	—	4	30	—	5 743

主　要　原　材　料

	钢材（吨）	铜材（吨）	铝材（吨）	原木直接消费（立方米）	锯材（立方米）	煤炭（吨）	焦炭（吨）	焦炉煤气（万立方米）
有色金属冶炼及压延加工业	643	—	—	—	—	9140	111	—
金属制品业	44 086	82	162	485	58	24 836	10 014	187
普通机械制造业	21 568	74	52	618	611	92 434	8 001	8
专用设备制造业	43 070	63	72	60	1 286	96 431	4 350	—
交通运输设备制造业	506 354	4 758	296	6 137	39 256	1 324 669	40 837	—
电气机械及器材制造业	17 173	453	5	—	398	25 538	90	364
电子及通信设备制造业	930	9	159	—	18	37 349	9	—
仪器仪表及文化办公用机械制造业	3 949	95	73	—	455	35 088	528	1
其他制造业	32	—	2	—	12	6130	4	—
电力、煤气及水的生产和供应业	**3 136**	—	**4**	**103**	**624**	**2 240 912**	**16 596**	**6 228**
电力、蒸汽、热水的生产和供应业	2 262	—	4	103	563	1 711 626	—	—
煤气生产和供应业	793	—	—	—	—	517 088	16 596	6 228
自来水的生产和供应业	81	—	—	—	61	12 198	—	—
建筑业	**165 615**	**24**	**687**	**11 068**	**48 030**	**77 156**	**438**	—
土木工程建筑业	149 596	8	274	11051	47 177	63 681	431	—
线路管道和设备安装业	14 861	12	—	2	503	6 801	7	—
建筑物的装修装饰业	1 158	4	413	15	350	6 674	—	—
交通运输、仓储及邮电通讯业	**6 421**	**1**	—	**1 305**	**3 532**	**22 583**	**38**	—
铁路运输业	4 519	1	—	292	1 851	—	38	—
公路运输业	—	—	—	—	—	13 180	—	—
管道运输业	49	—	—	—	—	—	—	—
航空运输业	—	—	—	—	—	—	—	—
邮电通信业	1 853	—	—	1 013	1 681	9 403	—	—

能　源　消　费　量(二)(全市)

其他煤气（万立方米）	原油（吨）	汽油（吨）	煤油（吨）	柴油（吨）	燃料油（吨）	液化石油气（吨）	炼厂干气（吨）	其他石油制品（吨）	天然气（万立方米）	热力（百万千焦）	电力（万千瓦时）
—	1 191	230	—	278	—	—	—	—	—	—	12 424
—	2 952	1 031	3	215	—	—	—	—	—	12 206	4 040
—	1 903	1 942	48	600	—	—	—	1	88	91 310	5 391
—	—	1 953	10	813	—	—	—	—	75	53 279	6 999
21 022	2 237	11 950	877	5 424	27 884	—	—	1	3 240	9 087 638	77 799
—	2 485	1 522	2	32	—	15	—	—	—	206 568	3 068
1	—	215	—	15	—	—	—	—	—	21	2 104
—	9	750	33	32	—	—	—	29	—	71 298	2 167
2	—	160	1	1	—	—	—	—	—	—	237
2 425	—	**2 049**	—	**711**	**1 804**	—	—	—	**1 318**	**1 026 932**	**292 901**
—	—	1 209	—	363	1 804	—	—	—	—	71 621	275 039
2 425	—	477	—	284	—	—	—	—	1 318	—955 311	3 418
—	—	363	—	64	—	—	—	—	—	—	14 444
1	—	**11 343**	—	**14 027**	**41**	—	—	**1 400**	**268**	**237**	**3 826**
—	—	10 773	—	13 258	41	—	—	—	266	237	3 685
1	—	402	—	741	—	—	—	1 400	2	—	130
—	—	168	—	28	—	—	—	—	—	—	11
—	—	**23 554**	**21 478**	**36 793**	—	—	—	**3**	**1**	**13**	**611**
—	—	918	—	31 913	—	—	—	—	—	—	—
—	—	21 024	—	4 863	—	—	—	3	1	—	388
—	—	—	—	—	—	—	—	—	—	—	—
—	—	234	21 478	—	—	—	—	—	—	—	—
—	—	1 378	—	17	—	—	—	—	—	13	223

主　要　原　材　料

	钢材（吨）	铜材（吨）	铝材（吨）	原木直接消费（立方米）	锯材（立方米）	煤炭（吨）	焦炭（吨）	焦炉煤气（万立方米）
总　计	**768 988**	**5 553**	**1 249**	**79 973**	**91 245**	**4 381 362**	**114 740**	**8 508**
采　掘　业	**427**	—	—	**3 913**	—	**13 896**	**24**	—
煤炭采选业	424	—	—	3 808	—	13 316	—	—
石油和天然气开采业	3	—	—	—	—	—	—	—
非金属矿采选业	—	—	—	105	—	580	24	—
制　造　业	**625 235**	**5 528**	**956**	**68 948**	**52 688**	**2 075 622**	**97 644**	**2 280**
食品加工业	196	—	—	—	25	31 337	—	—
食品制造业	747	—	—	—	2	22 290	17	—
饮料制造业	254	—	—	—	5	5 436	—	—
烟草加工业	5	—	—	—	—	—	—	—
纺　织　业	100	—	—	—	66	53 679	10	—
服装及其他纤维制品制造业	64	—	—	—	101	11 684	—	—
皮革、毛皮、羽绒及其制品业	7	—	—	—	—	890	7	—
木材加工及竹、藤、棕草制品业	94	—	—	61 648	5 744	14 750	—	—
家具制造业	478	—	—	—	3 207	1 351	50	—
造纸及纸制品业	225	—	—	—	—	13 558	—	—
印刷业、记录煤介的复制	—	—	2	—	—	7 777	—	1 473
文教体育用品制造业	—	—	—	—	123	3 679	1	—
石油加工及炼焦业	13	—	—	—	360	1 007	—	—
化学原料及化学制品制造业	990	1	60	—	—	21 219	—	—
医药制造业	18	1	6	—	916	80 776	—	—
橡胶制品业	165	—	2	—	—	34 978	—	—
塑料制品业	178	—	—	—	—	12 942	—	—
非金属矿物制品业	7 776	12	83	—	125	141 945	383	247
黑色金属冶炼及压延加工业	2 091	—	—	—	27	10 636	39 198	—

能　源　消　费　量(一)(市区)

其他煤气（万立方米）	原油（吨）	汽油（吨）	煤油（吨）	柴油（吨）	燃料油（吨）	液化石油气（吨）	炼厂干气（吨）	其他石油制品（吨）	天然气（万立方米）	热力（百万千焦）	电力（万千瓦时）
23 453	24 369	56 174	22 467	58 675	35 372	1	40	1 838	7 495	11 041 179	452 220
—	—	620	—	339	1	—	—	—	—	—	1 225
—	—	522	—	290	—	—	—	—	—	—	1 112
—	—	70	—	12	—	—	—	—	—	—	17
—	—	28	—	37	1	—	—	—	—	—	96
21 027	**24 369**	**29 662**	**989**	**8 957**	**33 526**	**1**	**40**	**435**	**5 948**	**10 013 997**	**155 254**
—	—	1 154	—	199	—	—	—	—	—	31 757	12 577
2	—	707	—	68	—	—	—	—	56	126 222	1 029
—	—	656	—	—	—	—	—	—	—	99 004	642
—	—	315	—	16	—	—	—	—	937	—	1 315
—	450	522	—	57	—	—	—	—	—	—	4 917
—	—	354	—	2	—	—	—	—	—	—	624
—	—	48	—	7	—	—	—	—	—	—	76
—	—	266	—	74	—	—	—	—	582	—	1 018
—	—	24	5	—	—	—	—	—	—	—	85
—	—	392	—	40	—	—	—	—	—	89 621	1 036
—	—	419	2	2	—	—	—	—	5	13 584	857
—	—	30	—	—	—	—	—	—	—	—	67
—	—	251	—	6	4 759	—	—	400	—	—	257
—	100	1 912	—	375	206	—	—	—	662	—	2 887
—	—	913	—	80	—	1	—	—	—	47 571	1 827
—	—	406	—	23	—	—	—	—	—	83 918	1 815
—	—	226	—	21	—	—	—	—	—	—	595
—	3 777	1 665	12	706	601	—	40	—	273	—	8 530
—	9 265	623	—	66	76	—	—	4	30	—	5 434

主 要 原 材 料

	钢材（吨）	铜材（吨）	铝材（吨）	原木直接消费（立方米）	锯材（立方米）	煤炭（吨）	焦炭（吨）	焦炉煤气（万立方米）
有色金属冶炼及压延加工业	643	—	—	—	—	8 360	111	—
金属制品业	42 479	79	152	485	8	24 255	9 530	187
普通机械制造业	19 139	74	52	618	605	69 998	4 742	8
专用设备制造业	31 988	63	72	60	1 235	88 940	3 435	—
交通运输设备制造业	496 045	4 757	291	6 137	39 256	1 313 314	39 529	—
电气机械及器材制造业	16 629	437	3	—	398	24 496	90	364
电子及通信设备制造业	930	9	159	—	18	37 349	9	—
仪器仪表及文化办公用机械制造业	3 949	95	73	—	455	35 088	528	1
其他制造业	32	—	1	—	12	3888	4	—
电力、煤气及水的生产和供应业	**3 134**	—	**4**	**103**	**624**	**2 199 058**	**16 596**	**6 228**
电力、蒸汽、热水的生产和供应业	2 260	—	4	103	563	1 671 611	—	—
煤气生产和供应业	793	—	—	—	—	517 088	16 596	6 228
自来水的生产和供应业	81	—	—	—	61	10 359	—	—
建筑业	**133 776**	**24**	**289**	**5 704**	**34 401**	**74 740**	**438**	—
土木工程建筑业	118 370	8	10	5 687	33 668	61 422	431	—
线路、管道和设备安装业	14 683	12	—	2	503	6 654	7	—
建筑物的装修装饰业	723	4	279	15	230	6 664	—	—
交通运输、仓储及邮电通信业	**6 416**	**1**	—	**1 305**	**3 532**	**18 046**	**38**	—
铁路运输业	4 519	1	—	292	1 851	—	38	—
公路运输业	—	—	—	—	—	10 264	—	—
管道运输业	49	—	—	—	—	—	—	—
航空运输业	—	—	—	—	—	—	—	—
邮电通信业	1 848	—	—	1 013	1 681	7 782	—	—

能　源　消　费　量(一)(市区)

其他煤气(万立方米)	原油(吨)	汽油(吨)	煤油(吨)	柴油(吨)	燃料油(吨)	液化石油气(吨)	炼厂干气(吨)	其他石油制品(吨)	天然气(万立方米)	热力(百万千焦)	电力(万千瓦时)
—	1 191	206	—	275	—	—	—	—	—	—	11 771
—	2 952	975	3	215	—	—	—	—	—	12 206	3 859
—	1 903	1 676	48	522	—	—	—	1	88	91 310	4 752
—	—	1 651	6	794	—	—	—	—	75	53 279	5 371
21 022	2 237	11 726	877	5 330	27 884	—	—	1	3 240	9 087 638	76 497
—	2 485	1 432	2	31	—	—	—	—	—	206 568	2 948
1	—	215	—	15	—	—	—	—	—	21	2 104
—	9	750	33	32	—	—	—	29	—	71 298	2 167
2	—	148	1	1	—	—	—	—	—	—	197
2 425	—	**1 975**	—	**696**	**1 804**	—	—	—	**1 284**	**1 026 932**	**292 231**
—	—	1 183	—	354	1 804	—	—	—	—	71 621	274 866
2 425	—	462	—	284	—	—	—	—	1 284	955 311	3 403
—	—	330	—	58	—	—	—	—	—	—	13 962
1	—	**10 494**	—	**13 939**	**41**	—	—	**1 400**	**263**	**237**	**3 029**
—	—	10 029	—	13 170	41	—	—	—	263	237	2 895
1	—	368	—	741	—	—	—	1 400	—	—	127
—	—	97	—	28	—	—	—	—	—	—	7
—	—	**13 423**	**21 478**	**34 744**	—	—	—	**3**	—	**13**	**481**
—	—	918	—	31 913	—	—	—	—	—	—	—
—	—	10 995	—	2 824	—	—	—	3	—	—	313
—	—	—	—	—	—	—	—	—	—		
—	—	234	21 478	—	—	—	—	—	—		
—	—	1 276	—	7	—	—	—	—	—	13	168

财 政 收 支 情 况

单位：万元

预算科目	收入	预算科目	支出
一、工商税收类	49 117	一、基本建设支出类	13 267
增值税	13 611	二、企业挖潜改造资金类	7 500
营业税	11 565	三、简易建筑费类	490
个人所得税	2 947	四、地质勘探费类	38
证券交易税	—	五、科技三项费用类	8 226
遗产税	—	六、流动资金类	—
土地增值税	—	七、支援农村生产支出类	1 571
外商投资企业和外国企业所得税	1 032	八、农林水气等部门的事业费类	3 912
城市维护建设税	11 913	九、工业交通等部门的事业费类	2 110
车船税	474	十、商业部门事业费类	889
房产税	3 855	十一、城市维护费类	17 253
屠宰税	3	十二、文教卫生事业费类	36 752
资源税	1	其中：教育事业费	20 155
土地使用税	617	十三、科学事业费类	563
印花税	1 664	十四、其他部门的事业费类	12 656
筵席税	—	十五、抚恤和社会福利救济费类	2 985
固定资产投资方向调节税	1 155	十六、国防支出类	—
工商税收滞纳金补税罚款	280	十七、行政管理费类	13 576
二、农牧业税和耕地占用税类	1 943	十八、公检法支出类	13 323
农牧业税	734	十九、价格补贴支出类	2 523
农业特产税	38	二十、支援不发达地区支出类	100
耕地占用税	695	二十一、其他支出类	8 520
契税	476	其中：新增粮调拨费支出	—
三、企业所得税类	12 668	二十二、专款支出类	6 726
四、国有企业上缴利润类	441	支出合计	152 980
五、国有企业计划亏损补贴类	−4 831	社会保险基金支出	24 192
六、国家能源交通重点建设基金	667	电力建设资金专项支出	4 350
七、基本建设贷款归还收入类	—	年终滚存结余	15 646
八、其他收入类	11 332		
九、国家预算调节基金类	1 202		
十、所得税退税类	—		
十一、专款收入类	6 793		
收入合计	79 332		
省补助收入	73 311		
社会保险基金收入	24 192		
电力建设基金专项收入	4 350		
上年结余收入	15 983		
总计	**197 168**	**总计**	**197 168**

注：此表为市区数，不含县（市）。

消费价格类指数（以上年同期为100）

类别及名称	指数	类别及名称	指数
居民消费价格总指数	**122.9**	3. 鞋袜帽及其他衣着	112.4
一、食品	131.3	(1) 鞋类	109.7
1. 粮食	142.3	(2) 袜子	128.9
(1) 细粮	142.7	(3) 帽子	103.9
(2) 粗粮	127.0	(4) 其他衣着	113.2
2. 淀粉及薯类	133.4	三、家庭设备及用品	110.8
3. 干豆类及豆制品	116.3	1. 耐用消费品	103.0
4. 油脂类	142.1	(1) 家具	100.7
5. 肉禽及其制品	141.2	(2) 家庭设备	104.3
6. 蛋类	108.6	2. 室内装饰品	106.1
7. 水产品类	126.5	3. 床上用品	115.7
8. 菜类	139.6	4. 家庭日用杂品	123.0
(1) 鲜菜	141.9	5. 其他日用品	113.6
(2) 干菜	108.1	四、医疗保健	110.2
(3) 菜制品	114.4	1. 医疗器具及保健用品	108.2
9. 调味品	124.2	2. 中药	109.9
10. 糖类	133.9	3. 西药	110.5
(1) 食糖	140.4	五、交通和通讯工具	104.7
(2) 糖果	126.8	1. 交通工具	109.4
11. 烟草类	120.4	2. 通讯工具	95.0
12. 酒和饮料	116.7	六、娱乐教育文化用品	110.8
13. 干鲜瓜果类	123.0	1. 文娱用耐用消费品	105.2
(1) 鲜果	122.9	2. 教材及参考书	118.0
(2) 干果	123.7	3. 文化娱乐用品	117.5
14. 糕点类	131.7	(1) 文娱用品	107.4
15. 奶及奶制品	145.4	(2) 报纸杂志	132.1
16. 其他食品	126.0	七、居住	125.0
17. 饮食业	122.2	1. 住房	130.3
(1) 主食	123.3	(1) 建筑材料	106.0
(2) 炒菜	118.1	(2) 房租	148.0
(3) 地方小吃	132.9	2. 水电燃料	122.4
二、衣着类	112.4	八、服务项目	115.3
1. 服装	111.2	1. 电讯费	141.6
2. 衣着材料	117.2	2. 邮费	100.0
(1) 棉布	131.0	3. 交通费	114.1
(2) 棉花化纤混纺布	106.6	4. 洗理美容费	105.3
(3) 化纤布	119.9	5. 文娱费	112.2
(4) 呢绒	114.2	6. 学杂保育费	115.6
(5) 绸缎	127.6	7. 修理及其他服务费	133.4
(6) 毛线	102.4	8. 医疗保健服务	100.2

消费价格指数(以上年同期为100)

类别及名称	规格等级牌号	计量单位	平均价格(元)		指数
			基期	报告期	
居民消费价格总指数					**122.9**
一、食品					131.3
1. 粮食					142.3
(1) 细粮					142.7
面粉	富强粉	千克	1.422	2.007	141.1
大米	标二	千克	1.253	1.834	146.4
江米(糯米)	标二	千克	1.815	2.158	118.9
挂面	富强粉	千克	1.883	2.452	130.2
(2) 粗粮					127.0
玉米面	一等	千克	0.990	1.521	153.7
小米	一等	千克	1.972	2.179	110.5
2. 淀粉及薯类					133.4
淀粉	0.5千克装	袋	1.683	1.905	113.2
粉条(粉丝)	粉丝薯类原料	千克	7.015	7.639	108.9
土豆	一等	千克	0.681	1.188	174.4
红薯	一等	千克	1.027	1.142	111.2
3. 干豆类及豆制品					116.3
大豆	黄豆一等	千克	2.168	2.580	119.0
杂豆	红小豆一等	千克	3.690	5.302	143.7
豆腐	水豆腐	千克	1.438	1.500	104.3
4. 油脂类					142.1
植物油	豆油一等	千克	5.347	7.315	136.8
动物油	一级猪板油	千克	3.718	5.640	151.7
5. 肉禽及其制品					141.2
猪肉	去骨统肉	千克	7.450	11.540	154.9
牛肉	去骨统肉	千克	9.268	12.327	133.0
羊肉	去骨统肉	千克	9.111	11.243	123.4
鸡	白条鸡开膛	千克	6.822	9.101	133.4
鸭	白条鸭开膛	千克	—	—	—
肉肠	一等火腿肠	千克	11.404	13.377	117.3
熟肉	上等肘子肉	千克	14.341	16.263	113.4
6. 蛋类					108.6
鲜蛋	鸡蛋新鲜完整	千克	5.397	5.780	107.1
再制蛋	完整松花蛋	千克	7.436	9.116	122.6
7. 水产品类					126.5
黄花鱼	一等	千克	—	—	—
带鱼	一等	千克	9.575	12.112	126.5
鲤鱼	一等	千克	8.292	10.663	128.6

消费价格指数（以上年同期为100）

类别及名称	规格等级牌号	计量单位	平均价格（元）		指数
			基期	报告期	
鲢鱼	一等	千克	5.205	7.781	149.5
虾皮	一等	千克	10.344	10.644	102.9
海带	一等	千克	5.197	5.738	110.4
草鱼	一等	千克	6.120	6.346	103.7
8. 菜类					139.6
(1) 鲜菜					141.9
大白菜	一等	千克	0.794	1.096	138.1
洋白菜（莲花白）	一等	千克	0.716	1.372	191.7
菠菜	一等	千克	1.300	2.142	164.8
油菜	一等	千克	1.771	2.035	114.9
芹菜	一等	千克	1.231	1.873	152.2
韭菜	一等	千克	2.280	2.743	120.3
空心菜	一等	千克	—	—	—
菜花	一等	千克	1.716	2.562	149.3
生笋（莴笋）	一等	千克	—	—	—
黄瓜	一等	千克	2.450	3.148	128.5
冬瓜	一等	千克	—	—	—
丝瓜	一等	千克	—	—	—
西红柿	一等	千克	2.803	3.949	140.9
茄子	一等	千克	2.975	3.876	130.3
萝卜	一等	千克	0.848	1.159	136.6
胡萝卜	一等	千克	0.992	1.388	139.9
青椒	一等	千克	2.721	3.847	141.4
生姜	一等	千克	4.373	3.944	90.2
豆角	一等	千克	2.635	3.903	148.1
洋葱头	一等	千克	1.188	1.906	160.5
大葱	一等	千克	0.821	1.500	182.7
大蒜（蒜头）	一等	千克	2.628	3.141	119.5
蒜苔	一等	千克	3.768	4.989	132.4
莲藕	一等	千克	—	—	—
豆芽	一等	千克	1.058	1.109	104.8
(2) 干菜					108.1
黄花菜	甲级	千克	11.963	13.243	110.7
黑木耳	甲级	千克	81.059	80.492	99.3
干辣椒	甲级	千克	14.679	16.939	115.4
干菇	甲级	千克	36.450	39.658	108.8
(3) 菜制品					114.4
淹菜	甲级酸菜	千克	2.100	2.447	116.5
泡菜	甲级四川	千克	6.000	6.000	100.0

消费价格指数（以上年同期为100）

类别及名称	规格等级牌号	计量单位	平均价格（元）		指数
			基期	报告期	
9. 调味品					124.2
盐	一级精盐	千克	0.821	1.058	128.8
酱油	一级	千克	1.686	2.325	137.9
醋	一级	千克	1.285	1.670	130.0
味精	含麸酸钠80%以上	千克	21.806	21.675	99.4
酱	一级	千克	1.474	2.062	139.9
10. 糖类					133.9
(1) 食糖					140.4
白糖	一级	千克	3.400	4.794	141.0
红糖	一级	千克	3.264	4.233	129.7
(2) 糖果					126.8
硬糖	一级水果糖	千克	7.573	10.867	143.5
软糖	一级奶糖	千克	8.637	12.178	141.0
巧克力糖	一级散装	千克	13.562	14.932	110.1
11. 烟草类					120.4
国产名烟	软包装红塔山	盒	8.750	11.812	135.0
甲级卷烟	85mm 人参烟	盒	1.501	1.513	100.8
乙级卷烟	84mm 三七牌	盒	0.659	0.830	125.9
进口卷烟	硬包装小三五	盒	9.096	10.615	116.7
12. 酒和饮料					116.7
白酒	0.5千克装	瓶	3.636	3.858	106.1
果酒	12—16度0.5千克装	瓶	3.711	4.227	113.9
啤酒	熟11度瓶装	瓶	1.145	1.418	123.8
国内名酒	五粮液0.5千克装	瓶	170.032	188.396	110.8
花茶	二级	千克	28.821	28.792	99.9
绿茶	二级	千克	22.439	23.000	102.5
固体饮料	晶体250克	袋	111.811	114.830	102.7
液体饮料	200毫升装	瓶	2.500	2.500	100.0
冰激淋	盒装	盒	0.693	1.222	176.4
13. 干鲜瓜果类					123.0
(1) 鲜果					122.9
苹果	一级	千克	5.154	6.303	122.3
梨	一级	千克	4.200	5.078	120.9
柑桔	一级	千克	3.124	3.989	127.7
桃子	一级	千克	2.937	3.483	118.6
西瓜	一级	千克	3.528	4.526	128.3
香蕉	一级	千克	6.730	7.894	117.3
(2) 干果					123.7
红枣	一级	千克	6.381	7.644	119.8

消费价格指数（以上年同期为100）

类别及名称	规格等级牌号	计量单位	平均价格（元）		指数
			基期	报告期	
核桃	一级	千克	9.232	10.607	114.9
瓜子	一级熟货	千克	4.541	5.753	126.7
花生米	一级生货	千克	4.989	6.206	124.4
14. 糕点类					131.7
蛋糕	一级	千克	7.375	9.322	126.4
酥皮点心	一级	千克	6.189	8.720	140.9
饼干	一级	千克	5.960	8.046	135.0
15. 奶及奶制品					145.4
鲜奶	瓶（袋）装消毒	袋	0.390	0.587	150.7
奶粉	500克袋装	袋	5.700	7.131	125.1
16. 其他食品					126.0
肉罐头	300克午餐肉	瓶	4.072	5.534	135.9
鱼罐头	280克瓶装	瓶	3.414	3.486	102.1
水果罐头	500克糖水桔子	瓶	2.706	3.861	142.7
17. 饮食业					122.2
(1) 主食					123.3
大米饭	一等	200克	1.227	1.500	122.2
馒头	一等	200克	0.400	0.458	114.6
面条	一等	200克	1.501	1.792	119.4
水饺	一等	200克	3.520	4.583	130.2
包子	一等	200克	2.934	3.667	125.0
(2) 炒菜					118.1
地三鲜	一等	8寸盘	6.380	8.000	125.4
尖椒干豆腐	一等	8寸盘	3.700	4.625	125.0
渍菜粉	一等	8寸盘	5.373	5.792	107.8
锅包肉	一等	8寸盘	8.786	11.167	127.1
红烧牛肉	一等	8寸盘	8.786	11.167	127.1
溜肥肠	一等	8寸盘	7.502	8.500	113.3
干炸虾仁	一等	8寸盘	25.998	28.000	107.7
雪衣豆沙	一等	8寸盘	12.000	12.000	100.0
(3) 地方小吃					132.9
冷面	一等	200克	2.182	3.000	137.5
油条	一等	200克	0.758	1.000	131.9
豆腐脑	一等	200克	0.543	0.700	128.9
二、衣着类					112.4
1. 服装					111.2
皮大衣	男单羊皮中号	件	2487.455	2776.000	111.6
呢大衣	男长大衣中号	件	318.730	334.667	105.0

消费价格指数(以上年同期为100)

类别及名称	规格等级牌号	计量单位	平均价格(元)		指数
			基期	报告期	
中山装	中号	套	145.572	150.667	103.5
衬衫	中号	件	17.090	17.500	102.4
裤子	中号	条	73.939	81.333	110.0
西服	男毛料套装中号	套	498.459	539.333	108.2
羽绒衣	中号	件	253.013	271.736	107.4
风衣	中号	件	185.702	213.000	114.7
夹克衫	中号	件	70.843	80.903	114.2
毛衣	中号	件	112.878	145.500	128.9
连衣裙	中号	条	178.050	174.667	98.1
单裙	中号	条	50.000	55.000	110.0
童装	50—60CM	套	37.874	42.267	111.6
2. 衣着材料					117.2
(1)棉布					131.0
白布	幅宽90CM	米	3.185	4.392	137.9
色布	幅宽90CM	米	3.198	4.078	127.5
花布	幅宽90CM	米	3.367	3.960	117.6
灯芯绒	幅宽90CM	米	7.809	9.222	118.1
被单布	幅宽110CM	米	4.631	6.391	138.0
(2)棉花化纤混纺布					106.6
涤棉布	幅宽90CM	米	4.904	5.380	109.7
装饰布	幅宽150CM	米	23.725	24.033	101.3
(3)化纤布					119.9
涤纶弹力呢	幅宽144CM	米	17.519	22.196	126.7
人造棉布	幅宽144CM	米	10.903	10.380	95.2
(4)呢绒					114.2
华达呢	幅宽144CM	米	60.047	69.775	116.2
粗花呢	幅宽144CM	米	38.860	44.300	114.0
麦尔登呢	幅宽144CM	米	61.639	64.228	104.2
毛涤花呢	幅宽144CM	米	51.134	60.083	117.5
(5)绸缎					127.6
真丝绸	中上档	米	34.647	52.733	152.2
美丽绸	中上档	米	11.283	14.656	129.9
丝绒	中上档	米	24.378	25.572	104.9
砂洗丝	中上档	米	35.010	47.333	135.2
麻纱	中上档	米	29.791	38.133	128.0
(6)毛线					102.4
纯毛线	纯毛一级	千克	78.385	82.461	105.2
混纺毛线	一级品	千克	70.347	69.644	99.0

消费价格指数（以上年同期为100）

类别及名称	规格等级牌号	计量单位	平均价格（元）		指数
			基期	报告期	
3. 鞋袜帽及其他衣着					112.4
(1) 鞋类					109.7
布鞋	25号一级品	双	8.362	8.571	102.5
旅游鞋	25号一级品	双	93.440	96.150	102.9
全胶鞋	25号一级品	双	10.486	11.545	110.1
凉鞋	18号一级品	双	49.629	51.167	103.1
皮鞋	25号一级品	双	65.225	78.205	119.9
(2) 袜子					128.9
袜子	中号	双	2.917	3.760	128.9
(3) 帽子					103.9
帽子	50—60CM	顶	13.662	14.195	103.9
(4) 其他衣着					113.2
领带	真丝一级品	条	60.018	66.500	110.8
雨披		件	31.152	31.370	100.7
手套		双	54.584	59.333	108.7
毛巾	印花	条	2.224	2.829	127.2
三、家庭设备及用品					110.8
1. 耐用消费品					103.0
(1) 家具					100.7
组合家具	4件组	套	3038.000	3038.000	100.0
卧室柜	两开门大衣柜	套	580.000	580.000	100.0
写字台	120×60×78一级	张	252.174	261.000	103.5
沙发	三人	个	340.000	340.000	100.0
沙发床	190×150	个	811.000	811.000	100.0
(2) 家庭设备					104.3
缝纫机	家用	架	340.653	347.125	101.9
洗衣机	全自动单缸一级品	台	1810.106	1922.333	106.2
电风扇	400MM落地扇一级	台	325.397	346.222	106.4
电冰箱	双门200—300立升	台	2176.360	2320.000	106.6
电冰柜	200升左右卧式	台	2330.000	2330.000	100.0
吸尘器	卧式脚轮移动式	台	412.901	420.333	101.8
电炊具	电饭煲	台	114.637	134.125	117.0
钟	中档石英挂钟	个	55.471	54.417	98.1
抽排油烟机	双孔	台	333.000	333.000	100.0
空调器	中档	台	6800.000	6800.000	100.0
淋浴热水器	燃气热水器	台	348.000	348.000	100.0
电吹风	500W	台	56.300	56.300	100.0
2. 室内装饰品					106.1

消费价格指数（以上年同期为100）

类别及名称	规格等级牌号	计量单位	平均价格（元）		指数
			基期	报告期	
窗帘	中档	对	234.097	254.697	108.8
台布	中档	块	15.505	16.017	103.3
装饰灯具	中档	个	49.857	56.288	112.9
地毯	幅宽2米	米	1274.900	1280.000	100.4
3. 床上用品					115.7
毛毯	纯毛一级品	条	210.158	230.333	109.6
床单	一级品	条	41.763	50.575	121.1
被面	中上档	条	59.920	66.511	111.0
床罩	双人	条	47.661	56.764	119.1
蚊帐	尼龙双人	顶	42.380	53.483	126.2
4. 家庭日用杂品					123.0
铝锅	24CM一级品	个	19.625	25.395	129.4
铁锅	家用炒菜锅正品	口	13.850	15.083	108.9
碗	彩花16CM一级品	个	1.180	1.180	100.0
肥皂	一级品	条	1.089	1.356	124.5
香皂	一级品	块	0.790	1.250	158.3
洗衣粉	500克袋装一级品	袋	2.123	2.463	116.0
牙膏	一级品	支	1.336	1.538	115.1
卫生纸	一级品	卷	1.542	1.695	109.9
日用五金	8寸钳子	件	5.432	7.475	137.6
灯泡	220V40W	个	0.834	0.996	119.4
暖水瓶	花铝肩5磅一级品	个	17.340	20.756	119.7
电池	一号	个	0.657	0.765	116.5
脸盆	搪瓷36CM	个	10.010	13.694	136.8
晴雨伞	自动	把	20.764	23.713	114.2
凉席	双人席甲级	领	15.715	16.375	104.2
5. 其他日用品					113.6
金饰品	24K	克	117.408	146.055	124.4
表	一级品	只	383.000	383.000	100.0
信纸	18K100页	本	0.745	0.819	110.0
铱金笔	普通	支	3.763	5.092	135.3
塑料彩笔	12色一套	套	3.290	3.639	110.6
眼镜	人造水晶石	副	98.000	98.000	100.0
刮脸刀	电动剃须刀	个	26.254	27.042	103.0
眉笔	中档	支	2.500	2.970	118.8
卷发器	中档	个	6.360	6.360	100.0
面脂	中档	瓶	4.240	4.700	110.8
香水	中档	瓶	7.599	9.051	119.1

消费价格指数（以上年同期为100）

类别及名称	规格等级牌号	计量单位	平均价格（元）		指数
			基期	报告期	
发胶	中档	瓶	25.194	27.839	110.5
四、医疗保健					110.2
1. 医疗器具及保健用品					108.2
血压计		支	89.035	95.000	106.7
体温计	口腔	支	1.857	2.000	107.7
保健用品	中档	个	24.000	24.000	100.0
医用胶布	小盒	盒	1.360	1.697	124.8
2. 中药					109.9
甘草	一级	千克	11.748	13.228	112.6
银花	一级	千克	90.082	99.000	109.9
菊花	一级	千克	43.137	44.000	102.0
陈皮	一级	千克	6.280	6.500	103.5
黄连	一级	千克	69.005	61.000	88.4
党参	一级	千克	43.710	41.000	93.8
当归	一级	千克	22.642	26.717	118.0
黄芪	一级	千克	19.149	18.000	94.0
牛黄解毒片	小瓶	瓶	0.606	0.610	100.7
银翘解毒丸	10丸	盒	2.568	3.164	123.2
板兰根冲剂	10袋	盒	3.327	3.400	102.2
霍香正气水	10ML	盒	2.276	3.357	147.5
滋补药品	人参蜂王浆	盒	5.519	5.640	102.2
人参	生晒一等	千克	184.077	230.833	125.4
鹿茸	片茸盒装	千克	3010.644	3724.167	123.7
3. 西药					110.5
胃药	三九胃泰	片	9.890	10.315	104.3
感冒药	感冒冲剂12克	片	8.602	8.740	101.6
抗菌药针剂	青霉素针剂	支	0.444	0.578	130.1
抗菌药片剂	螺旋霉素	片	0.355	0.355	100.0
止泻药	痢特灵	片	0.018	0.021	117.6
外用药	风油精	瓶	0.740	0.740	100.0
心血管病用药	心可舒	片	7.275	7.530	103.5
五、交通和通讯工具					104.7
1. 交通工具					109.4
摩托车	AX—100	辆	8103.651	9173.333	113.2
自行车	66CM一级品	辆	344.953	375.999	109.0
三轮车	脚蹬	辆	390.000	390.000	100.0
2. 通讯工具					95.0
电话机	HA998ⅡP	部	158.000	158.000	100.0

消费价格指数（以上年同期为100）

类别及名称	规格等级牌号	计量单位	平均价格（元）		指数
			基期	报告期	
BP机	数字级	部	1250.472	1104.167	88.3
六、娱乐教育文化用品					110.8
1. 文娱用耐用消费品					105.2
收音机	6管2波段袖珍	台	28.986	29.450	101.6
彩色电视机	54CM	台	2849.435	2860.833	100.4
黑白电视机	45CM	台	656.000	656.000	100.0
收录机	双卡四喇叭	台	628.000	628.000	100.0
照相机	海鸥135	台	534.000	534.000	100.0
电子琴	49键	台	944.019	1480.222	156.8
音响	落地中档	台	3760.000	3760.000	100.0
游戏机	中档	台	198.000	202.250	102.1
录放像机	彩色大1/2	台	3150.000	3150.000	100.0
摄像机	中档	台	11300.310	10950.000	96.9
2. 教材及参考书					118.0
儿童读物	故事大王	本	0.612	0.650	106.2
中文工具书	现代汉语词曲	本	18.532	25.000	134.9
外文工具书	英华大词典	本	51.400	51.400	100.0
课本	高中语文一年级	本	2.164	2.677	123.7
3. 文化娱乐用品					117.5
(1) 文娱用品					107.4
扑克	一级	副	1.803	2.538	140.8
象棋	木制2号凸型	副	6.898	6.939	100.6
胶卷	21锭36张彩卷	卷	20.886	21.889	104.8
录音磁带	盒式空白磁带	盒	5.247	5.835	111.2
影集	12×9CM6格	册	16.334	16.889	103.4
儿童玩具	中档	件	99.541	95.958	96.4
(2) 报纸杂志					132.1
地方报纸	吉林日报	张	0.300	0.400	133.3
电视报	视听导报	张	0.300	0.400	133.3
杂志	读者	本	1.157	1.500	129.7
七、居住					125.0
1. 住房					130.3
(1) 建筑材料					106.0
地板砖		块	2.699	2.783	103.1
壁纸	幅宽3米	米	4.141	4.220	101.9
瓷砖		块	0.486	0.463	95.2
胶合板	三合板	张	40.018	44.500	111.2
玻璃	3MM	平方米	14.236	21.667	152.2

消费价格指数（以上年同期为100）

类别及名称	规格等级牌号	计量单位	平均价格（元）		指数
			基期	报告期	
粘胶	乳白胶	瓶	2.500	2.500	100.0
油漆	通0.5千克瓶装	瓶	11.928	12.000	100.6
(2)房租					148.0
民用住房	民用住宅混合价	平方米	0.267	0.400	150.0
旅馆房费	甲等双人	日	17.004	18.50	108.8
2、水、电、燃料					122.4
水	生活用水	吨	0.286	0.500	157.5
电	民用220V	度	0.201	0.264	131.2
原煤	民用	百千克	15.826	20.700	130.8
蜂窝煤	一级	百千克	14.300	14.300	100.0
液化石油气		千克	1.759	1.784	101.4
管道煤气	民用天然气	立方米	0.650	0.650	100.0
煤油	灯用煤油	千克	1.220	1.500	123.0
八、服务项目					115.3
1、电讯费					141.6
1、电报费	普通	十字	0.780	1.400	179.5
市内电话费		次	0.200	0.267	133.3
长途电话费	长春—北京	每分钟	1.000	1.000	100.0
2、邮费					100.0
平信	外埠	封	0.200	0.200	100.0
邮寄包裹费	百公里普通	千克	0.114	0.114	100.0
3、交通费					114.1
公共汽车月票	通用	张	18.209	24.000	131.8
长途汽车票	百公里全价	人公里	0.099	0.099	100.0
火车票	百公里直客硬座	人公里	0.039	0.039	100.0
飞机票	长春—北京	人公里	0.279	0.412	147.8
出租汽车费	中档	人公里	1.500	1.500	100.0
4、洗理美容费					105.3
理发费	男理一级全活	次	5.000	5.000	100.00
洗澡费		次	2.950	3.000	101.7
美容费	面膜	次	30.000	30.000	100.0
烫发	普通女次烫	次	25.105	30.000	119.5
5、文娱费					112.2
电影票	首轮甲等票	张	3.915	5.000	127.7
演出票		张	15.000	15.000	100.0
公园门票		张	0.706	1.000	141.7
舞会票		张	3.000	3.000	100.0
录相票		张	3.000	3.000	100.0

消费价格指数（以上年同期为100）

类别及名称	规格等级牌号	计量单位	平均价格（元）		指数
			基期	报告期	
6、学杂保育费					115.6
学杂费	初中学生	学期	71.667	86.567	120.8
托幼费	中班日托	月	46.119	55.435	120.2
保姆费	包食宿	月	100.000	100.000	100.0
7. 修理及其他服务费					133.4
修鞋	钉胶后跟	双	1.800	2.167	120.4
手表检洗	中档机械表	只	4.001	5.833	145.8
自行车补胎	内胎小孔	孔	1.029	1.500	145.8
缝纫	男式毛涤套装	套	56.058	111.667	199.2
照相	彩色原照	次	4.542	5.500	121.1
洗衣费		件	8.000	10.000	125.0
彩照扩印费	整卷冲扩	次	3.000	3.000	100.0
家电维修费	彩电开机	次	50.000	50.000	100.0
8. 医疗保健服务					100.2
挂号费	西医复诊	次	1.000	1.000	100.0
注射费	肌肉注射	次	0.730	0.742	101.6
手术费	阑尾手术	次	60.000	60.000	100.0
住院费		天	4.700	4.700	100.0
检查费	B超	次	15.000	15.000	100.0
理疗费	电疗	次	2.000	2.000	100.0

零售价格类指数（以上年同期为100）

类别	指数	类别	指数
总指数	**120.5**	**6、干菜**	**106.8**
商品零售价格指数	**120.5**	**7、鲜果**	**122.9**
一、食品类	133.1	8、干果	123.7
1、粮食	141.3	9、其他食品类	129.5
(1) 细粮	142.6	(1) 调味品	124.2
(2) 粗粮	121.1	(2) 食糖	140.4
2、油脂类	142.1	(3) 糖果	126.8
3、肉禽蛋	136.1	(4) 糕点	125.3
4、水产品	127.4	(5) 奶及奶制品	145.4
5、鲜菜	143.6	(6) 罐头	126.0

零售价格类指数（以上年同期为100）

类别	指数	类别	指数
10、饮食业	122.2	五、中、西药品类	109.1
(1)主食	123.3	1、中药	109.9
(2)炒菜	118.1	2、西药	108.5
(3)地方小吃	132.9	3、医疗用品	107.2
二、饮料、烟酒类	119.5	六、化妆品类	118.0
1、饮料	124.2	七、书报杂志类	128.1
2、烟酒	117.7	八、文化体育用品类	110.4
三、服装、鞋帽类	114.1	1、文化用品	112.8
1、服装	111.4	2、体育用品	105.1
2、鞋	110.4	九、日用品类	109.2
3、其他衣着	125.7	1、一般日用品	116.4
四、纺织品类	115.7	2、家具类	102.0
1、棉布	130.9	3、日用杂品	107.0
2、棉花化纤混纺布	106.6	十、家用电器类	101.4
3、化纤布	119.9	十一、首饰类	122.4
4、呢绒	114.2	十二、燃料类	113.5
5、绸缎	123.4	十三、建筑装潢材料类	114.3
6、其他纺织品	107.9	十四、机电产品类	99.1

零售价格指数（以上年同期为100）

类别及名称	规格等级牌号	计量单位	平均价格（元）		指数
			基期	报告期	
总指数					**120.5**
商品零售价格指数					**120.5**
一、食品类					**133.1**
1、粮食					141.3
(1)细粮					142.6
面粉	富强粉	千克	1.422	2.007	141.1
大米	标二	千克	1.253	1.834	146.4
江米(糯米)	标二	千克	1.815	2.158	118.9
挂面	富强粉	千克	1.886	2.452	130.0
(2)粗粮					121.1
玉米面	一等	千克	0.990	1.521	153.7
小米	一等	千克	1.972	2.179	110.5

零售价格指数（以上年同期为100）

类别及名称	规格等级牌号	计量单位	平均价格（元）		指数
			基期	报告期	
豆类	绿豆一等	千克	4.938	5.318	107.7
2. 油脂类					142.1
植物油	豆油一等	千克	5.347	7.315	136.8
动物油	一级猪板油	千克	3.718	5.640	151.7
3. 肉禽蛋					136.1
猪肉	去骨统肉	千克	7.450	11.540	154.9
牛肉	去骨统肉	千克	9.268	12.327	133.0
羊肉	去骨统肉	千克	9.111	11.243	123.4
鸡	白条鸡开膛	千克	6.822	9.101	133.4
鸭	白条鸭开膛	千克	—	—	—
鲜蛋	鸡蛋新鲜完整	千克	5.397	5.780	107.1
再制蛋	完整松花蛋	千克	7.436	9.116	122.6
熟肉	上等肘子肉	千克	14.341	16.263	113.4
肉肠	一等火腿肠	千克	11.404	13.377	117.3
4. 水产品					127.4
黄花鱼	一等	千克	—	—	—
带鱼	一等	千克	9.575	12.112	126.5
鲤鱼	一等	千克	8.292	10.663	128.6
鲢鱼	一等	千克	5.205	7.781	149.5
虾	一等	千克	10.344	10.644	102.9
海参	一等	千克	46.366	62.084	133.9
海带	一等	千克	5.197	5.738	110.4
带鱼	一等	千克	7.528	7.807	103.7
5. 鲜菜					143.6
大白菜	一等	千克	0.794	1.096	138.1
洋白菜（莲花白）	一等	千克	0.716	1.372	191.7
菠菜	一等	千克	1.300	2.142	164.8
油菜	一等	千克	1.771	2.035	114.9
芹菜	一等	千克	1.231	1.873	152.2
韭菜	一等	千克	2.280	2.743	120.3
空心菜	一等	千克	—	—	—
菜花	一等	千克	1.716	2.562	149.3
生笋（莴笋）	一等	千克	—	—	—
黄瓜	一等	千克	2.450	3.148	128.5
冬瓜	一等	千克	—	—	—
丝瓜	一等	千克	—	—	—
西红柿	一等	千克	2.803	3.949	140.9
茄子	一等	千克	2.967	3.878	130.7

零售价格指数（以上年同期为100）

类别及名称	规格等级牌号	计量单位	平均价格（元）		指　　数
			基　　期	报告期	
萝　　卜	一等	千克	0.848	1.159	136.6
胡 萝 卜	一等	千克	0.992	1.388	139.9
青　　椒	一等	千克	2.721	3.847	141.4
生　　姜	一等	千克	4.373	3.944	90.2
豆　　角	一等	千克	2.635	3.903	148.1
土　　豆	一等	千克	0.681	1.188	174.4
洋 葱 头	一等	千克	1.188	1.906	160.5
大　　葱	一等	千克	0.821	1.500	182.7
大蒜（蒜头）	一等	千克	2.628	3.141	119.5
蒜　　苔	一等	千克	3.768	4.989	132.4
莲　　藕	一等	千克	—	—	—
豆　　芽	一等	千克	1.058	1.109	104.8
6. 干　　菜					106.8
豆　　腐	水豆腐	千克	1.438	1.500	104.3
粉条（粉丝）	粉丝薯类原料	千克	7.015	7.639	108.9
干 辣 椒	甲级	千克	14.679	16.939	115.4
淹　　菜	甲级酸菜	千克	2.100	2.447	116.5
泡　　菜	甲级四川	千克	6.000	6.000	100.0
黄 花 菜	甲级	千克	11.963	13.243	110.7
黑 木 耳	甲级	千克	81.059	80.492	99.3
干　　菇	甲级	千克	36.450	39.658	108.8
7. 鲜　　果					122.9
苹　　果	一级	千克	5.154	6.303	122.3
梨	一级	千克	4.200	5.078	120.9
柑　　桔	一级	千克	3.124	3.989	127.7
桃　　子	一级	千克	2.937	3.483	118.6
西　　瓜	一级	千克	3.528	4.526	128.3
香　　蕉	一级	千克	6.730	7.894	117.3
8. 干　　果					123.7
红　　枣	一级	千克	6.381	7.664	119.8
核　　桃	一级	千克	9.232	10.607	114.9
瓜　　子	一级熟货	千克	4.541	5.753	126.7
花 生 米	一级生货	千克	4.989	6.206	124.4
9. 其他食品类					129.5
(1) 调 味 品					124.2
盐	一级精盐	千克	0.821	1.058	128.8
酱　　油	一级	千克	1.686	2.325	137.9
醋	一级	千克	1.285	1.670	130.0

零售价格指数（以上年同期为100）

类别及名称	规格等级牌号	计量单位	平均价格（元）		指数
			基期	报告期	
味精	含麸酸钠80%以上	千克	21.806	21.675	99.4
酱	一级	千克	1.474	2.062	139.9
(2) 食糖					140.4
白糖	一级	千克	3.400	4.794	141.0
红糖	一级	千克	3.264	4.233	129.7
(3) 糖果					126.8
硬糖	一级水果糖	千克	7.573	10.867	143.5
软糖	一级奶糖	千克	8.637	12.178	141.0
巧克力糖	一级散装	千克	13.562	14.932	110.1
(4) 糕点					125.3
蛋糕	一级	千克	7.375	9.322	126.4
酥皮点心	一级	千克	6.189	8.720	140.9
饼干	一级	千克	5.960	8.046	135.0
面包	一级	千克	4.201	4.860	115.7
(5) 奶及奶制品					145.4
鲜奶	瓶（袋）装消毒	袋	0.390	0.587	150.7
奶粉	500克袋装	袋	5.700	7.131	125.1
(6) 罐头					126.0
肉罐头	300克午餐肉	瓶	4.072	5.534	135.9
鱼罐头	280克瓶装	瓶	3.414	3.486	102.1
水果罐头	500克糖水桔子	瓶	2.706	3.861	142.7
10. 饮食业					122.2
(1) 主食					123.3
大米饭	一等	200克	1.227	1.500	122.2
馒头	一等	200克	0.400	0.458	114.6
面条	一等	200克	1.501	1.792	119.4
水饺	一等	200克	3.520	4.583	130.2
包子	一等	200克	2.934	3.667	125.0
(2) 炒菜					118.1
地三鲜	一等	8寸盘	6.380	8.000	125.4
尖椒干豆腐	一等	8寸盘	3.700	4.625	125.0
渍菜粉	一等	8寸盘	5.373	5.792	107.8
锅包肉	一等	8寸盘	8.786	11.167	127.1
红烧牛肉	一等	8寸盘	8.786	11.167	127.1
溜肥肠	一等	8寸盘	7.502	8.500	113.3
干炸虾仁	一等	8寸盘	25.998	28.000	107.7
雪衣豆沙	一等	8寸盘	12.000	12.000	100.0
(3) 地方小吃					132.9

零售价格指数（以上年同期为100）

类别及名称	规格等级牌号	计量单位	平均价格（元）		指　数
			基　期	报告期	
冷　　面	一等	200克	2.182	3.000	137.5
油　　条	一等	200克	0.758	1.000	131.9
豆 腐 脑	一等	200克	0.543	0.700	128.9
二、饮料、烟酒类					**119.5**
1、饮　　料					124.2
冰 激 淋	盒装	盒	0.693	1.222	176.4
固体饮料	晶体250克	袋	111.811	114.830	102.7
液体饮料	200毫升装	瓶	2.500	2.500	100.0
花　　茶	二级	千克	28.821	28.792	99.9
绿　　茶	二级	千克	22.439	23.000	102.5
2、烟　　酒					117.7
国产名烟	软包装红塔山	盒	8.750	11.812	135.0
甲级卷烟	85mm人参烟	盒	1.501	1.513	100.8
乙级卷烟	84mm三七牌	盒	0.659	0.830	125.9
进口卷烟	硬包装小三五	盒	9.096	10.615	116.7
白　　酒	0.5千克装	瓶	3.636	3.858	106.1
果　　酒	12—16度0.5千克装	瓶	3.714	4.227	113.8
啤　　酒	熟11度瓶装	瓶	1.145	1.418	123.8
国内名酒	五粮液0.5千克装	瓶	170.032	188.396	110.8
三、服装、鞋帽类					**114.1**
1、服　　装					111.4
皮 大 衣	男单羊皮中号	件	2487.455	2776.000	111.6
呢 大 衣	男长大衣中号	件	318.730	334.667	105.0
西　　服	男毛料套装中号	套	498.459	539.333	108.2
衬　　衫	中号	件	17.090	17.500	102.4
裤　　子	中号	条	73.939	81.333	110.0
羽 绒 衣	中号	件	253.013	271.736	107.4
风　　衣	中号	件	185.702	213.000	114.7
夹 克 衫	中号	件	70.843	80.903	114.2
连 衣 裙	中号	条	178.050	174.667	98.1
单　　裙	中号	条	50.000	55.000	110.0
毛　　衣	中号	件	112.878	145.500	128.9
童　　装	50—60cm	套	37.874	42.267	111.6
2、　　鞋					110.4
布　　鞋	25号一级品	双	8.362	8.571	102.5
旅 游 鞋	25号一级品	双	93.440	96.150	102.9
球　　鞋	25号一级品	双	6.718	8.028	119.5
全 胶 鞋	25号一级品	双	10.486	11.545	110.1

零售价格指数（以上年同期为100）

类别及名称	规格等级牌号	计量单位	平均价格（元）		指　　数
			基　　期	报告期	
凉　　鞋	18号一级品	双	49.629	51.167	103.1
皮　　鞋	25号一级品	双	65.225	78.205	119.9
3、其他衣着					125.7
领　　带	真丝一级品	条	60.018	66.500	110.8
帽　　子	50—60CM	顶	13.662	14.195	103.9
背　　心	95CM	件	3.935	5.922	150.5
棉毛衫	95CM	件	9.308	12.529	134.6
毛　　巾	印花	条	2.224	2.829	127.2
袜　　子	中号	双	2.917	3.760	128.9
T恤衫	中号	件	25.464	27.883	109.5
四、纺织品类					**115.7**
1、棉　　布					130.9
白　　布	幅宽90CM	米	3.185	4.392	137.9
色　　布	幅宽90CM	米	3.198	4.078	127.5
花　　布	幅宽90CM	米	3.367	3.960	117.6
灯芯绒	幅宽90CM	米	7.809	9.222	118.1
被单布	幅宽110CM	米	4.631	6.391	138.0
劳动布	幅宽90CM	米	14.300	14.300	100.0
2、棉花化纤混纺布					106.6
涤棉布	幅宽90CM	米	4.909	5.380	109.7
装饰布	幅宽150CM	米	23.725	24.033	101.3
3. 化纤布					119.9
涤纶弹力呢	幅宽144CM	米	17.519	22.196	126.7
人造棉布	幅宽144CM	米	10.903	10.380	95.2
4、呢　　绒					114.2
华达呢	幅宽144CM	米	60.047	69.775	116.2
粗花呢	幅宽144CM	米	38.860	44.300	114.0
麦尔登呢	幅宽144CM	米	61.639	64.228	104.2
毛涤花呢	幅宽144CM	米	51.134	60.083	117.5
5、绸　　缎					123.4
真丝绸	中上档	米	34.647	52.733	152.2
被　　面	中上档	条	59.920	66.511	111.0
织锦缎	中上档	米	17.610	19.283	109.5
美丽绸	中上档	米	11.283	14.656	129.9
丝　　绒	中上档	米	24.378	25.572	104.9
砂洗丝	中上档	米	35.010	47.333	135.2
麻　　纱	中上档	米	29.791	38.133	128.0
6、其他纺织品					107.9

零售价格指数(以上年同期为100)

类别及名称	规格等级牌号	计量单位	平均价格(元)		指 数
			基 期	报告期	
纯毛线	纯毛一级	千克	78.385	82.461	105.2
混纺毛线	一级品	千克	70.347	69.644	99.0
棉絮	梳棉一级品	千克	13.995	15.339	109.6
床单	一级品	条	41.763	50.575	121.1
毛毯	纯毛一级品	条	210.158	230.333	109.6
五、中、西药品类					**109.1**
1、中药					109.9
甘草	一级	千克	11.748	13.228	112.6
银花	一级	千克	90.082	99.000	109.9
菊花	一级	千克	43.137	44.000	102.0
陈皮	一级	千克	6.280	6.500	103.5
黄连	一级	千克	69.005	61.000	88.4
党参	一级	千克	43.710	41.000	93.8
当归	一级	千克	22.642	26.717	118.0
黄芪	一级	千克	19.149	18.000	94.0
牛黄解毒片	小瓶	瓶	0.606	0.610	100.7
银翘解毒丸	10丸	盒	2.568	3.164	123.2
板兰根冲剂	10袋	盒	3.327	3.400	102.2
霍香正气水	10ML	盒	2.276	3.357	147.5
滋补药品	人参蜂王浆	盒	5.519	5.640	102.2
人参	生晒一等	盒	184.077	230.833	125.4
鹿茸	片茸盒装	千克	3010.644	3724.167	123.7
2、西药					108.5
胃药	三九胃泰	片	9.890	10.315	104.3
感冒药	感冒冲剂12克	片	8.602	8.740	101.6
抗菌药针剂	青霉素针剂	支	0.444	0.578	130.1
抗菌药片剂	螺旋霉素	片	0.386	0.355	92.0
止泻药	痢特灵	片	0.018	0.021	117.6
外用药	风油精	瓶	0.740	0.740	100.0
心血管病用药	心可舒	片	7.275	7.530	103.5
3、医疗用品					107.2
体温计	口腔	支	1.857	2.000	107.7
医用胶布	小盒	盒	1.360	1.697	124.8
保键用品	中档	个	24.000	24.000	100.0
注射器	一次性用	支	0.720	0.720	100.0
血压计		支	89.035	95.000	106.7
六、化妆品类					**118.0**
面脂	中档	瓶	4.242	4.700	110.8

零售价格指数(以上年同期为100)

类别及名称	规格等级牌号	计量单位	平均价格(元)		指数
			基期	报告期	
香水	中档	瓶	7.599	9.051	119.1
洗发水	中档	瓶	6.752	8.143	120.6
发胶	中档	瓶	25.194	27.839	110.5
口红	中档	瓶	8.721	11.302	129.6
七、书报、杂志类					128.1
儿童读物	故事大王	本	0.612	0.650	106.2
中文工具书	现代汉语词典	本	18.532	25.000	134.9
外文工具书	英华大词典	本	51.400	51.400	100.0
课本	高中语文一年级	本	2.164	2.677	123.7
中央报纸	人民日报	张	0.125	0.200	160.0
地方报纸	吉林日报	张	0.300	0.400	133.3
杂志	读者	本	1.157	1.500	129.7
八、文化体育用品类					**110.4**
1、文化用品					112.8
纸张	图画纸	张	0.488	0.619	126.9
圆珠笔	钢笔式	支	4.314	5.103	118.3
墨水	蓝黑瓶装 57ML	瓶	0.663	0.963	145.2
笔记本	36 开 100 页	本	2.601	2.934	112.8
照相机	海鸥 135	台	534.000	534.000	100.0
电子琴	49 键	台	944.019	1 480.222	156.8
音响	落地中档	台	3 760.000	3 760.000	100.0
游戏机	中档	台	198.090	202.250	102.1
提琴	小提琴普级 4/4	台	189.112	185.708	98.2
胶卷	21 锭 36 张彩卷	卷	20.886	21.889	104.8
录音磁带	盒式空白磁带	盒	5.247	5.835	111.2
影集	12×9CM6 格	册	16.334	16.889	103.4
复印机	中档	台	27 000.000	27 000.000	100.0
2、体育用品					105.1
扑克	一级	副	1.803	2.538	140.8
象棋	木制 2 号凸型	副	6.898	6.939	100.6
蓝球	成人普通	个	78.325	77.933	99.5
儿童玩具	中档	件	99.541	95.958	96.4
健身器材	中档	套	2 251.518	2 348.333	104.3
九、日用品类					109.2
1、一般日用品					116.4
肥皂	一级品	条	1.089	1.356	124.5
香皂	一级品	块	0.790	1.250	158.3
洗涤剂	500ML	瓶	2.682	2.883	107.5

零售价格指数(以上年同期为100)

类别及名称	规格等级牌号	计量单位	平均价格(元)		指数
			基期	报告期	
洗衣粉	500克袋装	袋	2.123	2.463	116.0
卫生纸	一级品	卷	1.542	1.695	109.9
自行车	66CM一级品	辆	344.953	375.999	109.0
钟	中档石英挂钟	个	55.471	54.417	98.1
表	一级品	只	383.000	383.000	100.0
电池	一号	个	0.657	0.765	116.5
日光灯管	220V40W一级品	个	6.763	8.292	122.6
塑料盒	40CM	个	8.295	9.025	108.8
搪瓷面盆	40CM一级品	个	11.068	15.850	143.2
玻璃杯	印花玻璃杯一级品	个	1.060	1.580	149.1
暖水瓶	花铝肩5磅一级品	个	17.340	20.756	119.7
铝锅	24CM一级品	个	19.625	25.395	129.4
高压锅	24CM一级品	个	82.073	92.825	113.1
牙膏	一级品	支	1.336	1.538	115.1
2、家具类					102.1
皮箱	造革75CM一级品	个	120.960	131.000	108.3
组合家具	4件组	套	3038.000	3038.000	100.0
写字台	120×60×78一级	张	252.174	261.000	103.5
沙发	三人	个	340.000	340.000	100.0
椅子	电镀拉簧软折椅	把	66.604	70.600	106.0
茶几	110×42钢木	个	114.000	114.000	100.0
文件柜	长铁柜	个	708.000	708.000	100.0
保险柜	落地式金柜	个	1080.000	1080.000	100.0
3、日用杂品					107.0
碗	彩花16CM一级品	个	1.180	1.180	100.0
铁锅	家用炒菜锅正品	口	13.850	15.083	108.9
刀	中号正品	把	6.503	8.350	128.4
凉席	双人席甲级	领	15.715	16.375	104.2
日用五金	8寸钳子	件	5.432	7.475	137.6
油漆	普通0.5千克装	瓶	11.928	12.000	100.6
小苏打		千克	2.149	2.018	93.9
十、家用电器类					**101.4**
收音机	6管波段袖珍	台	28.986	29.450	101.6
彩色电视机	54CM	台	2849.435	2860.833	100.4
黑白电视机	45CM	台	656.000	656.000	100.0
收录机	双卡四喇叭	台	628.000	628.000	100.0
录放像机	彩色大1/2	台	3150.000	3150.000	100.0
摄像机	中档	台	11300.000	10950.000	96.9
洗衣机	全自动单缸一级品	台	1810.106	1922.333	106.2
电风扇	400MM落地扇一级品	台	325.261	344.777	106.0
电冰箱	双门200—300升	台	2176.360	2320.000	106.6
电冰柜	200升左右卧式	台	2330.000	2330.000	100.0

零售价格指数（以上年同期为100）

类别及名称	规格等级牌号	计量单位	平均价格（元）		指数
			基期	报告期	
吸尘器	卧式脚轮移动式	台	412.901	420.333	101.8
电熨斗	500W 自动调温	台	35.797	45.033	125.8
抽排油烟机	双孔	台	333.000	333.000	100.0
电烤箱	中档	台	896.000	896.000	100.0
换气扇	中档	个	89.134	88.867	99.7
空调器	中档	台	6 800.000	6 800.000	100.0
淋浴热水器	燃气热水器	台	348.000	348.000	100.0
电吹风	500W	台	56.300	56.300	100.0
十一、首饰类					**122.4**
金饰品	24K	克	117.408	146.055	124.4
银饰品	手镯	件	170.000	170.000	100.0
十二、燃料类					**113.5**
原煤	民用	百千克	15.826	20.700	130.8
蜂窝煤	一级	百千克	14.300	14.300	100.0
汽油	70#车用汽油	千克	2.629	2.986	113.6
煤油	灯用煤油	千克	1.222	1.500	123.0
液化石油气		千克	1.759	1.784	101.4
十三、建筑装璜材料类					**114.3**
砖	普通建筑用砖	块	0.149	0.150	100.9
水泥	500号	袋	18.371	18.169	98.9
木材	板材	立方米	1194.399	1450.000	121.4
玻璃	3MM	立方米	14.236	21.667	152.2
白灰	熟25千克	袋	3.850	3.850	100.0
胶合板	三合板	张	40.018	44.500	111.2
地板砖		块	2.699	2.783	103.1
地毯	幅宽2米	米	1274.900	1280.000	100.4
壁纸	幅宽3米	米	4.141	4.220	101.9
商品房	民用住宅混合价	平方米	1108.592	1466.667	132.3
十四、机电产品类					**99.1**
传真机	60路报纸传真机	台	20000.000	20000.000	100.0
电话机	HA998IIP	部	158.000	158.000	100.0
BP机	数字级	部	1250.472	1104.167	88.3
计算机	32位微机GWJ386	部	27 000.000	27 000.000	100.0
打印机	24针136列	台	5 997.552	4 900.000	81.7
电度表	三相电度表DX8	个	83.098	82.350	99.1
游标卡尺	150MM	把	127.242	127.242	100.0
案秤	5～10公斤	台	112.000	112.000	100.0
轿车	捷达	辆	195 073.714	180 833.333	92.7
客车	中档	辆	135 048.772	133 833.333	99.1
面包车	中档	辆	68 000.000	68 000.000	100.0
摩托车	AX－100	辆	8 103.651	9173.333	113.2
货车		辆	97 968.936	109 333.333	111.6

城市住户基本情况

	单位	数量		单位	数量
调查户数	户	300	9.写字台	张	186
人口情况(按月平均)	—	—	10.摩托车	辆	10
一、家庭人口数	人	987.4	11.自行车	辆	507
(一)有收入者人数	人	708.7	12.家用三轮车	辆	6
1.就业人口数	人	564.2	13.缝纫机	台	171
(1)全民所有制职工人数	人	446.1	14.洗衣机	台	275
(2)集体所有制职工人数	人	90.8	15.电风扇	台	178
(3)其他所有制职工人数	人	3.2	16.电冰箱	台	205
(4)个体经营者人数	人	5.3	17.冰柜	台	7
(5)个体被雇者人数	人	4.9	18.彩色电视机	台	290
(6)离退休再就业者人数	人	5.8	19.黑白电视机	台	92
(7)其他就业者人数	人	8.0	20.录放像机	台	60
2.离退休者人数	人	143.4	21.游戏机	台	70
3.其他有收入者人数	人	1.1	22.组合音响	套	25
(二)无收入者人数	人	278.8	23.立体声收录机	台	92
二、期末家庭人口数	人	985.0	24.普通收录机	台	142
附:非家庭人口用饭人数	人	25.2	25.照相机	架	112
期末主要消费品拥有量:	—	—	26.钢琴	架	4
1.毛皮大衣	件	123	27.其他中高档乐器	件	22
2.呢大衣	件	680	28.家用冷暖风机	台	—
3.毛毯	条	337	29.空调器	台	—
4.地毯	平方米	240	30.电炊具	台	161
5.组合家俱	套	133	31.淋浴热水器	台	90
6.沙发床	个	131	32.脱排油烟机	台	200
7.沙发	个	358	33.吸尘器	台	66
8.大衣柜	个	205			

城市住户现金收支情况

	单位	数量		单位	数量
现金收支情况：		—	(6)记帐补贴	元	10 782
一、期初手存现金	元	159 798	(7)出售财物收入	元	1 385
二、可支配收入	元	2 721 420	(8)其他	元	3 475
三、现金收入	元	3 093 183	12.家庭副业生产收入	元	—
(一)实际收入	元	2 721 420	(二)储蓄借贷收入	元	371 763
其中：生活费收入	元	2 547 659	1.提取储蓄存款	元	318 206
1.全民所有制职工工资	元	1 678 065	2.提取储金会款	元	240
(1)计时工资	元	1 090 855	3.借入款	元	46 538
(2)计件工资	元	52 377	4.收回借出款	元	955
(3)奖金	元	217 036	5.收回储蓄性保险本金	元	—
(4)津贴和补贴	元	308 045	6.兑售有价证券	元	1 420
(5)加班加点工资	元	8 622	7.赊购	元	—
(6)特殊情况下的工资	元	1 130	8.购买房屋贷款	元	—
2.集体所有制职工工资	元	218 748	9.其他借贷收入	元	4 404
(1)计时工资	元	166 516	四、现金支出	元	2 856 386
(2)计件工资	元	1 203	(一)实际支出	元	2 548 290
(3)奖金	元	15 722	1.消费性收入	元	2 357 782
(4)津贴和补贴	元	33 393	2.非消费性支出	元	190 509
(5)加班加点工资	元	694	(1)贷款利息	元	220
(6)特殊情况下的工资	元	1 220	(2)个人所得税	元	—
3.其他所有制职工收入	元	18 425	(3)其他种种税金	元	168
其中：奖金	元	527	(4)各种非储蓄性保险支出	元	1 384
4.从单位得到的其他收入	元	170 195	(5)赡养支出	元	16 417
5.个体经营者的净收益	元	26 550	(6)赠送支出	元	139 902
6.个体被雇者收入	元	21 828	(7)购房与建房支出	元	20 978
7.离退休再就业者收入	元	15 856	(8)其他非消费支出	元	11 440
8.其他就业者收入	元	9 473	3.家庭副业生产支出	元	—
9.其他劳动收入	元	23 705	(二)储蓄借贷支出	元	308 095
10.财产性收入	元	19 342	1.存入储蓄款	元	264 374
(1)利息	元	11 155	2.存入储金会款	元	196
(2)红利	元	3 986	3.归还借款	元	12 952
(3)其他租金收入	元	4 200	4.借出款	元	1 080
11.转移性收入	元	519 233	5.储蓄性保险支出	元	1 093
(1)离退休金	元	469 166	6.购买有价证券	元	10 642
(2)价格补贴	元	—	7.预购	元	—
(3)赡养收入	元	1 390	8.归还购买住房贷款	元	—
(4)赠送收入	元	26 374	9.其他借贷支出	元	17 758
(5)亲友搭伙费	元	6 660	五、期末手存现金	元	396 595

城市住户消费支出情况(一)

项　　目	数量单位	合　计		其中:在集市购买	
		数　量	金额(元)	数　量	金额(元)
一、食　　品	—	—	**1 224 109**	—	**1 001 914**
(一)粮　　食	公斤	89 872	192 571	75 015	158 655
1.细　　粮	公斤	87 133	187 411	72 473	153 822
(1)大　　米	公斤	56 574	109 021	53 420	103 733
(2)糯　　米	公斤	411	732	393	698
(3)普通或标准粉	公斤	406	763	240	432
(4)富 强 粉	公斤	17 723	35 077	9 685	19 176
(5)面　　包	公斤	1 004	4 637	560	2530
(6)馒头、大饼等	公斤	3 192	9 229	2 782	8 093
(7)其他细粮及制品	公斤	7 823	27 952	5 394	19 159
2.粗　　粮	公斤	2 739	5 160	2 542	4 834
(1)粗　　粮	公斤	1 591	3 136	1 546	3 047
(2)粗粮制品	公斤	1 147	2 024	996	1 787
(二)淀粉及薯类	公斤	20 176	25 606	19 947	24 738
1.马 铃 薯	公斤	16 196	16 061	16 166	16 024
2.红　　薯	公斤	2 233	2 522	2 212	2 495
3.其他薯类	公斤	—	—	—	—
4.各类淀粉及制品	公斤	1 747	7 022	1 569	6 219
(三)干豆类及制品	—	—	36 145	—	32 814
1.大　　豆	公斤	183	433	169	401
2.杂　　豆	公斤	729	2 503	704	2 413
3.豆　　腐	公斤	3 177	9 513	2 975	8 901
4.其他豆制品	—	—	23 697	—	21 100
(四)油 脂 类	公斤	7 276	52 758	5 662	41 537
1.花 生 油	公斤	—	—	—	—
2.菜 籽 油	公斤	—	—	—	—
3.芝 麻 油	公斤	61	1 219	46	942
4.豆　　油	公斤	7 122	50 893	5 522	39 949
5.卫 生 油	公斤	—	—	—	—
6.其他植物油	公斤	9	89	9	89
7.动 物 油	公斤	84	558	84	558
(五)肉禽及制品	—	—	272 465	—	243 624
1.猪　　肉	公斤	12 632	131 568	12 010	125 545
2.牛　　肉	公斤	2 859	33 612	2 714	32 101
3.羊　　肉	公斤	663	8 559	634	8 186
4.其他肉及制品	公斤	2 069	26 769	1 179	15 007
5.白 条 鸡	公斤	2 713	24 792	2 479	22 436
6.活　　鸡	公斤	134	978	134	978

城市住户消费支出情况(一)

项目	数量单位	合计		其中:在集市购买	
		数量	金额(元)	数量	金额(元)
7.活鸭	公斤	2	10	2	10
8.其他禽及制品	公斤	42	277	40	253
9.其他	—	—	45 901	—	39 108
(六)蛋类	公斤	9 112	54 017	9 020	53 426
1.鸡蛋	公斤	8 402	49 481	8 346	49 181
2.鸭蛋	公斤	556	3 325	552	3 304
3.其他蛋及制品	公斤	154	1212	122	941
(七)水产品类	—	—	52 282	—	47 438
1.黄花鱼	公斤	182	1 850	147	1 470
2.带鱼	公斤	1 809	14 213	1 632	12 843
3.草鱼	公斤	15	104	11	79
4.鲤鱼	公斤	1 030	9 298	1 001	9 038
5.鲢鱼	公斤	72	428	67	388
6.鲫鱼	公斤	88	601	79	523
7.其他鱼及制品	公斤	2 729	17 305	2 641	16 578
8.虾类	公斤	269	3 787	215	2 639
9.其他水产品	—	—	4 698	—	3 879
(八)菜类	公斤	134 182	173 665	132 678	169 074
1.鲜菜	公斤	133 134	164 057	131 762	160 444
(1)白菜	公斤	48 010	20 910	47 909	20 828
(2)洋白菜	公斤	3 343	3 586	3 286	3 513
(3)菠菜	公斤	1 929	2 689	1 847	2 561
(4)油菜	公斤	1 242	2 145	1 203	2053
(5)芹菜	公斤	2 537	4 740	2 467	4 597
(6)韭菜	公斤	1 954	4 653	1 890	4 475
(7)空心菜	公斤	—	—	—	—
(8)大葱	公斤	10 468	7 360	10 445	7 301
(9)菜花	公斤	671	1 670	656	1 628
(10)萝卜	公斤	4 346	2 088	4 327	2 072
(11)胡萝卜	公斤	1 015	992	1 013	990
(12)葱头	公斤	696	1 336	673	1 292
(13)生姜	公斤	294	958	281	904
(14)莴笋	公斤	17	25	17	25
(15)蒜台	公斤	1 545	6 350	1 479	6 048
(16)蒜头	公斤	1 233	2 238	1 220	2 196
(17)黄瓜	公斤	11 932	20 786	11 755	20 295
(18)冬瓜	公斤	107	114	107	114
(19)丝瓜	公斤	—	—	—	—

城市住户消费支出情况(一)

项目	数量单位	合计		其中:在集市购买	
		数量	金额(元)	数量	金额(元)
(20)西红柿	公斤	9 425	20 114	9 293	19 674
(21)茄子	公斤	7 736	12 682	7 664	12 453
(22)青椒	公斤	3 286	8 280	3 222	8 015
(23)豆角	公斤	12 181	24 458	12 072	24 093
(24)莲藕	公斤	—	—	—	—
(25)豆芽菜	公斤	1 769	2 186	1 651	2 050
(26)其他鲜菜	公斤	7 400	13 695	7 285	13 268
2.干菜	公斤	299	6 596	270	6 060
(1)黄花菜	公斤	37	360	31	292
(2)黑木耳	公斤	84	4 170	77	3 870
(3)香菇	公斤	2	70	2	52
(4)其他干菜	公斤	176	1 997	160	1 847
3.菜制品	公斤	749	3 012	646	2 569
(九)调味品	—	—	20 477	—	9 530
(十)糖类	—	—	12 078	—	5 327
1.食糖	公斤	1 170	5 570	579	2 747
2.糖果	公斤	409	5 660	159	2 164
3.糖类小食品	—	—	849	—	416
(十一)烟草类	—	—	39 073	—	20 034
1.卷烟	盒	24 091	38 935	12 207	19 913
2.烟叶	公斤	18	138	15	121
(十二)酒和饮料	—	—	64 923	—	27 043
1.白酒	公斤	3 014	17 547	1 715	7 971
2.果酒	公斤	147	870	52	294
3.啤酒	公斤	11 724	27 227	4 676	11 169
4.其他酒	公斤	57	231	36	135
5.汽水、可乐	公斤	4 808	12 886	1 983	5 207
6.茶叶	公斤	51	2 303	22	799
7.咖啡、可可粉	公斤	18	764	3	105
8.其他饮料	—	—	3 096	—	1 364
(十三)干鲜瓜果类	公斤	44 952	96 334	43 462	91 921
1.苹果	公斤	7 155	17 454	6 758	16 493
2.桔子	公斤	5 211	14 233	4 639	12 833
3.柑橙	公斤	280	963	270	915
4.桃子	公斤	3 569	8 932	3 559	8 908
5.梨	公斤	2 712	7 368	2 564	7 047
6.香蕉	公斤	2 355	10 425	2 255	9 975
7.葡萄	公斤	1 569	5 088	1 562	5 066

城市住户消费支出情况(二)

项目	数量单位	合计		其中:在集市购买	
		数量	金额(元)	数量	金额(元)
8.西瓜	公斤	14 303	14 726	14 279	14 665
9.其他瓜果及制品	公斤	7 495	15 344	7 315	14 446
10.各种干果	公斤	304	1803	260	1573
(十四)坚果及果仁	公斤	2 453	13 591	2 271	12 484
1.坚果和果仁	公斤	2 434	13 338	2 255	12 317
2.坚果和果仁制品	公斤	20	253	15	167
(十五)糕点类	公斤	2 770	23 307	1 129	8 237
(十六)奶及奶制品	—	—	22 659	—	14 517
1.鲜乳品	公斤	5 878	12 665	4 570	9 965
2.奶粉	公斤	326	5 271	157	2 571
3.酸奶	公斤	44	377	15	101
4.其他奶制品	—	—	4 345	—	1 881
(十七)其他食品	—	—	25 965	—	18 638
(十八)在外用餐	—	—	46 105	—	22 810
1.购单位食堂主食	公斤	543	2 008	—	—
2.购自饮食业主食	公斤	2 583	12 611	1 522	7 584
3.购自单位食堂副食	—	—	2 721	—	
4.购自饮食业副食	—	—	28 765	—	15 226
(十九)食品加工费	—	—	87	—	66

城市住户消费支出情况

项目	单位	数量	金额(元)	项目	单位	数量	金额(元)
二、衣着支出	—	—	**367 067**	毛线衣	件	134	15 069
(一)服装	件	4 180	222 088	衬衫	件	221	8 993
1.男士服装	件	1 279	87 682	裤子	件	203	11 920
毛皮大衣	件	5	6 110	其他男士服装	件	517	14 474
呢大衣	件	10	2 215	2.女士服装	件	2 260	119 421
风雨衣	件	9	1 312	毛皮大衣	件	6	5 410
西服	件	55	8 934	呢大衣	件	20	3 368
中山装	件	—	—	风雨衣	件	25	3 608
茄克衫	件	98	12 060	西服	件	33	4 467
羽绒衣	件	27	6 596	茄克衫	件	42	4567

城市住户消费支出情况

项目	单位	数量	金额(元)	项目	单位	数量	金额(元)
羽绒衣	件	21	5 039	2.住房装饰	—	—	10 474
毛线衣	件	302	30 632	地毯	平方米	—	—
衬衫	件	199	10 742	地板革	平方米	70	1 493
连衣裙	件	74	9 430	其他	—	—	8 981
单裙	件	70	4 524	家庭设备	—	—	42 686
裤子	件	234	14 825	缝纫机	台	2	507
其他女士服装	件	1 234	22 809	洗衣机	台	4	3 310
3.各式童装	件	641	14 984	电风扇	台	15	3 574
(二)衣着材料	—	—	42 627	电冰箱	台	9	20 728
1.棉布	米	607	2 892	冰柜	台	—	—
2.棉化纤混纺布	米	102	925	家用冷暖风机	台	—	—
3.化纤布	米	467	7 939	空调器	台	—	—
4.呢绒	米	123	8 354	电炊具	台	10	1 652
5.绸缎	米	219	5 107	淋浴热水器	台	7	3 177
6.毛线	公斤	230	12 964	脱排油烟机	台	8	2 792
7.其他	—	—	4 445	排风扇	台	—	—
(三)鞋袜帽及其他	—	—	94 007	吸尘器	台	—	—
1.鞋类	双	2 187	82 743	钟	个	9	275
皮鞋	双	781	63 092	其他	—	—	6 671
旅游鞋	双	107	4 885	(二)室内装饰品	—	—	9 321
布鞋	双	434	4 976	1.纺织装饰品	—	—	6 449
雨鞋	双	4	63	2.装饰灯具	—	—	1 520
凉鞋	双	96	3 049	3.其他装饰品	—	—	1 353
拖鞋	双	361	1 622	(三)床上用品	—	—	7 527
其他鞋	双	404	5 056	1.毛毯	条	—	—
2.各种袜子	双	1 525	4 942	2.床罩	条	40	1 799
3.各种帽子	顶	78	1 027	3.其他	—	—	5 729
4.其他衣着	—	—	5296	(四)家庭日用杂品	—	—	45 674
(四)衣着加工费	—	—	8 345	1.厨、餐、茶、具	—	—	5 651
三、设备用品及服务	—	—	**143 612**	2.家用工具	—	—	195
(一)耐用消费品	—	—	72 419	3.肥皂	块	4 954	3 098
1.家具	—	—	19 259	4.洗衣粉	公斤	1 049	4 826
组合家具	套	3	6 184	5.其他日用杂品	—	—	31 904
沙发床	个	4	1 950	(五)家具材料	—	—	176
沙发	个	5	950	(六)家庭服务	—	—	8 494
大衣柜	个	—	—	1.保姆费	—	—	—
写字台	张	1	200	2.加工维修服务费	—	—	8 494
其他家具	—	—	—	**四、医疗保健**	—	—	**78 678**

城市住户消费支出情况

项目	单位	数量	金额(元)	项目	单位	数量	金额(元)
(一)医疗器具	—	—	76	9.照相机	架	1	110
(二)保健用品	—	—	1 459	10.照相器材	—	—	—
(三)医药费	—	—	60 542	11.钢琴	架	1	11 500
(四)补药品	—	—	3 054	12.其他高档乐器	件	1	165
(五)医疗保健服务	—	—	12 485	13.其他	—	—	1 352
(六)其他	—	—	1063	14.修理服务	—	—	1 357
五、交通和通讯	—	—	**93 598**	(二)教育	—	—	104 440
(一)交通	—	—	43 758	1.教材及参考书	—	—	6 684
1.家庭交通工具	—	—	7 976	2.学杂费	—	—	72 537
摩托车	辆	—	—	3.托幼费	—	—	11 988
自行车	辆	18	7 976	4.成人教育	—	—	10 688
三轮车	辆	—	—	5.其他	—	—	2 544
其他	—	—	—	(三)文化娱乐	—	—	41 706
2.燃料充电费	—	—	—	1.文娱用品	—	—	17 608
3.交通费	—	—	33 848	2.书报杂志	—	—	11 695
出租汽车费	—	—	11 825	3.文娱费	—	—	12 402
其他交通费	—	—	22 023	**七、居住**	—	—	**191 896**
4.维修服务费	—	—	1 933	(一)住房	—	—	66 798
零配件	—	—	886	1.建筑材料	—	—	18 577
服务费	—	—	1 048	2.房租	—	—	40 728
(二)通讯	—	—	49 840	3.维修服务费	—	—	7 494
1.通讯工具	—	—	2 841	(二)水电燃料其他	—	—	125 097
电话	部	—	2 841	1.水费	吨	20 506	10 176
BB机	部	—	—	2.电费	度	183 758	50 589
其他	—	—	—	3.燃料	—	—	64 315
2.电讯费	—	—	15 036	煤炭	公斤	11 903	2 786
3.邮费	—	—	2452	液化石油气	公斤	5 972	10 667
4.其他	—	—	29512	管道煤气	立方米	78 093	50 633
六、娱乐文教服务	—	—	**193 950**	其他	—	—	198
(一)耐用消费品	—	—	47 804	4.其他	—	—	18
1.彩色电视机	台	7	24 650	**八、杂项商品和服务**	—	—	**64 872**
2.黑白电视机	台	—	—	(一)个人消费	—	—	59 283
3.录放像机	台	1	2 050	1.个人用品	—	—	35 264
4.游戏机	台	4	410	金银珠宝饰品	—	—	11 907
5.组合音响	套	3	3 528	其中:纯金饰品	—	—	9 421
6.立体声收录机	台	3	1 060	手表	只	48	4 003
7.普通收录机	台	8	1 363	纸张文具	—	—	6 210
8.收音机	台	6	258	其他日用品	—	—	13 144

城市住户消费支出情况

项目	单位	数量	金额(元)	项目	单位	数量	金额(元)
2.理发、美容用品	—	—	9 220	伙食费	—	—	780
理发、美容用品	—	—	104	其他	—	—	2 885
美容化妆品	—	—	9 115	4.服务费	—	—	8 521
其他	—	—	—	理发、洗澡费用	—	—	4 779
3.旅游	—	—	6 278	美容费	—	—	700
火车费	—	—	2 074	其他	—	—	3 043
其他交通费	—	—	248	(二)其他商品	—	—	3 428
住宿费	—	—	791	(三)其他服务	—	—	2160

城市住户居住情况

	调查户数(户)	家庭常住人口数(人)		调查户数(户)	家庭常住人口数(人)
总计	**300**	**985**	空调设备	—	—
一、按居位面积分	300	985	暖气	286	942
无房户	—	—	火炕、火炉、火盆等	14	43
4平方米以下	29	97	六、按厨房使用情况分	300	985
4—6平方米	72	254	无厨房	—	—
6—8平方米	98	337	独用厨房	271	899
8—10平方米	45	150	公用厨房	29	86
10—12平方米	20	61	七、按燃料使用情况分	300	985
12—14平方米	14	38	管道煤气	232	761
14平方米以上	22	48	液化石油气	59	194
二、按房屋产权分	300	985	煤	9	30
公房	296	974	其他	—	—
租赁私房	3	9	八、按电话拥有情况	300	985
自有房	1	2	无电话	219	713
其他	—	—	公费电话	34	122
三、按自来水使用情况分	300	985	自费电话	47	150
无自来水	—	—	公用电话	—	—
独用自来水	271	896	九、按住宅建筑式样分	300	985
公用自来水	29	89	1.家庭单栋配套楼房	—	—
四、按卫生设备拥有情况分	300	985	2.单元式配套住宅	248	816
无卫生设备	46	150	一居室	46	131
有浴室厕所	4	12	二居室	130	436
有厕所无浴室	220	733	三居室	66	226
公用卫生设备	30	90	四居室及以上	6	23
五、按取暖设备拥有情况分	300	985	3.普通楼房	14	45
无取暖设备	—	—	4.其他住宅	38	124

农村人口状况

(农村住户抽样调查资料)

	合计	榆树市	农安县	德惠市	双阳县
调查户数(户)	320	80	80	80	80
一、常住人口	1348	342	353	333	320
#1.整半劳动力	879	219	209	237	214
2.学龄前人数	39	9	9	13	8
3.6—11岁人口	118	20	40	26	32
4.12—14岁人口	74	22	22	15	15
5.15—17岁人口	95	28	27	19	21
二、常住人口中职工人数	16	6	—	2	8
三、乡镇企业从业人员	8	—	2	1	5
四、常住人口中外出劳动人数	18	—	—	10	8
五、劳动力文化程度					
1.文盲或半文盲人数	44	15	8	16	5
2.小学程度人数	333	67	82	113	71
3.初中程度人数	425	108	97	98	122
4.高中程度人数	66	25	21	8	12
5.中专程度人数	9	3	1	2	3
6.大专以上人数	2	1	—	—	1

农村生产性固定资产及耕地、山地、水面情况

（农村住户抽样调查资料）

	单位	合计	榆树市	农安县	德惠市	双阳县
一、年末生产性固定资产原值	元	**899 153**	**209 083**	**232 475**	**179 341**	**278 254**
1.役畜、产品畜	元	363 346	43 416	86 140	90 340	143 450
2.大中型铁木农具	元	28 301	221	9 385	9 840	8 855
3.农林牧渔业机械	元	151 065	62 665	8 550	48 751	31 099
4.工业机械	元	4 971	971	4 000	—	—
5.运输机械	元	109 203	29 513	42 940	4 000	32 750
6.生产用房	元	219 110	69 200	81 310	6 500	62 100
7.其他生产用固定资产	元	23 157	3 097	150	19 910	—
二、年末拥有主要固定资产						
1.大中型拖拉机	台	3	—	—	1	2
2.小型和手扶拖拉机	台	29.1	9.3	4.3	9.0	6.5
3.机动脱粒机	台	9.8	1.3	2.0	4.0	2.5
4.胶轮大车	辆	160.9	32.2	51.2	38.0	39.5
5.胶轮手推车	辆	33.6	1.0	12.6	18.0	2.0
6.抽水机	台	12.5	2.0	—	9.0	1.5
7.水泵	台	59.6	25.6	1.0	26.0	7.0
8.役畜	头	246.2	43.5	68.7	74.0	60.0
9.产品畜	头	92.5	11.0	10.5	25.0	46.0
三、经营耕地、山地、水面情况						
(一)经营耕地面积	亩	7 054.93	1 645.82	1 835.4	1 912.51	1 661.20
#承包耕地面积	亩	6 642.37	1 512.49	1 755.70	1 784.08	1 590.10
自留地面积	亩	396.06	118.33	79.70	128.43	69.60
(二)经营山地面积	亩	—	—	—	—	—
(三)经营水面面积	亩	—	—	—	—	—

农村住房情况

（农村住户抽样调查资料）

	单位	合计	榆树市	农安县	德惠市	双阳县
1.年内新建房屋间数	间	4	—	—	4	—
2.年内新建房屋面积	平方米	90	—	—	90	—
#砖木结构面积	平方米	90	—	—	90	—
3.年内新建房屋价值	元	12 000	—	—	12 000	—
4.新建房屋占耕地面积	亩	—	—	—	—	—
5.新建生活用房面积	平方米	90	—	—	90	—
6.购买集体统建房屋间数	间	61 409	61 404	—	5	—
7.购买集体统建房屋面积	平方米	—	—	—	—	—
8.购买集体统建房屋价值	元	6 317	6 242	—	75	—
9.年末住房间数	间	2 999	223	2 285	277	214
10.年末住房面积	平方米	20 316	4 412	4 852	5 994	5 058
#砖木结构面积	平方米	14 046	2 918	3 606	4 878	2 644
钢筋混凝土结构面积	平方米	309	50	90	169	—
11.年末住房价值	元	2 272 516	417 615	444 921	773 000	636 980

农林牧渔业主要产品产量

（农村住户抽样调查资料）　　单位：公斤

	合计	榆树市	农安县	德惠市	双阳县
1.粮食总产量	2 930 297	690 082	810 601	673 513	756 101
2.油料总产量	7 395	110	7 185	—	100
3.烟叶总产量	1 100	—	1 100	—	—
4.蔬菜总产量	378 119	105 927	69 761	135 994	66 437
5.果用瓜总产量	48 300	8 700	800	22 700	16 100
6.水果总产量	2 390	100	10	900	1 380
7.出售和自宰猪肉产量	25 682	8 589	11 176	2 359	3 558
8.出售和自宰家禽产量	4 334	1 875	1 481	536	442
9.禽蛋产量	22 765	17 397	1 705	1 612	2 051
10.羊毛产量	180	—	180	—	—
11.蜂蜜产量	—	—	—	—	—

农村出售产品情况

（农村住户抽样调查资料）

	单位	合计	榆树市	农安县	德惠市	双阳县
1.粮食	公斤	1 857 725	373 295	570 019	390 567	523 844
金额	元	1 402 679	278 364	354 975	301 851	467 489
#稻谷	公斤	176 126	36 314	—	28 363	111 449
金额	元	230 622	35 774	—	39 837	155 011
玉米	公斤	1 535 245	276 167	565 601	319 590	373 887
金额	元	980 864	174 059	347 575	208 279	250 951
2.油料	公斤	1 272	12	250	910	100
金额	元	2 592	28	605	1 419	540
3.糖料	公斤	—	—	—	—	—
金额	元	—	—	—	—	—
4.烟叶	公斤	—	—	—	—	—
金额	元	—	—	—	—	—
5.蔬菜	公斤	61 641	48 534	370	12 002	735
金额	元	25 760	19 590	230	4 769	1 171
6.果用瓜	公斤	30 565	7 865	—	7 700	15 000
金额	元	6 659	3 104	—	2 450	1 105
7.水果	公斤	743	67	—	350	326
金额	元	1 108	83	—	350	675
8.木材	立方米	11.2	—	—	—	11.2
金额	元	2 270	—	—	—	2 270
9.出售畜禽的金额	元	162 618	72 741	45 191	12 760	31 926
#肉猪	头	1 408	78	86	15	1 229
金额	元	126 508	56 276	42 418	6 818	20 996
肉牛	头	17	5	—	6	6
金额	元	11 880	3 200	—	3 180	5 500
菜羊	只	—	—	—	—	—
金额	元	—	—	—	—	—
家禽	只	1 371	978	255	28	110
金额	元	13 777	8 479	2 773	627	1 898
10.猪肉	公斤	675	615	—	—	60
金额	元	4 410	3 945	—	—	465
11.蛋类	公斤	16 994	15 404	1131	243	216
金额	元	71 325	62 288	6 330	1 502	1 205
12.羊毛	公斤	180	—	180	—	—
金额	元	1 368	—	1 368	—	—

农村粮食收、支、存情况

（农村住户抽样调查资料）

单位:公斤

	合计	榆树市	农安县	德惠市	双阳县
一、年初粮食结存	**1 703 402**	**101 360**	**1 025 785**	**342 465**	**233 792**
二、年内粮食收入合计	**3 082 892**	**761 500**	**843 538**	**700 903**	**776 951**
1.从集体统一经营中得到的	—	—	—	—	—
2.家庭经营生产的	2 930 297	690 082	810 601	673 513	756 101
3.购　　入	152 595	71 418	32 937	27 390	20 850
#从集市上购入	57 069	15 609	18 244	11 529	11 687
三、年内粮食支出合计	**2 725 869**	**632 457**	**789 969**	**562 713**	**740 730**
1.主食用粮	401 248	87 959	104 247	119 048	89 994
#稻　　谷	157 216	43 793	15 746	26 873	70 804
小　　麦	32 099	7 546	14 267	6 494	3 792
2.其他生活用粮	11 500	50	4 170	550	6 730
3.出　　售	1 857 725	373 295	570 019	390 567	523 844
#出售给国家的	893 173	192 556	154 639	199 615	346 363
#稻　　谷	86 729	2 657	—	13 976	70 096
4.种　　籽	21 343	6 000	4 333	4 248	6 762
5.饲　　料	388 053	119 153	107 200	48 300	113 400
6.借　　出	20 500	20 500	—	—	—
7.归还借粮	25 500	25 500	—	—	—
四、年末粮食结存	**2 060 425**	**230 403**	**1 079 354**	**480 655**	**270 013**
#口　　粮	370 446	42 892	170 063	119 118	38 373
饲　　料	300 706	29 969	194 664	38 537	37 536
种　　籽	17 475	3 187	7 814	4 089	2 385

农村总收入和纯收入(一)

(农村住户抽样调查资料)　　单位:元

	合　计	榆树市	农安县	德惠市	双阳县
一、全 年 总 收 入	**2 904 008**	**765 163**	**713 476**	**657 167**	**768 202**
(一)基　本　收　入	2 826 758	744 607	692 443	635 944	753 764
1.劳动者报酬收入	101 123	46 047	1295	18 630	35 151
(1)在集体组织中劳动的报酬	47 919	27 335	195	3 290	17 099
(2)在企业劳动得到的报酬	46 927	13 235	1 100	15 340	17 252
在集体企业劳动得到的	6 780	379	—	—	6 401
从第一产业得到的	404	—	—	—	404
从第二产业得到的	5 141	—	—	—	5 141
从第三产业得到的	1 235	379	—	—	856
在个体企业劳动得到的	4 450	800	1 100	—	2 550
从第一产业得到的	500	—	—	—	500
从第二产业得到的	2 800	—	750	—	2 050
从第三产业得到的	1 150	800	350	—	—
在其他企业劳动得到的	35 697	12 056	—	15 340	8 301
从第一产业得到的	12 117	1 556	—	8 290	2 271
从第二产业得到的	9 330	950	—	4 320	4 060
从第三产业得到的	14 250	9 550	—	2 730	1 970
(3)在其他单位劳动得到的报酬	6 277	5 477	—	—	800
2.家庭经营收入	2 725 635	698 560	691 148	617 314	718 613
(1)种植业收入	2 360 290	527 602	601 289	575 460	655 939
#粮食收入	2 180 218	486 447	543 083	521 758	628 930
(2)林业收入	2 907	—	—	320	2 587
(3)牧业收入	273 692	144 028	62 979	23 587	43 098
(4)手工业收入	7 554	4 559	—	1 695	1 300
(5)采集捕猎收入	18	—	—	18	—
(6)工业收入	4 679	1 000	3 554	125	—
#粮食加工收入	4 679	1 000	3 554	125	—
(7)建筑业收入	6 665	—	515	6 150	—
(8)运输业收入	34 446	21354	1 348	4 201	7 543
(9)商业收入	6 913	—	6 100	20	793
(10)饮食业收入	4 000	—	—	4000	—
(11)服务业收入	3 063	—	646	1488	929
(12)其他家庭经营收入	21 390	—	14 716	250	6 424
(二)转移性收入	17 765	3 668	—	2 582	11 515
1.农村外部亲友赠送收入	240	—	—	220	20
2.调查补贴	7 805	2 844	—	2 241	2 720
3.保险赔款	—	—	—	—	—
4.奖励收入	520	520	—	—	—

农村总收入和纯收入(二)

(农村住户抽样调查资料)　　单位:元

	合　计	榆树市	农安县	德惠市	双阳县
5.土地征用补偿收入	439	—	—	—	439
6.其他转移性收入	8 657	200	—	121	8 336
(三)财 产 性 收 入	59 485	16 888	21 033	18 641	2 923
1.利　息　收　入	—	—	—	—	—
2.股　息　收　入	—	—	—	—	—
3.其他财产收入	55 750	13 153	21 033	18 641	2 923
二、全 年 纯 收 入	**1 752 160**	**459 074**	**453 492**	**445 859**	**393 735**
三、全年人均纯收入	**1 299.82**	**1 342.32**	**1 284.68**	**1 338.92**	**1 230.42**

农　村　总　支　出(一)

(农村住户抽样调查资料)　　单位:元

	合　计	榆树市	农安县	德惠市	双阳县
全 年 总 支 出	**2 220 371**	**605 584**	**503 489**	**473 584**	**637 714**
一、家庭经营费用支出	895 262	239 286	199 010	161 780	295 186
1.种植业生产支出	616 277	125 787	121 858	133 787	234 845
2.林业生产支出	534	—	425	9	100
3.牧业生产支出	252 215	979 31	73 229	27 390	53 665
4.渔业生产支出	4	—	—	—	4
5.手工业生产支出	7 004	5 683	566	15	740
6.工业生产支出	779	779	—	—	—
7.建　筑　业　支　出	230	150	20	60	—
8.运　输　业　支　出	16 500	8 956	2 010	—	5 534
客　运　支　出	2 345	2 345	—	—	—
货　运　支　出	14 155	6 611	2 010	—	5 534
9.商　业　支　出	299	—	207	—	92
10.服务业支出	1 217	—	695	507	15
11.其他经营支出	203	—	—	12	191
二、购置生产性固定资产支出	58 866	29 177	14 117	8 244	7 328
#大中型铁木农具	880	220	360	300	—
农林牧渔业机械	15 024	6 743	3 140	3 808	1 333

农村总支出(二)

(农村住户抽样调查资料)　　单位:元

	合计	榆树市	农安县	德惠市	双阳县
工业机械	—	—	—	—	—
运输机械	5 000	—	5 000	—	—
役畜、产品畜	27 248	18 220	—	3 996	5 032
三、缴纳税金	75 329	25 513	14 845	17 511	17 460
第一产业税金	67 686	17 964	14 823	17 461	17 438
第二产业税金	20	20	—	—	—
第三产业税金	7 623	7 529	22	50	22
四、上交集体承包任务	39 118	23 882	14 735	186	315
五、集体提留和摊派	74 394	630	15 893	17 635	40 236
六、生活消费支出	1 027 507	274 699	230 775	257 680	264 353
(一)食品	666 104	163 054	162 141	172 534	168 375
1.主食	337 523	75 239	87 626	98 718	75 940
2.副食	234 289	61 027	54 463	54 965	63 834
3.其他食品	78 767	19 454	16 261	17 154	25 898
4.在外饮食	9 247	5 498	696	1 022	2 031
5.食品加工费	6 278	1 836	3 095	675	672
(二)衣着	92 767	22 200	14 975	23 082	32 510
1.服装	40 102	9 600	6 159	8 977	15 366
2.衣着材料	18 685	4 965	4 439	5 381	3 900
3.鞋袜帽类	29 754	6 356	3 779	7 474	12 145
4.衣着加工修理费	868	243	142	314	169
5.其他	3 358	1 036	456	936	930
(三)居住	84 014	23 188	16 708	25 450	18 668
1.住房	24 145	8 042	770	10 578	4 755
2.电费	19 418	5 570	4 595	4 394	4 859
3.燃料	37 818	8 581	11 343	9 115	8 779
4.其他	2 633	995	—	1 363	275
(四)家庭设备、用品及服务	38 735	8 910	6 773	10 759	12 293
1.耐用消费品	9 057	1 863	1 405	2 170	3 619
2.室内装饰品	45	—	25	—	20
3.床上用品	1 681	593	119	384	585
4.家庭日用杂品	26 503	6 147	4 864	7 748	7 744
5.做家具材料	245	95	150	—	—
6.设备用品加工修理费	587	98	80	120	289

农 村 总 支 出(三)

(农村住户抽样调查资料)　　单位:元

	合　计	榆树市	农安县	德惠市	双阳县
7.其　　他	617	114	130	337	36
(五)医 疗 保 健	32 102	10 761	5 272	8 992	7 077
1.医疗卫生保健品	27 352	9 761	4 889	7 139	5 563
2.医疗保健服务费	4 429	999	383	1 852	1 195
3.医疗保健设备用品修理费	—	—	—	—	—
(六)交 通 和 通 讯	21 483	4 308	8 212	4 471	4 492
1.交 通 工 具	14 689	2 289	6 140	3 310	2 950
2.交　通　费	4 695	1 815	597	994	1 289
3.邮　电　费	75	20	19	1	35
4.交通、通讯工具修理费	2 024	184	1 456	166	218
(七)文教娱乐用品及服务	83 984	37 917	15 837	10 753	19 477
1.文教娱乐用品	28 737	11 634	6 942	3 633	6 528
2.文化教育与服务	55 247	26 283	8 895	7120	12 949
(八)其他商品和服务	8 318	4 361	857	1 639	1 461
1.商 品 性 支 出	1 801	535	222	384	660
2.服 务 支 出	6 517	3 826	635	1 255	801
七、其他非借贷性支出	49 895	12 397	14 114	10 548	12 836
1.寄给和带给在外人口	16 464	600	10 000	310	5 554
2.赠送农村外部亲友	1 565	340	1 030	100	95
3.利 息 支 出	2 727	1 607	1 000	—	120
4.租 金 支 出	240	—	—	—	240
5.支付保险费支出	918	111	50	377	380
6.土地有偿使用费支出	—	—	—	—	—
7.其 他 支 出	27 981	9 739	2 034	9 761	6 447
附:1.生产性固定资产折旧	59 940	13 934	15 501	11 955	18 550
2.借贷款利息支出	13 827	421	—	58	13 348
3.保　险　费	792	—	229	—	563
4.畜 禽 防 疫 费	934	36	340	64	494
5.排　灌　费	4 129	—	—	—	4 129
6.外 雇 机 耕 费	16 947	6 741	—	599	9 607
7.外 雇 运 输 费	5 006	407	78	293	4 228
8.邮　电　费	20	—	—	—	20
9.修　理　费	5 759	254	2 052	262	3 191
10.上 缴 管 理 费	4 314	—	—	4 214	100

农村现金收、支、存

（农村住户抽样调查资料）　　单位:元

	合计	榆树市	农安县	德惠市	双阳县
一、年初存款余额	70 593	2 585	21 360	42 518	4 130
二、年初手存现金	716 377	94 403	201 979	119 615	300 380
三、年内现金收入合计	2 189 195	616 479	492 912	432 071	647 733
(一)基本收入	1 879 466	518 546	437 152	363 729	560 039
1.劳动者的报酬收入	101 123	46 047	1 295	18 630	35 151
(1)在集体组织中劳动的报酬	47 919	27 335	195	3 290	17 099
(2)在企业劳动得到的报酬	46 927	13 235	1 100	15 340	17 252
(3)在其他单位劳动得到的报酬	6 277	5 477	—	—	800
2.家庭经营现金收入	1 778 343	472 499	435 857	345 099	524 888
(1)出售产品的现金	1 691 562	447 515	408 978	327 170	507 899
(2)工业加工费现金收入	4 679	1 000	3 554	125	—
(3)建筑业现金收入	6 665	—	515	6 150	—
(4)运输业现金收入	34 446	21 354	1 348	4 201	7 543
(5)商业现金收入	6 913	—	6 100	20	793
(6)饮食业现金收入	4 000	—	—	4 000	—
(7)服务业现金收入	3 063	—	646	1488	929
(8)其他家庭经营现金收入	27 015	2 630	14 716	1 945	7 724
(二)转移性收入	25 297	6 796	1 080	5 172	12 249
(三)财产性收入	22 571	11 765	3 935	760	6 111
(四)储蓄借贷现金收入	261 861	79 372	50 745	62 410	69 334
四、年内现金支出合计	1 867 406	541 848	426 278	395 922	503 358
(一)生产费用现金	711 622	231 184	149 454	127 839	203 145
1.家庭经营费用现金支出	652 756	202 007	135 337	119 595	195 817
2.购置生产性固定资产现金支出	58 866	29 177	14 117	8 244	7 328
(二)缴纳税金	75 329	25 513	14 845	17 511	17 460
(三)上缴集体承包任务的现金	39 118	23 882	14 735	186	315
(四)集体提留和摊派	74 394	630	15 893	17 635	40 236
(五)生活消费现金支出	671 429	199 855	135 673	159 680	176 221
1.食品	344 999	96 454	78 382	81 278	88 885
2.衣着	92 767	22 200	14 975	23 082	32 510
3.居住	49 041	14 944	5 365	18 706	10 026
4.家庭设备、用品及服务	38 735	8 910	6 773	10 759	12 293
5.医疗保健	32 102	10 761	5 272	8 992	7 077
6.交通和通讯	21 483	4 308	8 212	4 471	4 492
7.文教娱乐用品及服务	83 984	37 917	15 837	10 753	19 477
8.其他商品和服务	8 318	4 361	857	1 639	1 461
(六)其他非借贷性现金支出	118 695	24 121	42 618	20 619	31 337
(七)储蓄借贷现金支出	176 819	36 663	53 060	52 452	34 644
五、年末手存现金	1 038 166	169 034	268 613	155 764	444 755
六、年末存款余额	92 993	2 585	22 860	60 718	6 830

农村购买商品情况(一)

(农村住户抽样调查资料)

	单位	合计	榆树市	农安县	德惠市	双阳县
一、购买食品	元	**331 576**	**89 646**	**74 600**	**80 048**	**87 282**
1.粮食(原粮)	公斤	82 528	23 167	18 654	24 348	16 359
2.食用植物油	公斤	4 462	1 740	392	987	1 343
3.动物油	公斤	294	166	29	38	61
4.蔬菜	公斤	19 294	5 366	4 848	7 528	1 552
5.豆制品	公斤	2 740	1 372	275	240	853
6.猪肉	公斤	5 255	1 410	1 188	1 236	1 421
7.牛肉	公斤	138	49	9	9	71
8.羊肉	公斤	26	3	10	11	2
9.家禽	公斤	176	64	25	32	55
10.其他肉禽	公斤	60	24	5	20	11
11.鲜蛋	公斤	359	151	—	53	155
12.蛋制品	公斤	2	—	—	—	2
13.鲜活鱼	公斤	472	149	—	77	246
14.各种冷冻鱼	公斤	1 548	331	525	446	246
15.调味品	公斤	12 068	2 760	3 252	3 453	2 603
16.食糖	公斤	751	218	159	214	160
17.糕点	公斤	1 277	300	321	423	233
18.糖果	公斤	162	46	41	39	36
19.卷烟	盒	21 760	6 000	5 048	4 781	5 931
20.酒	公斤	9 386	3 333	1 554	1 934	2 565
#啤酒	公斤	3 498	889	581	1 092	936
21.茶叶	公斤	39.6	2.3	17.9	2.2	17.2
22.水果	公斤	13 827	2 877	3 927	3 344	3 679
23.干果	公斤	66	24	2	12	28
24.鲜奶	公斤	2	—	—	—	2
25.奶制品	公斤	60	26	3	19	12
26.罐头	公斤	157	56	12	61	28
27.冷冻饮品	公斤	1 125	5	432	414	274
二、购买衣着和床上用品	元	**93 716**	**22 588**	**14 971**	**23 181**	**32 976**
1.棉布(包括成衣折量)	米	529	165	125	163	76
#棉布服装	件	34	4	2	2	26
2.化纤布(包括成衣折量)	米	1 678	499	406	368	405
#化纤布服装	件	722	219	180	89	234

农村购买商品情况(二)

(农村住户抽样调查资料)

	单位	合计	榆树市	农安县	德惠市	双阳县
3.呢绒(包括成衣折量)	米	79	24	5	24	26
#呢绒服装	件	40	8	3	10	19
4.绸缎	米	4	—	1	3	—
5.毛线	公斤	53.4	8.4	15.7	10.2	19.1
6.麻布	米	14	1	2	11	—
7.尼龙衫裤	件	43	7	3	6	27
8.棉毛衫裤	件	42	21	2	9	10
9.卫生衫裤	件	266	59	16	46	145
10.床褥单	条	28	8	1	3	16
11.毛巾被	条	1	—	—	—	1
12.毛毯	条	1	—	—	—	1
13.毛皮制品	件	2	2	—	—	—
14.背心	件	224	55	68	41	60
15.帽子	顶	122	14	17	62	29
16.皮鞋	双	194	49	15	38	92
17.胶鞋	双	615	159	143	96	217
18.球鞋	双	61	10	4	12	35
19.布鞋	双	340	83	84	31	142
20.塑料鞋	双	57	2	20	16	19
21.袜子	双	872	229	176	272	195
22.手套	双	221	28	26	69	98
23.围巾	条	27	2	4	7	14
24.凉席	张	3	—	—	1	2
三、购买文体用品	**元**	**28 740**	**11 635**	**6 943**	**3 635**	**6 527**
1.收音机	台	4	—	—	2	2
2.黑白电视机	台	10	4	—	1	5
3.彩色电视机	台	4	3	1	—	—
4.收录机	台	4	2	1	—	1
5.照相机	架	—	—	—	—	—
6.胶卷	盒	1	—	—	1	—
7.录音带	盒	59	7	6	17	29
四、购买建筑材料	**元**	**17 920**	**7 228**	**770**	**8 353**	**1 569**
1.水泥	公斤	4 904	1 650	104	1 900	1 250
2.木材	立方米	5.31	0.10	0.20	4.70	0.31
3.钢材	公斤	62.0	25	—	37	—
4.水泥预制件	件	—	—	—	—	—
5.玻璃	平方米	14	8.5	—	5	0.5
6.砖瓦	块	83 707	62 282	2 000	18 585	840

农村购买商品情况(三)

(农村住户抽样调查资料)

	单位	合计	榆树市	农安县	德惠市	双阳县
7.石　　灰	公斤	2 660	160	—	2 450	50
8.沙　　石	公斤	16	10	4	—	2
9.油　　毡	捆	13	1	2	10	—
五、购买燃料	**元**	**2 845**	**337**	—	**2371**	**137**
#　煤　炭	公斤	10 750	1 000	—	8 750	1 000
六、购买日用品	**元**	**51 565**	**10 676**	**127 22**	**13 364**	**14 803**
1.肥　　皂	块	595	274	35	132	154
2.洗　衣　粉	公斤	1 399	347	399	356	297
3.香　　皂	块	321	73	77	61	110
4.药　　皂	块	18	1	1	16	—
5.保　温　瓶	个	19	10	3	1	5
6.保　温　杯	个	1	1	—	—	—
7.牙　　膏	支	277	92	54	42	89
8.皮　　箱	只	—	—	—	—	—
9.火　　柴	盒	22 765	5 681	5 537	7 226	4 321
10.油　　漆	克	11 500	4 500	—	—	7 000
11.自　行　车	辆	22	6	2	6	8
12.缝　纫　机	架	3	2	—	—	1
13.洗　衣　机	台	7	1	2	2	2
14.电　冰　箱	台	—	—	—	—	—
15.　钟	只	4	1	—	—	3
16.手　　表	只	10	4	1	3	2
七、购买药品及医疗用品	**元**	**27 358**	**9 761**	**4 890**	**7 141**	**5 566**
八、购买生产资料	**元**	**547 059**	**190 510**	**141 748**	**114 545**	**100 256**
1.化　　肥	公斤	199 003	40 408	51 791	56 240	50 564
2.农　　药	公斤	377	88	17	57	215
3.农用薄膜	公斤	925	276	40	307	302
4.生产用柴油	公斤	12 360	4 840	2 355	3 745	1 420
5.生　产　用　煤	公斤	2 000	2 000	—	—	—
6.小型和手扶拖拉机	台	1	—	1	—	—
7.机动脱粒机	台	1	—	—	1	—
8.胶轮大车	辆	12	7	2	2	1
9.胶轮手推车	辆	1	—	—	1	—
10.水　　泵	台	7	3	—	1	3
11.役　　畜	头	18	14	—	2	2
12.产　品　畜	头	5	—	—	3	2

农村主要耐用物品拥有量

（农村住户抽样调查资料）

	单位	合计	榆树市	农安县	德惠市	双阳县
1.自行车	辆	431	121	103	113	94
2.缝纫机	架	240	57	60	67	56
3.钟	只	268	62	74	63	69
4.手表	只	482	128	99	146	109
#电子表	只	124	27	24	54	19
5.电风扇	台	9	1	1	—	7
6.洗衣机	台	120	25	20	12	63
7.电冰箱	台	1	1	—	—	—
8.摩托车	辆	3	—	2	—	1
9.大型家具	件	928	263	277	225	163
#组合家具	件	81	18	18	27	18
沙发	个	95	14	25	29	27
床	张	23	—	11	3	9
大衣柜	个	245	70	91	61	23
写字台	张	103	20	33	40	10
10.收音机	台	163	51	42	35	35
11.黑白电视机	台	254	56	61	65	72
12.彩色电视机	台	17	6	3	4	4
13.收录机	台	78	18	19	12	29
14.照相机	架	2	—	—	1	1
15.吸尘器	台	—	—	—	—	—

农村主要实物消费量(一)

(农村住户抽样调查资料)　　单位:公斤

	合计	榆树市	农安县	德惠市	双阳县
一、消费粮食	401 248	87 959	104 247	119 048	89 994
#小麦	32 099	7 546	14 267	6 494	3 792
大米	157 216	43 793	15 746	26 873	70 804
玉米	100 689	22 793	31 430	45 204	1 262
高粱	15 870	2 060	6 600	5 680	1 530
薯类	80 288	6 565	32 084	29 035	12 604
二、消费豆类	9 930	3 445	2 680	3 805	—
三、消费豆制品	2 740	1 372	275	240	853
四、消费蔬菜	250 732	55 800	61 356	85 180	48 396
1.鲜菜	250 520	55 614	61 344	85 170	48 392
(1)白菜	141 807	29 951	40 555	49 845	21 456
(2)菠菜	2 807	527	34	1 473	773
(3)洋白菜	858	54	—	421	383
(4)芹菜	1 350	204	220	355	571
(5)韭菜	639	105	50	200	284
(6)大葱	6 835	2 085	1 508	1 940	1 302
(7)萝卜	8 260	3 297	1 640	519	2 804
(8)胡萝卜	947	382	104	330	131
(9)蒜台	1 531	11	2	1 496	22
(10)黄瓜	24 509	6 020	4 289	8 586	5 614
(11)空心菜	681	30	17	486	148
(12)西红柿	8 510	668	1 029	5 299	1 514
(13)茄子	19 703	4 316	5 062	5 127	5 198
(14)青椒	7 014	2 214	1 518	1 894	1 388
(15)豆角	20 922	4 680	4 680	6 442	5 120
(16)葱头	14	14	—	—	—
(17)生姜	6	1	—	1	4
(18)丝瓜	15	—	—	—	15
(19)豆牙菜	283	142	33	49	59
(20)其他鲜菜	3 829	913	603	707	1 606
2.干菜	212	186	12	10	4
(1)黄花菜	80	73	7	—	—
(2)黑木耳	94	89	—	5	—
(3)白木耳	4	—	—	2	2
(4)香菇	5	2	—	3	—
(5)其他干菜	29	22	5	—	2
五、消费调味品	12 136	2 780	3 267	3 466	2 623
六、消费油脂类	7 811	1 906	2 106	1 025	2 774
1.植物油	7 350	1 740	1 992	987	2 631
(1)花生油	16	—	—	3	13
(2)豆油	5 975	1 739	855	770	2 611

农村主要实物消费量(二)

(农村住户抽样调查资料)　　单位:公斤

	合　计	榆树市	农安县	德惠市	双阳县
(3)菜　籽　油	—	—	—	—	—
(4)芝　麻　油	13	1	1	4	7
(5)其　　他	1 346	—	1136	210	—
2.动　物　油	461	166	114	38	143
七、消费肉禽及其制品	10 286	2 263	3 342	2 542	2 139
1.猪　　肉	8 340	1 799	2 756	1 954	1 831
2.牛　　肉	138	49	9	9	71
3.羊　　肉	26	3	10	11	2
4.家　　禽	1 722	[illegible]	562	548	224
5.肉　禽　制　品	18	2	1	11	4
八、消费鲜蛋及蛋制品	5 863	2 046	553	1 393	1 871
九、消费鲜奶及奶制品	62	26	3	19	14
十、消 费 水 产 品	2 289	569	560	589	571
1.鱼　　类	2151	562	529	556	504
2.虾　　类	55	1	7	17	30
3.藻　　类	23	6	6	—	11
4.其 他 水 产 品	60	—	18	16	26
十一、消　费　食　糖	769	218	159	214	178
十二、消　费　糖　果	177	46	41	39	51
十三、消费酒和饮料	13 062	3 453	2 739	2 787	4 083
1.白　　酒	5 755	2 279	965	829	1 682
2.啤　　酒	3499	889	581	1 092	937
3.果　　酒	182	144	7	16	15
4.其　他　酒	35	34	1	—	—
5.汽水、可乐	821	54	—	86	681
6.茶　　叶	39.6	2.3	17.9	2.2	17.2
7.其　他　饮　料	2 374	30	1 006	742	596
十四、消　费　糕　点	1 342	300	321	423	298
十五、消　费　水　果	17 916	3 761	4 121	5 129	4 905
1.苹　　果	4 833	890	1 248	1 196	1 499
2.　梨	2 982	519	863	767	833
3.香　　蕉	25	3	—	17	5
4.柑　　桔	640	112	58	118	352
5.菠　　萝	3	—	—	—	3
6.葡　　萄	458	3	16	239	200
7.　桃	36	3	14	7	12
8.柿　　子	320	68	83	133	36
9.西　　瓜	4 199	568	1183	2041	407
10.其　　他	4 420	1 595	656	611	1 558
十六、消费坚果及果仁制品	2	—	—	2	—

城　区　用　气　情　况

	单　位	实　际
一、煤　　气		
年底煤气生产能力	万立米/日	88.4
年底煤气主干管总长度	公里	1 243.8
年底煤气储气能力	万立方米	30.6
年底煤气使用户数	户	235 828
全年煤气总产量	万立方米	19 618
全年煤气销售总量	万立方米	11 088
#生活用量	万立方米	7 397
工业用量	万立方米	3 691
二、液　化　气		
年底使用液化气户数	户	80 967
全年液化气供气总量	吨	7 126
#家庭用量	吨	7 120
三、用气普及率	%	**75.4**

注:本表中“用气普及率”为全社会数,其他为系统内数。

城　区　自　来　水　情　况

	单　位	实　际
年底自来水生产能力	万吨/日	66.4
年末供水管道总长度	公里	830
年底使用自来水人数	万人	162.1
全年供水总量	万吨	24 683
全年售水量	万吨	19 371
#工业用水	万吨	6 751
生活用水	万吨	12 620
年底各单位自备水源能力	万吨/日	6.8
损失率	%	10.2
日平均供水量	万吨	59.1
日人均用水量	升	253

注:年底自来水生产能力、全年供水总量、年底使用自来水人数和日人均用水量系全社会数,其他则是系统内数。

市区公共交通情况

	单位	实际
一、年底行车路线总长度	条/公里	57/797.9
二、年底实有车量	辆	1 144
公共电、汽车	辆	712
小公共汽车	辆	382
出租轿车	辆	50
三、完好车率	%	98.4
四、工作车率	%	96.2
五、客运总量	万人次	30 357.5
六、载客里程	万公里	5 059.2
七、售票总收入	万元	7 640.8
公共电、汽车	万元	5 991.5
小公共汽车	万元	1 444.7
出租轿车	万元	204.6

注:本表为公交总公司数

全市道路桥梁街灯公园情况

	单位	实际
道路长度	公里	1 176
#高级、次高级路面长度	公里	762
道路面积	万平方米	1 443
#高级、次高级路面面积	万平方米	908
年底下水管长度	公里	963
桥梁	座	33
#永久性桥梁	座	33
街灯数	盏	23 254
公园数	个	10
公园面积	公顷	407
公用厕所	座	279
园林绿地面积	公顷	4 154
建成区绿化覆盖面积	公顷	4 313

市区房屋情况

	单位	实际
实有房屋建筑面积	万平方米	4173.3
#私有产	万平方米	177.4
实有住宅建筑面积	万平方米	2 297.1
#私有产	万平方米	171.6
实有住宅使用面积	万平方米	1 722.8
实有住宅居住面积	万平方米	1 148.6
人均居住水平	平方米/人	6.78

全市供电情况

	单位	实际
年底发电设备容量总计	千瓦	522600
年底供电设备容量	千伏安	4 200 173
全年供电量	万千瓦小时	438 584
#自供	万千瓦小时	31 198
网供	万千瓦小时	407 386
全年用电量	万千瓦小时	419 315
#工业用电	万千瓦小时	288 792
农业用电	万千瓦小时	13 701
城乡人民生活用电	万千瓦小时	95 726
送配电线路长度	公里	3 753.7
#输电线路	公里	1 441.9
配电线路	公里	2 311.8

“三废”排放、处理及综合利用情况

	单　　位	实　　际
一、废水排入总量	万　　吨	16 000
#工业废水	万　　吨	4 424.6
#经过处理的	万　　吨	768.9
符合排放标准的	万　　吨	3 029.4
二、废气排放总量	万标立方米	4 934 960
#燃烧过程中废气排放量	万标立方米	3 769 210
生产工艺过程中废气排放量	万标立方米	1 165 750
三、工业粉尘排放量	万　　吨	3.8
工业粉尘回收量	万　　吨	3.3
四、工业固体废物产生、排放及处理利用		
1.工业固体废物产生量	万　　吨	174.0
2.工业固体废物处置量	万　　吨	4.1
3.工业固体废物综合利用量	万　　吨	105.2
4.工业固体废物排放量	万　　吨	0.5
5.历年工业固体废物堆存总量	万　　吨	417.6
6.工业固体废物占地面积	万平方米	106.6
五、工业锅炉	台/蒸吨	1 031/5 886
#烟尘排放达标的	台/蒸吨	873/5 167
六、工业炉窑	座	401
#烟尘排放达标的	座	303
七、其　　他		
1.“三废”综合利用产品产值	万　　元	2 462.6
2.工业用新鲜水量	万　　吨	6 667
3.全年耗煤量	万　　吨	451.5
4.汇总企业数	个	249
汇总企业工业总产值(1990年不变价)	万　　元	2 438 194.2
5.汇总企业环保工作人员	人	889

农村基本情况及

	单位	全市	市
			合计
一、农村基层组织情况			
1.乡(镇)政府	个	149	17
#镇政府	个	72	9
2.村民委员会	个	1 706	163
3.村民小组	个	15 586	1 217
二、农村社会基础设施			
1.自来水受益村	个	160	23
2.通汽车村	个	1 230	121
3.通电话村	个	1 535	161
三、农村人口、劳动力资源及主要行业分布			
(一)乡(镇)村户数	户	981 820	121 629
#农业户数	户	877 407	88 212
(二)乡(镇)村人口	人	4 280 258	464 508
#农业人口	人	3 884 143	353 807
(三)劳动年龄内人口数	人	2 602 208	255 243
#上学人数	人	157 765	16 452
劳动年龄内丧失劳动能力的人数	人	91 081	5 683
(四)不足或超过劳动年龄而参加劳动的人数	人	117 396	6 845
(五)乡村实有劳动力	人	1 800 398	193 766
#1.男劳动力	人	1 024 333	111 222
2.女劳动力	人	776 065	82 544
1.农林牧渔业劳动力	人	1 538 670	133 979
2.工业劳动力	人	75 394	23 200
3.建筑业劳动力	人	48 769	7 236
4.交通运输、仓储及邮电通信业劳动力	人	28 782	6 277
5.批发、零售贸易业、餐饮业劳动力	人	32 819	4 818
6.其他劳动力	人	75 964	18 256
#外出合同工、临时工	人	41 939	10 923
四、耕地情况			
(一)年初实有耕地面积	公顷	1 104 883	67 694
(二)年内增加耕地面积	公顷	1 186	1 150
#新开荒地面积	公顷	36	—
(三)当年减少耕地面积	公顷	2 455	2 270
#国家基建占地	公顷	619	545
乡村集体占地	公顷	346	283
农民个人建房占地	公顷	121	73
(四)年末实有耕地面积	公顷	1 103 614	66 574
1.水田	公顷	91 549	5 189

农业生产条件(一)

辖区 #郊区	榆树市	农安县	九台市	德惠市	双阳县
10	37	31	25	23	16
8	16	14	12	13	8
92	388	377	310	305	163
747	3 450	3 792	2 731	2 862	1 534
	87	19	18	6	7
65	252	283	236	191	147
92	388	377	198	248	163
69 598	260 506	193 075	154 451	169 235	82 924
48 464	241 318	181 934	140 581	154 657	70 705
265 158	1 093 955	937 161	663 653	774 295	346 686
199 462	1 022 326	855 415	621 496	726 277	304 822
140 573	682 959	616 480	379 126	465 280	203 120
5 950	27 380	47 093	21 458	27 156	18 226
2 636	20 760	18 832	13 288	13 683	18 835
4 588	40 970	17 380	32 586	14 067	5 548
101 237	487 269	388 070	278 025	298 396	154 872
57 021	275 237	221 726	158 867	171 435	85 846
44 216	212 032	166 344	119 158	126 961	69 026
75 139	410 226	347 924	250 479	266 077	129 985
6 201	24 591	7 077	3 276	7 474	9 776
3 200	11 428	9 630	7 809	8 987	3 679
2 944	10 705	3 073	2 768	3 584	2 375
2 245	15 128	4 213	2 634	3 726	2 300
11 508	15 191	16 153	11 059	8 548	6 757
6 336	8 082	8 151	5 600	5 338	3 845
47 542	290 878	291 060	160 057	212 506	82 688
2	—	36	—	—	—
—	—	36	—	—	—
361	67	39	27	52	—
133	24	7	17	26	—
172	31	27	1	4	—
34	12	5	9	22	—
47 183	290 811	291 057	160 030	212 454	82 688
3 502	24 896	3 617	16 840	31 726	92 81

农村基本情况及

	单位	全市	市
			合计
2.旱田	公顷	1012065	61385
五、农业机械化情况			
农用机械总动力	千瓦	1 435 420	228 207
1.柴油发动机动力	千瓦	977 734	181 595
2.汽油发动机动力	千瓦	56 938	19 373
3.电动机动力	千瓦	400 748	27 239
4.其他机械动力	千瓦	—	—
(一)耕作机械			
#大中型拖拉机	台/千瓦	5 722/228 655	797/31 210
小型拖拉机	台/千瓦	40 996/368 362	6 754/58 432
大中型拖拉机配套农具	部	11 871	1 264
小型拖拉机配套农具	部	70 759	6 276
(二)农用排灌动力机械	台/千瓦	78 367/328 423	3 709/21 931
#柴油机	台/千瓦	67 629/242 993	2 527/12 068
电动机	台/千瓦	10 738/85 430	1 182/9 863
农用水泵	台	77 448	3 373
喷灌机械	套	25	24
(三)收获机械			
#联合收割机	台/千瓦	1/88	—
机动收割机	台/千瓦	1/47	—
机动脱粒机	台	27 590	1 246
(四)植保机械			
机动喷雾(粉)机	部/千瓦	36/87	—
(五)畜牧机械			
#饲料粉碎机	台	11 839	496
铡草机	台	10 692	425
(六)渔业机械			
#渔用机动船	艘/吨/千瓦	8/10/43	—
(七)农产品加工机械			
农产品加工动力机械	台/千瓦	32 292/320 888	1 925/17 376
#碾米机	部	16 563	1 051
磨面机	部	9 755	732
轧花机	部	2	—
榨油机	部	697	58
(八)运输机械			
#农用载重汽车	辆/千瓦	1 751/138 199	993/79 263
农用运输车	辆/千瓦	426/8 955	197/4 791
(九)其他农业机械			

农业生产条件(二)

辖区 #郊区	榆树市	农安县	九台市	德惠市	双阳县
43 681	265 915	287 440	143 190	180 728	73 407
80 347	366 926	270 176	177 103	295 132	97 876
53 361	260 997	157 261	121 513	194 219	62 149
10 986	8 535	12 264	6 422	4 762	5 582
16 000	97 394	100 651	49 168	96 151	30 145
—	—	—	—	—	—
311/12 249	1 376/65 342	1 473/50 329	677/26 085	1 100/43 723	299/11 966
2 832/25 922	8 275/74 752	8 659/80 670	6 265/55 262	7 450/67 435	3 593/31 811
901	4 679	2 161	1 317	1 962	488
6 066	21 230	11 029	10 510	15 946	5 768
2 348/11 277	28 538/116 965	5 163/30 662	8 832/37 613	26 007/100 348	6 118/20 904
2 123/8 165	27 415/104 579	4 291/13 692	6 787/25 404	22 086/74 123	4 523/13 127
225/3 112	1 123/12 386	872/16 970	2 045/12 209	3 921/26 225	1 595/7 777
2 208	28 540	6 999	8 385	24 769	5382
—	—	—	1	—	—
—	—	—	1/88	—	—
—	—	1/47	—	—	
1 016	5 751	4 177	4 862	9 345	2 209
—	1/17	17/37	18/33	—	—
346	3 512	3 333	1 063	2 687	748
425	2 337	2 815	1 678	2 679	758
—	—	—	6/6/26	—	2/4/17
1 448/12 888	9 178/85 720	8 487/87 022	3 545/37 165	7 039/71 153	2 118/22 452
712	3 908	3 873	2 319	3 931	1 481
632	1 991	3 086	958	2 084	904
—	—	2	—	—	—
37	95	354	64	91	35
164/11 721	225/19 652	184/13 992	137/11 280	111/7 574	101/6 438
27/247	73/1 142	—	51/1 293	20/507	85/1 222

农　村　基　本　情　况　及

	单　位	全　市	市
			合　计
推　土　机	台/千瓦	90/4 560	64/3 293
六、农业主要能源及物资消耗			
(一)农村用电量	千千瓦小时	557 381	173 819
(二)农用化肥施用量	吨	756 144	43 116
1.氮　　肥	吨	583 749	31 973
(1)硫　酸　铵	吨	17 005	1 282
(2)硝　酸　铵	吨	288 251	19 295
(3)尿　　素	吨	125 332	6 108
(4)碳　酸　氢　铵	吨	145 895	5 013
(5)氨　　水	吨	93	—
(6)其　他　氮　肥	吨	7 173	275
2.磷　　肥	吨	70 788	1 697
3.钾　　肥	吨	10 722	234
4.复　合　肥	吨	90 885	9 212
(三)农用塑料薄膜使用量	吨	6 183	1 473
#地膜使用量	吨	1 737	467
地膜覆盖面积	公顷	12 927	3 887
(四)农用柴油使用量	吨	42 753	3 755
(五)农药使用量	吨	2 224	217
七、农田水利建设情况			
1.有效灌溉面积	公顷	187 100	14 430
2.旱涝保收面积	公顷	90 050	9 480
3.机电排灌面积	公顷	274 960	15 040
附　　记:			
农林牧渔场全部劳动力	人	20 288	10 837
#农林牧渔业劳动力	人	16 828	9 375

农　业　生　产　条　件(三)

辖区 #郊区	榆树市	农安县	九台市	德惠市	双阳县
—	1/55	3/165	—	—	22/1047
39 514	83 726	51 369	80 442	127 700	40 325
29 369	179 933	194 644	116 460	152 688	69 303
23 108	147 723	139 474	93 250	116 911	54 418
996	3 235	4 289	2 618	3 750	1 831
12 265	67 522	83 441	41 155	56 713	20 125
5 071	24 616	41 754	18 062	22 509	12 283
4 776	51 428	5 509	30 627	33 185	20 133
—	43	—	—	50	—
—	879	4 481	788	704	46
50	11 047	30 651	14 309	12 169	915
136	1 393	5 103	1 652	1 669	671
6 075	19 770	19 416	7 249	21 939	13 299
284	1 442	469	753	990	1 056
76	359	326	160	262	163
540	2 188	2 674	545	2 154	1 479
1 566	13 354	9 089	4 924	7 980	3 651
74	588	340	361	324	394
6 560	54 600	22 140	27 840	51 520	16 570
2 070	14 220	22 140	19 100	13 730	11 380
7 510	61 150	52 600	36 830	93 920	15 420
302	1 210	3 248	1 405	850	2 738
289	1 005	2 205	1 143	470	2 630

农作物播种面积

单位:公顷

	全市	市辖区		榆树市	农安县	九台市	德惠市	双阳县
		合计	#郊区					
农作物总播种面积	**1 115 798**	**74 998**	**51 374**	**290 878**	**292 027**	**160 626**	**213 437**	**83 832**
一、粮食作物	969 219	47 644	39 464	253 523	262 177	136 406	197 110	72 359
(一)谷物	786 715	37 318	30 545	206 986	230 469	95 133	160 661	56 148
1.稻谷	91 356	5 129	3 496	24 896	3 617	16 763	31 726	9 225
#水稻	91 356	5 129	3 496	24 896	3 617	16 763	31 726	9 225
2.小麦	27 635	775	560	6 592	12 972	382	6 894	20
3.玉米	607 992	27 777	23 572	160 335	200 007	70 722	103 326	45 825
4.谷子	11 311	864	698	1 611	3 191	1 547	3 943	155
5.高粱	41 354	1 939	1 479	12 520	8 036	4 496	13 667	696
6.其它谷物	7 067	834	740	1 032	2 646	1 223	1 105	227
(二)豆类	150 182	10 326	8 919	38 347	19 041	36 426	31 492	14 550
1.大豆	136 490	10 145	8 777	36 031	15 839	32 634	28 228	13 613
2.杂豆	13 692	181	142	2 316	3 202	3 792	3 264	937
(三)薯类	32 322	—	—	8 190	12 667	4 847	4 957	1 661
#马铃薯	31 525	—	—	8 190	12 450	4 534	4 861	1 490
二、油料作物	24 605	534	425	7 569	10 235	1 912	2 759	1 596
1.花生果	1 700	—	—	15	637	145	607	296
2.芝麻	193	—	—	60	18	43	27	45
3.葵花籽	13 369	226	153	1 146	9 579	334	1 765	319
4.线麻籽	8 384	308	272	6 333	1	1 176	346	220
5.蓖麻籽	2	—	—	—	—	—	—	2
6.苏子	957	—	—	15	—	214	14	714
三、麻类作物	1 097	30	—	650	4	270	59	84
1.线麻	1 060	18	—	640	2	267	53	80
2.青麻	37	12	—	10	2	3	6	4
四、甜菜	4 605	77	37	2 237	1 024	254	650	363
五、烟叶	5 381	—	—	1 038	1 589	1 883	734	137
1.烤烟叶	1 965	—	—	748	365	—	720	132
2.晒烟	3 416	—	—	290	1 224	1 883	14	5
六、药材	655	33	9	34	109	203	18	258
七、蔬菜、瓜类	93 273	26 141	11 346	22 839	11 549	15 354	9 648	7 742
1.蔬菜	81 033	24 885	10 130	21 579	9 235	12 667	7 442	5 225
2.瓜类	12 240	1 256	1 216	1 260	2 314	2 687	2 206	2 517
①西瓜	4 977	179	174	641	1 019	737	1 238	1 163
②甜瓜	7 263	1 077	1 042	619	1 295	1 950	968	1 354
八、其它农作物	16 963	539	93	2 988	5 340	4 344	2 459	1 293
1.青饲料	534	380	—	—	45	—	—	109
2.绿肥	19	19	—	—	—	—	—	—
3.其它	16 410	140	93	2 988	5 295	4 344	2 459	1 184

农作物总产量

单位:吨

	全市	市辖区		榆树市	农安县	九台市	德惠市	双阳县
		合计	#郊区					
一、粮食作物	6 774 762	264 636	227 115	1 975 397	1 875 007	891 644	1 175 307	592 771
(一)谷物	6 269 552	242 343	207 433	1 838 963	1 762 533	789 842	1 087 157	548 714
1.稻谷	758 178	31 880	20 453	230 761	18 582	132 033	257 911	87 011
#水稻	758 178	31 880	20 453	230 761	18 582	132 033	257 911	87 011
2.小麦	69 896	2 212	1 487	18 869	31 976	884	15 889	66
3.玉米	5 101 399	196 755	175 852	1 470 126	1 636 802	627 311	712 368	458 037
4.谷子	35 073	2 568	2 277	5 648	10 658	4 589	11 327	283
5.高粱	284 414	7 275	5 790	109 189	56 447	22 324	86 395	2 784
6.其它谷物	20 592	1 653	1 574	4 370	8 068	2 701	3 267	533
(二)豆类	361 262	22 293	19 682	93 898	57 245	79 323	69 684	38 819
1.大豆	325 008	21 873	19 345	87 648	47 483	69 279	63 281	35 444
2.杂豆	36 254	420	337	6 250	9 762	10 044	6 403	3 375
(三)薯类	143 948	—	—	42 536	55 229	22 479	18 466	5 238
#马铃薯	139 223	—	—	42 536	53 350	21 350	17 187	4 800
二、油料作物	39 933	1 110	981	10 266	19 341	2 706	4 324	2 186
1.花生果	3 596	—	—	28	1 423	207	1 406	532
2.芝麻	177	—	—	31	19	46	31	50
3.葵花籽	23 320	422	352	1 598	17 897	471	2 448	484
4.线麻籽	11 667	688	629	8 595	2	1 699	422	261
5.蓖麻籽	3	—	—	—	—	—	—	3
6.苏子	1 170	—	—	14	—	283	17	856
三、麻类作物	1 051	11	—	561	4	353	41	81
1.线麻	1 023	6	—	554	2	348	34	79
2.青麻	28	5	—	7	2	5	7	2
四、甜菜	54 883	732	132	20 566	12 603	2 658	12 408	5 916
五、烟叶	11 946	—	—	1 602	4 020	4 957	1 273	94
1.烤烟叶	2 698	—	—	1 184	188	—	1 237	89
2.晒烟	9 248	—	—	418	3 832	4 957	36	5
六、蔬菜、瓜类								
1.蔬菜	1 687 947	715 304	336 401	404 885	204 375	182 424	96 594	84 365
2.瓜类	261 312	52 064	51 002	24 278	32 863	32 778	50 996	68 333
①西瓜	126 525	7 120	7 104	13 047	16 895	10 213	36 389	42 861
②甜瓜	134 787	44 944	43 898	11 231	15 968	22 565	14 607	25 472

农作物单位面积产量

单位:公斤/公顷

	全市	市辖区		榆树市	农安县	九台市	德惠市	双阳县
		合计	#郊区					
一、粮食作物	6 990	5 554	5 755	7 792	7 152	6 537	5 963	8 192
(一)谷物	7 969	6 494	6 791	8 884	7 648	8 303	6 767	9 773
1.稻谷	8 299	6 216	5 850	9 269	5 137	7 876	8 129	9 432
#水稻	8 299	6 216	5 850	9 269	5 137	7 876	8 129	9 432
2.小麦	2 529	2 854	2 655	2 862	2 465	2 314	2 305	3 300
3.玉米	8 391	7 083	7 460	9 169	8 184	8 870	6 894	9 995
4.谷子	3 101	2 972	3 262	3 506	3 340	2 966	2 873	1 826
5.高粱	6 878	3 752	3 915	8 721	7 024	4 965	6 321	4 000
6.其它谷物	2 914	1 982	2 127	4 234	3 049	2 209	2 957	2 348
(二)豆类	2 405	2 159	2 207	2 449	3 006	2 178	2 213	2 668
1.大豆	2 381	2 156	2 204	2 433	2 998	2 123	2 242	2 604
2.杂豆	2 648	2 320	2 373	2 699	3 049	2 649	1 962	3 602
(三)薯类	4 454	—	—	5 194	4 360	4 638	3 725	3 154
#马铃薯	4 416	—	—	5 194	4 285	4 709	3 536	3 221
二、油料作物	1 623	2 079	2 308	1 356	1 890	1 415	1 567	1 370
1.花生果	2 115	—	—	1 867	2 234	1 428	2 316	1 797
2.芝麻	917	—	—	517	1 056	1 070	1 148	1 111
3.葵花籽	1 744	1 867	2 301	1 394	1 868	1 410	1 387	1 517
4.线麻籽	1 392	2 234	2 313	1 357	2 000	1 445	1 220	1 186
5.蓖麻籽	1 500	—	—	—	—	—	—	1 500
6.苏子	1 223	—	—	933	—	1 322	1 214	1 199
三、麻类作物	958	367	—	863	1 000	1 307	695	964
1.线麻	965	333	—	866	1 000	1 303	642	988
2.青麻	757	417	—	700	1 000	1 667	1 167	500
四、甜菜	11 918	9 506	3 568	9 194	12 308	10 465	19 089	16 298
五、烟叶	2 220	—	—	1 543	2 530	2 633	1 734	686
1.烤烟叶	1 373	—	—	1 583	515	—	1 718	674
2.晒烟	2 707	—	—	1 441	3 131	2 633	2 571	1 000
六、蔬菜、瓜类								
1.蔬菜	20 830	28 744	33 208	18 763	22 130	14 402	12 980	16 146
2.瓜类	21 349	41 452	41 942	19 268	14 202	12 199	23 117	27 149
①西瓜	25 422	39 777	40 828	20 354	16 580	13 858	29 393	36 854
②甜瓜	18 558	41 731	42.129	18 144	12 331	11 572	15 090	18 812

城区商品菜生产情况

	播种面积（公顷）	总产量（吨）	平均每公顷产量（公斤）
蔬菜合计	**14 550**	**370 499**	**25 464**
一、春菜合计	1 086	17 557	16 167
1.菠菜	314	5 909	18 819
2.小白菜	68	1 300	19 118
3.韭菜	52	842	16 192
4.春葱	458	6 412	14 000
5.水萝卜	58	822	14 172
6.芹菜	41	756	18 439
7.其他	95	1 516	15 958
二、夏菜合计	7 602	130 038	17 106
1.黄瓜	984	17 597	17 883
2.角瓜	137	3 715	27 117
3.茄子	1 063	23 248	21 870
4.辣椒	380	4 619	12 155
5.西红柿	509	9 712	19 081
6.甘兰	840	21 092	25 110
7.豆角	1 225	12 852	10 491
8.快白菜	260	7 812	30 046
9.夏葱	117	2 074	17 727
10.豌豆	387	2 366	6 114
11.芹菜	120	2 925	24 375
12.土豆	891	11 766	13 205
13.其他	689	10 260	14 891
三、秋菜合计	4 679	173 824	37 150
1.秋白菜	2 330	117 265	50 328
2.大萝卜	499	13 344	26 742
3.秋葱	905	23 143	25 572
4.胡萝卜	101	2 093	20 723
5.晚甘兰	163	4 851	29 761
6.秋芹菜	93	2 552	27 441
7.芥菜	63	1 099	17 444
8.雪里红	79	1 779	22 519
9.秋菠菜	98	1 719	17 541
10.秋菜花	68	1 148	16 882
11.其他	280	4 831	17 254
四、保护地合计	1 183	49 080	41 488
1.大棚覆盖	938	41 189	43 912
2.日光温室	226	7 307	32 332
3.日光棚	19	584	30 737

林　业　生　产　情　况

	单位	全　市	市辖区		榆树市	农安县	九台市	德惠市	双阳县
			合　计	#郊区					
1.当年造林面积	公　顷	7 380	565	517	1 200	1 738	1 467	1 150	1 260
国　营　造　林	公　顷	931	94	46	197	200	140	133	167
按用途分:①用材林面积	公　顷	2 967	—	—	357	350	867	133	1 260
②经济林面积	公　顷	2 149	368	368	510	621	400	250	—
③防护林面积	公　顷	1 891	197	149	289	621	200	584	—
④薪炭林面积	公　顷	373	—	—	44	146	—	183	—
2.迹地更新面积	公　顷	113	6	1	30	6	40	5	26
3.零星(四旁)植树	万　株	554	24	24	100	100	150	80	100
4.本年新育苗面积	公　顷	516	86	33	70	60	50	100	150
5.幼林扶育作业面积	公顷次	75 030	4 430	4 000	16 000	18 000	18 000	17 000	1 600
6.成林扶育面积	公　顷	6 795	916	716	516	1 530	1 300	1 533	1 000
7.低产林改造面积	公　顷	571	13	13	76	187	100	35	160
8.扶育改造出材量	立方米	43 710	6 200	4 400	10 800	16 610	8 000	200	1 900
9.村及村以下竹木采伐	立方米	36 500	3 100	3 100	6 800	12 900	4 000	8 000	1 700

畜牧业主要产品生产情况

	单位	全 市	市辖区		榆树市	农安县	九台市	德惠市	双阳县
			合 计	#郊区					
一、当年出栏肉猪	头	1 777 512	187 221	124 622	434 514	623 579	252 229	182 903	97 066
1.交 售 国 家	头	9 051	—	—	—	—	9 051	—	—
2.集 市 出 售	头	1 428 961	157 594	101 256	385 560	507 771	197 322	107 696	73 018
3.自 宰 自 食	头	339 500	29 627	23 366	48 954	115 808	45 856	75 207	24 048
二、当年出售和自宰的肉用牛	头	198 140	13 710	12 839	43 146	47 993	36 555	25 097	31 639
1.交 售 国 家	头	26 017	—	—	26 017	—	—	—	—
2.集 市 出 售	头	167 236	13 699	12 839	15 262	46 916	35 933	24 263	31 163
3.自 宰 自 食	头	4 887	11	—	1 867	1 077	622	834	476
三、当年出售和自宰的肉用羊	只	75 380	504	409	7 650	51 399	1 181	14 031	615
1.集 市 出 售	只	69 125	504	409	6 384	47 534	930	13 170	603
2.自 宰 自 食	只	6 255	—	—	1 266	3 865	251	861	12
四、当年出售和自宰的肉用驴	头	3 696	118	65	410	2 045	346	675	102
五、当年出售和自宰的肉用骡	头	6 503	161	90	1 176	2 675	680	1 482	329
六、当年出售和自宰的肉用马	头	14 507	180	61	4 265	5 512	1 115	2 935	500
七、当年出栏家禽	千只	57 976	10 101	4 435	3 981	18 480	5 006	18 269	2 139
八、当年出栏家兔	只	356 434	3 440	960	3 859	346 900	412	1 823	—
九、当年肉类总产量	吨	305 812	38 564	21 531	52 043	105 638	36 329	57 456	15 782
#猪牛羊肉产量	吨	188 708	18 800	12 640	43 521	66 961	26 372	20 994	12 060
1.猪 肉 产 量	吨	167 142	17 293	11 223	39 099	61 049	22 701	18 264	8 736
2.牛 肉 产 量	吨	20 610	1 501	1 412	4 326	5 279	3 656	2 533	3 315
3.羊 肉 产 量	吨	956	6	5	96	633	15	197	9
4.驴 肉 产 量	吨	216	8	4	24	123	21	34	6
5.骡 肉 产 量	吨	689	17	9	128	294	68	148	34
6.马 肉 产 量	吨	1 520	19	6	435	606	112	295	53
7.禽 肉 产 量	吨	113 966	19 713	8 870	7 927	36 961	9 755	35 981	3 629
8.兔 肉 产 量	吨	713	7	2	8	693	1	4	—
十、奶 类 产 量	吨	43 036	32 591	10 185	2 500	3 251	1 362	2 262	1 070
#出售量	吨	41 455	31 910	9 962	2 270	3 176	1 341	1 845	913
1.羊 奶 产 量	吨	1 842	18	3	1 450	4	98	261	11
2.牛 奶 产 量	吨	41 194	32 573	10 182	1 050	3 247	1 264	2 001	1 059
十一、绵 羊 毛 产 量	公斤	921 066	3 423	3 400	55 200	681 333	47 645	132 255	1 210
1.细 羊 毛	公斤	538 453	23	—	24 565	357 260	30 435	126 170	—
2.羊 细 羊 毛	公斤	382 613	3 400	3 400	30 635	324 073	17 210	6 085	1 210
十二、蜂 蜜 产 量	吨	222	11	11	14	129	11	30	27
十三、禽 蛋 产 量	吨	128 275	45 931	35 511	21 417	24 331	10 494	12 514	13 588
十四、鹿 茸 产 量	公斤	23 529	1 516	1 146	55	161	113	13	21 671

主要牲畜年末存栏情况

	单位	全市	市辖区		榆树市	农安县	九台市	德惠市	双阳县
			合计	#郊区					
一、大牲畜总头数	头	936 904	55 120	36 177	244 753	240 383	142 135	165 933	88 580
#能繁殖母畜	头	407 281	24 901	16 651	78 600	110 373	67 460	87 360	38 587
当年生仔畜	头	205 196	10 471	7 765	36 686	50 042	36 242	48 563	23 192
从事农事劳役的	头	557 174	31 428	21 403	125 000	162 677	93 576	95 011	49 482
1. 牛	头	649 951	31 640	22 657	176 860	139 260	113 719	114 066	74 406
(1)黄牛	头	635 661	21 879	19 765	176 464	137 458	113 276	112 676	73 908
(2)奶牛	头	14 290	9 761	2 892	396	1 802	443	1 390	498
2. 马	头	178 264	13 842	8 293	48 152	62 974	13 634	32 235	7 427
3. 驴	头	24 831	3 064	1 414	3 856	11 942	2 205	3 029	735
4. 骡	头	83 858	6 574	3 813	15 885	26 207	12 577	16 603	6 012
二、猪	头	1 803 365	126 450	92 577	615 460	447 610	254 241	224 711	134 893
#能繁殖的母猪	头	156 656	11 086	7 250	41 213	46 706	22 404	23 054	12 193
全年累计产仔猪	头	1 761 532	136 442	89 868	518 920	533 449	214 901	235 224	122 596
三、羊	只	235 166	2 024	1 565	23 529	161 669	12 716	33 849	1 379
#能繁殖的母羊	只	142 548	1 104	872	16 602	98 581	6 836	18 816	609
当年产羊羔	只	87 682	572	521	6 824	62 474	3 000	14 352	460
1.山羊	只	22 323	778	441	9 964	931	3 187	6 336	1 127
#奶山羊	只	16 918	348	23	9 439	150	661	6 219	101
2.绵羊	只	212 843	1 246	1 124	13 565	160 738	9 529	27 513	252
细毛羊及改良羊	只	119 890	43	—	6 037	82 843	6 087	24 880	—
半细毛羊及改良羊	只	92 953	1 203	1 124	7 528	77 895	3 442	2 633	252
四、鹿	只	44 002	6 718	5 872	110	689	224	268	35 993
#能繁殖的母鹿	只	18 909	3 012	2 609	29	323	172	160	15 213
当年生仔鹿	只	7 504	1 378	1 238	15	127	32	82	5 870
五、年末养蜂箱数	箱	6 116	340	340	531	3 027	353	970	895
六、家禽	千只	34 061	6 307	4 306	5 127	9 718	2 996	7 050	2 863
1.鸡	千只	29 004	5 966	4 064	3 812	8 227	2 332	6 160	2 507
#蛋鸡	千只	19 942	4 838	3 731	3 800	4 006	1 897	3 122	2 279
2. 鸭	千只	2 369	179	129	553	745	314	441	137
3. 鹅	千只	2 688	162	113	762	746	350	449	219
七、家兔	只	99 046	1 490	560	1 958	88 700	1 238	5 131	529

水果生产情况

	单位	全市	市辖区		榆树市	农安县	九台市	德惠市	双阳县
			合计	#郊区					
一、年末实有面积	公顷	9 033	1 119	878	1 242	391	2 263	762	3 256
1. 梨	公顷	2 416	106	66	143	38	315	50	1 764
2. 葡萄	公顷	1 302	366	339	286	118	97	265	170
3. 山楂	公顷	1 106	11	3	22	2	653	4	414
4. 其它	公顷	4 209	636	470	791	233	1 198	443	908
二、水果产量	吨	18 535	4 255	3 703	2 221	1 362	2 633	2 435	5 629
1. 梨	吨	1 669	150	5	79	—	424	37	979
2. 葡萄	吨	6 044	2 361	2 108	994	576	219	861	1 033
3. 山楂	吨	933	3	3	20	1	495	27	387
4. 其它	吨	9 889	1 741	1 587	1 128	785	1 495	1 510	3 230

渔业生产情况

	单位	全市	市辖区		榆树市	农安县	九台市	德惠市	双阳县
			合计	#郊区					
一、水产品产量	吨	15 277	1 603	683	991	4 094	3 309	4 180	1 100
#国营	吨	2 194	748	153	75	876	277	165	53
1. 养殖产量	吨	12 486	1 603	683	659	2 489	3 205	3 430	1 100
2. 捕捞产量	吨	2 791	—	—	332	1 605	104	750	—
二、水产品出售量	吨	13 708	1 460	612	942	3 916	2 604	3 836	950
三、养殖面积	公顷	27 113	4 827	487	2 833	9 213	5 400	2 733	2 107
#国营	公顷	18 347	3 813	40	1 980	7 540	4 100	147	767

农　林　牧　渔　业

	全市	市辖区	
		合计	#郊区
农林牧渔业总产值	**680 163**	**83 351**	**53 600**
一、农业产值	450 887	40 306	26 098
(一)种植业	449 039	40 261	26 053
1.主产品产值	408 418	38 715	24 727
(1)粮食作物	333 442	13 562	11 500
①谷物	285 063	11 101	9 327
②豆类	40 253	2 461	2 173
③薯类	8 126	—	—
(2)油料	4 396	104	91
(3)麻类	209	2	—
(4)糖料	839	11	2
(5)烟叶	2 938	—	—
(6)药材	417	—	—
(7)蔬菜、瓜类	62 777	24 256	12 468
(8)茶、桑、果	2 795	712	625
(9)其它种植业	605	68	41
#饲料作物	26	19	—
2.副产品产值	40 621	1 546	1 326
(1)粮食作物副产品	40 378	1 541	1 321
#谷物副产品	38 144	1 403	1 200
(2)其它作物副产品	243	5	5
(二)其它农业	1 848	45	45
1.采集野生植物	715	10	10

注:按1990年不变价格计算。

总　产　值(一)

单位:万元

榆树市	农安县	九台市	德惠市	双阳县
166 790	**172 182**	**84 895**	**111 612**	**61 333**
126 396	107 595	60 782	75 961	39 847
124 943	107 482	60 721	75 924	39 708
112 625	96 500	55 762	68 157	36 659
96 594	85 054	46 792	61 563	29 877
83 747	75 509	36 665	52 774	25 267
10 424	6 428	8 864	7 757	4 319
2 423	3 117	1 263	1 032	291
887	2 302	274	536	293
112	—	71	8	16
314	193	41	190	90
457	934	1134	385	28
235	—	—	—	182
13 522	7 651	6 966	5 034	5 348
355	215	354	372	787
149	151	130	69	38
—	2	—	—	5
12 318	10 982	4 959	7 767	3 049
12 256	10 858	4 945	7 737	3 041
11 679	10 501	4 454	7 305	2 802
62	124	14	30	8
1 453	113	61	37	139
431	53	61	37	123

农　林　牧　渔　业

	全市	市辖区	
		合计	#郊区
2.家庭兼营工业	1 133	35	35
二、林业产值	4 364	365	309
(一)营林	2 708	225	169
(二)林产品	12	—	—
(三)村及村以下竹木采伐	1 644	140	140
三、牧业产值	219 412	42 103	26 947
(一)牲畜	95 895	8 994	5 830
1.大牲畜繁殖、增长、增重	11 493	1 060	654
(1)牛	8 563	842	481
(2)马	1 841	156	120
(3)驴	195	13	9
(4)骡	894	49	44
2.猪	83 655	7 930	5 173
3.羊	747	4	3
4.其他	—	—	—
(二)家禽的饲养	51 829	8 852	3 916
(三)活的畜禽产品	69 897	24 044	17 011
(四)捕猎	10	—	—
(五)其它动物饲养	1 781	213	190
四、渔业产值	5 500	577	246
淡水产品	5 500	577	246
#养殖	4 495	577	246

注:按1990年不变价格计算

总　产　值(二)

单位:万元

榆树市	农安县	九台市	德惠市	双阳县
1 022	60	—	—	16
782	1 157	756	875	429
464	576	576	515	352
12	—	—	—	—
306	581	180	360	77
39 255	61 956	22 166	33 271	20 661
24 232	33 318	12 869	11 094	5 388
1 991	2 774	1 865	2 650	1 153
1 513	1 647	1 561	2 016	984
353	679	170	396	87
26	101	18	30	7
99	347	116	208	75
22 189	29 985	10 987	8 334	4 230
52	559	17	110	5
—	—	—	—	—
3 879	16 634	4 460	16 075	1 929
10 823	11 713	4 828	6 053	124 36
3	1	—	—	6
318	290	9	49	902
357	1 474	1 191	1 505	396
357	1 474	1 191	1 505	396
237	896	1 154	1 235	396

农 林 牧 渔 业

	全市	市辖区	
		合计	#郊区
农林牧渔业总产值	**1 082 195**	**119 010**	**76 130**
一、农业产值	718 418	58 833	37 909
(一)种植业	716 426	58 787	37 863
1.主产品产值	693 175	57 839	37 085
(1)粮食作物	592 340	22 824	19 321
①谷物	481 841	18 790	15 761
②豆类	66 841	4 034	3 560
③薯类	43 658	—	—
(2)油料	7 166	152	131
(3)麻类	310	2	—
(4)糖料	1097	15	3
(5)烟叶	2 828	—	—
(6)药材	417	—	—
(7)蔬菜、瓜类	85 104	34 011	16 923
(8)茶、桑、果	3 308	767	666
(9)其它种植业	605	68	41
#饲料作物	26	19	—
2.副产品产值	23 251	948	778
(1)粮食作物副产品	23 005	943	773
#谷物副产品	21 919	877	714
(2)其它作物副产品	246	5	5
(二)其它农业	1 992	46	46
1.采集野生植物	859	11	11

注:按现行价格计算

总　产　值(一)

单位:万元

榆树市	农安县	九台市	德惠市	双阳县
271 207	**283 874**	**139 528**	**175 843**	**92 733**
201 723	175 818	98 842	121 240	61 962
200 233	175 674	98 780	121 162	61 790
193 428	170 350	95 611	116 165	59 782
171 524	154 020	84 048	108 051	51 873
141 548	126 471	62 411	89 519	43 102
17 215	107 92	147 80	12 864	7 156
12 761	16 757	6 857	5 668	1 615
1 069	4 404	321	886	334
167	1	105	11	24
411	252	53	248	118
404	930	1 140	330	24
235	—	—	—	182
19 070	10 347	9 356	6 132	6 188
399	245	458	438	1 001
149	151	130	69	38
—	2	—	—	5
6 805	5 324	3 169	4 997	2 008
6 751	5 187	3 157	4 969	1 998
6 469	5 014	2 918	4 759	1 882
54	137	12	28	10
1 490	144	62	78	172
468	84	62	78	156

农 林 牧 渔 业

	全市	市辖区	
		合计	#郊区
2.家庭兼营工业	1 133	35	35
二、林业产值	5 371	432	353
(一)营林	3 895	308	229
(二)林产品	16	—	—
(三)村及村以下竹木采伐	1 460	124	124
三、牧业产值	352 294	59 104	37 595
(一)牲畜	197 314	18 062	11 871
1.大牲畜繁殖、增长、增重	23 404	1 722	1 212
(1)牛	18 064	1 279	865
(2)马	3 634	325	255
(3)驴	368	29	15
(4)骡	1 338	89	77
2.猪	172 229	16 326	10 651
3.羊	1 681	14	8
4.其他	—	—	—
(二)家禽的饲养	69 590	12 095	5 299
(三)活的畜禽产品	83 168	28 689	20 195
(四)捕猎	9	—	—
(五)其它动物饲养	2 213	258	230
四、渔业产值	6 112	641	273
淡水产品	6 112	641	273
#养殖	4 995	641	273

注:按现行价格计算。

总　产　值(二)

单位:万元

榆树市	农安县	九台市	德惠市	双阳县
1022	60	—	—	16
930	1 313	1 005	1 001	690
642	797	845	681	622
16	—	—	—	—
272	516	160	320	68
68 157	105 105	38 357	51 930	29 641
50 084	68 505	26 638	22 881	11 144
4 274	5 544	3 976	5 469	2 419
3 407	3 534	3 410	4 301	2 133
693	1 321	346	783	166
49	185	36	56	13
125	504	184	329	107
45 683	61 733	22 621	17 158	8 708
127	1 228	41	254	17
—	—	—	—	—
4 822	22 201	5 990	21 924	2 558
12 923	13 924	5 716	7 066	14 850
3	1	—	—	5
325	474	13	59	1 084
397	1 638	1 324	1 672	440
397	1 638	1 324	1 672	440
264	996	1 282	1 372	440

农 林 牧 渔 业

	全 市	市辖区	
		合 计	#郊区
农林牧渔业商品产值	**776 476**	**92 946**	**57072**
一、农业商品产值	474 400	37 097	21 680
(一)种植业	472 768	37 062	21 645
1. 主产品商品产值	468 094	36 901	21 534
(1)粮食作物	414 104	12 487	10 669
①谷物	340 696	10 144	8 562
②豆类	49 237	2 343	2 107
③薯类	24 171	—	—
(2)油料	6 121	84	66
(3)麻类	199	1	—
(4)糖类	1 097	15	3
(5)烟叶	1 502	—	—
(6)药材类	417	—	—
(7)蔬菜、瓜类	41 904	23 695	10 274
(8)茶、桑、果	2 633	575	484
(9)其他种植业	117	44	38
2. 副产品商品产值	4 674	161	111
(1)粮食作物副产品	4 658	161	111
#谷物副产品	4 561	158	109
(2)其他副产品	16	—	—
(二)其它农业	1 632	35	35
1. 采集野生植物	499	—	—
2. 农民家庭兼营商品性工业	1 133	35	35
二、林业商品产值	1 545	132	102
(一)营林	282	30	—
(二)林产品	16	—	—
(三)村及村以下竹木采伐	1 247	102	102
三、牧业商品产值	295 048	55 133	35 045
(一)牲畜的商品产值	158 723	15 710	10 459
1. 大牲畜	31 880	2 114	1 951
(1)牛	29 019	2 086	1 926
(2)马	1 839	10	8
(3)驴	296	7	6
(4)骡	726	11	11
2. 猪	125 630	13 588	8 501
3. 羊	1 213	8	7
(二)家禽	63 334	11 459	4 932
(三)活的畜禽产品	71 682	27 936	19 634
(四)捕猎	9	—	—
(五)其它动物及产品	1 300	28	20
四、渔业商品产值	5 483	584	245
#淡水产品	5 483	584	245

现 价 商 品 产 值

单位:万元

榆树市	农安县	九台市	德惠市	双阳县
195 921	**201 038**	**94 776**	**118 281**	**73 514**
140 787	112 710	61 960	75 524	46 322
139 485	112 581	61 942	75 523	46 175
137 897	112 231	61 330	74 319	45 416
129 791	103 685	57 501	70 381	40 259
107 740	86 894	42 264	59 793	33 861
14 846	4 908	12 285	9 184	5 671
7 205	11 883	2 952	1 404	727
986	3 913	200	704	234
156	—	14	8	20
411	252	53	248	118
351	397	408	324	22
235	—	—	—	182
5 586	3 795	2 757	2 330	3 741
316	189	389	324	840
65	—	8	—	—
1 588	350	612	1 204	759
1 588	336	612	1 202	759
1 571	332	606	1 195	699
—	14	—	2	—
1 302	129	18	1	147
280	69	18	1	131
1 022	60	—	—	16
236	432	179	374	192
—	—	43	85	124
16	—	—	—	—
220	432	136	289	68
54 521	86 330	31 595	40 849	26 620
39 342	55 274	22 977	14 489	10 931
6 869	8 248	5 625	4 234	4 790
6 193	7 037	5 390	3 639	4 674
518	731	136	376	68
31	168	26	55	9
127	312	73	164	39
32 376	46 170	17 336	10 027	6 133
97	856	16	228	8
3 638	19 725	5 091	21 231	2 190
11 215	10 921	3 521	5 070	13 019
3	1	—	—	5
323	409	6	59	475
377	1 566	1 042	1 534	380
377	1 566	1 042	1 534	380

农、林、牧、渔业

	全市	市辖区	
		合计	#郊区
一、农林牧渔业总产值	1 082 195	119 010	76 130
二、中间消耗	366 187	48 861	30 017
1.农业	190 456	15 898	8 706
2.林业	1 811	172	131
3.牧业	171 681	32 555	21 092
4.渔业	2 239	236	88
在中间消耗中：			
1.中间物质消耗	351 171	47 027	29 041
2.对非物质生产部门的劳务支出	15 016	1 834	976
三、农林牧渔业增加值	716 008	70 149	46 113
1.农业	527 962	42 935	29 203
#种植业	526 677	42 902	29 170
2.林业	3 560	260	222
3.牧业	180 613	26 549	16 503
4.渔业	3 873	405	185
在农林牧渔业增加值中：			
1.固定资产折旧	12 290	1 692	693
2.劳动者报酬	567 161	63 071	41 414
3.生产税	15 189	1 037	702
4.营业盈余	121 368	4 349	3 304

注：按现行价格用生产法计算。

增　加　值

单位:万元

榆树市	农安县	九台市	德惠市	双阳县
271 207	283 874	139 528	175 843	92 733
70 178	102 577	45 803	67 453	31 315
44 621	47 792	29 105	33 382	19 658
361	396	394	287	201
25 039	53 850	15 808	33 151	11 278
157	539	496	633	178
67 055	99 365	42 454	65 540	29 730
3 123	3 212	3 349	1 913	1 585
201 029	181 297	93 725	108 390	61 418
157 102	128 026	69 737	87 858	42 304
156 182	127 937	69 690	87 797	42 169
569	917	611	714	489
43 118	51 255	22 549	18 779	18 363
240	1 099	828	1 039	262
2 105	4 555	1 012	1 521	1 405
146 981	130 191	79 761	93 723	53 434
4 423	3 118	2 329	3 033	1 249
47 520	43 433	10 623	10 113	5 330

农、林、牧、渔业

	全市	市辖区	
		合计	#郊区
农林牧渔业生产中间消耗	366 187	48 861	30 017
一、农业中间消耗	190 456	15 898	8 706
(一)种植业中间消耗	189 749	15 885	8 693
1.中间物质消耗	178 280	14 813	8 106
(1)用种量	30 723	1 569	1 178
(2)役畜用饲料、饲草	22 519	1 559	948
(3)肥料	75 689	4 989	3 395
(4)燃料	11 452	1 689	437
(5)农药	3 283	327	110
(6)农用塑料薄膜	4 946	1 178	227
(7)用电量	4 864	779	123
(8)小农具购置费	1 281	133	73
(9)办公用品购置费	40	8	2
(10)物质性服务的支出	8 299	466	183
(11)其他物质消耗	15 184	2 116	1 430
2.对非物质生产部门劳务支出	11 469	1 072	587
(二)其他农业中间消耗	707	13	13
1.中间物质消耗	676	13	13
(1)原材料	593	11	11
(2)燃料	17	1	1
(3)用电量	13	1	1
(4)对物质生产部门劳务支出	22	—	—
(5)其他物质消耗	31	—	—
2.对非物质生产部门劳务支出	31	—	—
二、林业中间消耗	1 811	172	131
(一)中间物质消耗	1 685	134	107
1.用种量	617	40	26
2.肥料	17	1	1

中 间 消 耗(一)

单位:万元

榆 树 市	农 安 县	九 台 市	德 惠 市	双 阳 县
70 178	102 577	45 803	67 453	31 315
44 621	47 792	29 105	33 382	19 658
44 051	47 737	29 090	33 365	19 621
41 177	45 091	26 614	31 764	18 821
8 003	8 178	4 424	6 170	2 379
4 890	7 297	3 258	3 873	1 642
17 148	20 127	10 345	15 567	7 513
3 474	2 333	1 279	1 648	1 029
867	495	530	480	584
1 154	375	602	792	845
636	917	107	575	1 850
356	259	196	231	106
9	8	5	6	4
1 482	1 902	2 073	1 415	961
3 158	3 200	3 795	1 007	1 908
2 874	2 646	2 476	1 601	800
570	55	15	17	37
567	40	12	13	31
550	30	—	—	2
5	3	3	3	2
2	3	2	2	3
4	1	5	6	6
6	3	2	2	18
3	15	3	4	6
361	396	394	287	201
328	386	370	276	191
186	148	103	97	43
1	2	7	4	2

农、林、牧、渔业

	全市	市辖区	
		合计	#郊区
3.燃料	146	13	9
4.农药	58	2	2
5.用电量	228	9	6
6.林业小农具购置	39	1	—
7.办公用品购置	3	1	1
8.物质性服务的支出	297	15	11
9.其他物质消耗	280	52	51
(二)对非物质生产部门的劳务支出	126	38	24
三、牧业中间消耗	171 681	32 555	21 092
(一)中间物质消耗	168 450	31 867	20 735
1.用种量	1 360	219	15
2.饲料、饲草	160 716	30 585	20 186
3.燃料	1 161	145	12
4.用电量	1 220	182	9
5.畜牧用药品	788	292	240
6.对物质生产部门的劳务支出	981	93	33
7.其他物质消耗	2 224	351	240
(二)对非物质生产部门劳务支出	3 231	688	357
四、渔业中间消耗	2 239	236	88
(一)中间物质消耗	2 080	200	80
1.用种费	892	62	29
2.饲料	325	56	34
3.燃料	130	5	2
4.用电量	76	28	—
5.办公用品购置	1	1	—
6.对物质生产部门的劳务支出	202	33	15
7.其他物质消耗	454	15	—
(二)对非物质生产部门劳务支出	159	36	8

中间消耗(二)

单位:万元

榆树市	农安县	九台市	德惠市	双阳县
43	30	21	17	22
15	15	12	6	8
18	24	125	34	18
6	14	15	1	2
1	1	—	—	—
23	142	52	50	15
35	10	35	67	81
33	10	24	11	10
25 039	53 850	15 808	33 151	11 278
24 836	53 323	15 009	32 885	10 530
34	88	35	909	75
24 462	52 597	12 547	30 644	9 881
23	128	63	731	71
93	111	400	334	100
52	104	248	64	28
121	188	363	137	79
51	107	1 353	66	296
203	527	799	266	748
157	539	496	633	178
147	525	449	602	157
59	280	154	270	67
55	15	28	153	18
17	35	—	41	32
7	7	10	10	14
—	—	—	—	—
9	24	97	23	16
—	164	160	105	10
10	14	47	31	21

农 村 非 农 行 业

	全 市	市 辖 区	
		合 计	#郊区
农村非农行业产值	1 310 774	695 562	196 407
一、农村工业总产值	934 658	526 964	147 429
1. 乡办工业产值	182 604	75 041	37 183
2. 村办工业产值	406 984	334 306	41 906
3. 村以下办工业产值	345 070	117 617	68 340
二、农村建筑业总产值	111 011	32 124	15 285
1. 建筑安装工程产值	108 823	30 103	14 703
(1)兴建房屋产值	107 193	29 893	14 539
(2)农田水利工程产值	1 630	210	164
2. 其它基本建设产值	2 188	2 021	582
#开垦荒地产值	25	—	—
三、农村运输业总产值	104 455	51 592	5 063
1. 乡办运输业货运产值	2 103	2 015	—
2. 村办运输业货运产值	5 671	2 000	1 300
3. 个体办运输业货运产值	96 681	47 577	3763
四、批发零售贸易业、餐饮业总产值	160 650	84 882	28 630
1. 批发零售贸易业产值	116 473	57 743	21 105
#农村供销社产值	5 487	375	140
个体办产值	78 756	36 398	7 070
2. 餐饮业产值	44 177	27 139	7 525
#农村供销社产值	109	59	59
个体办产值	35 265	19 641	2 523
附记:农民进城办企业全部产值	193 157	131 379	39 174
1. 农民进城办工业产值	5 155	3 788	3 788
2. 农民进城办建筑业产值	112 700	81 556	13 005
3. 农民进城办运输业产值	63 438	37 152	13 498
4. 农民进城办批发零售贸易业产值	9 096	7 080	7 080
5. 农民进城办餐饮业产值	2 768	1 803	1 803

注:按现行价格计算

总 产 值

单位:万元

榆树市	农安县	九台市	德惠市	双阳县
133 495	169 321	118 021	100 287	94 088
81 009	120 311	71 268	74 457	60 649
21 145	30 474	17 567	17 319	21 058
15 243	27 197	7 079	14 126	9 033
44 621	62 640	46 622	43 012	30 558
18 042	20 804	17 512	12 497	10 032
17 924	20 779	17 512	12 473	10 032
17 538	20 540	17 111	12 338	9 773
386	239	401	135	259
118	25	—	24	—
—	25	—	—	—
16 507	6 067	13 117	7 551	9 621
88	—	—	—	—
207	3 284	100	80	—
16 212	2 783	13 017	7 471	9 621
17 937	22 139	16 124	5 782	13 786
15 534	18 387	8 486	4 655	11 668
2 973	556	4	344	1 235
8 041	13 520	7 870	3 213	9 714
2 403	3 752	7 638	1 127	2 118
8	24	18	—	—
1 671	3 218	7 595	1 066	2 074
8 720	16 752	22 307	8 029	5 970
228	33	749	28	329
3 645	4 752	13 056	5 938	3 753
4 465	11 016	7 377	1 837	1 591
203	841	649	115	208
179	110	476	111	89

农村固定资产

	全市	市辖区	
		合计	#郊区
年末固定资产原值	**667 096**	**141 044**	**38 448**
1.乡级所有	47 162	12 482	5 100
2.村级所有	71 593	38 298	3 811
3.村以下所有	548 341	90 264	29 537
在年末固定资产原值中：			
1.农林牧渔业固定资产	183 426	25 254	10 350
#生产用房屋及建筑物	45 034	15 141	6 740
役畜及产品畜	88 639	5 078	2 073
大中型铁木农具	18 612	1 922	795
农林牧渔业设备	23 455	1 959	147
2.工业固定资产	67 831	39 117	8 866
#生产用房屋及建筑物	30 324	15 178	3 380
生产设备	30 710	18 954	1 540
3.建筑业固定资产	4 568	2 142	124
4.运输业固定资产	33 080	7 741	1 120
5.商业饮食服务业固定资产	10 879	4 423	1 631
6.住宅	348 014	55 555	15 134
7.其他固定资产	19 298	6 812	1 223

结　构

单位:万元

榆树市	农安县	九台市	德惠市	双阳县
127 201	**201 282**	**65 176**	**88 687**	**43 706**
7 603	10 937	5 626	4 980	5 534
9 425	13 689	3 176	5 393	1 612
110 173	176 656	56 374	78 314	36 560
31 410	67 982	15 107	22 699	20 974
5 191	11 386	1 359	5 698	6 259
11 541	39 247	11 209	10 633	10 931
6 014	7 364	473	2 245	594
7 464	5 685	2 016	3 751	2 580
3 896	10 410	6 721	4 859	2 828
1 465	4 318	5 507	2 322	1 534
2 131	5 392	1 055	2 408	770
516	525	51	966	368
4 580	9 415	6 010	3 421	1 913
1 246	1 831	1 052	1 107	1 220
83 989	106 026	35 435	51 356	15 653
1 564	5 093	800	4 279	750

乡镇企业基本情况(一)

	合计	农业企业	工业企业	施工企业	交通运输企业	批、零餐饮企业	#餐饮业	服务业
企业单位数(个)	148 353	1 420	48 112	14 060	38 766	43 567	6 285	2 428
乡办	1 668	198	985	95	4	384	35	2
村办	3 971	1 222	1 919	132	139	525	70	34
联户	3	—	3	—	—	—	—	—
个体	142 711	—	45 205	13 833	38 623	42 658	6 180	2 392
企业人数(人)	616 112	21 550	280 474	119 205	75 446	114 382	18 438	5 055
乡办	91 783	6 285	65 909	16 281	267	3 028	271	13
村办	114 375	15 265	84 521	9 193	1 102	3 788	773	506
联户	245	—	245	—	—	—	—	—
个体	409 709	—	129 799	93 731	74 077	107 566	17 394	4 536
总产值(90年不变价,万元)	1 568 949	50 926	929 918	219 165	176 803	192 137	57 086	—
乡办	259 737	13 596	183 626	37 971	2 245	22 299	2 402	—
村办	510 060	37 330	395 202	43 694	5 671	28 163	6 416	—
联户	2 500	—	2 500	—	—	—	—	—
个体	796 652	—	348 590	137 500	168 887	141 675	48 268	—
总产值(现价,万元)	1 622 469	50 950	983 414	219 165	176 803	192 137	57 086	—
乡办	269 346	13 576	193 255	37 971	2 245	22 299	2 402	—
村办	531 623	37 374	416 721	43 694	5 671	28 163	6 416	—
联户	2 645	—	2 645	—	—	—	—	—
个体	818 855	—	370 793	137 500	168 887	141 675	48 268	—

乡镇企业基本情况(二)

	单位	全市	市辖区		榆树市	农安县	九台市	德惠市	双阳县
			合计	#郊区					
一、企业单位数	个	148 353	22 538	10 510	35 945	31 976	30 426	16 488	10 980
二、企业人数	人	616 112	135 924	47 546	137 577	137 238	100 400	62 423	42 550
三、总产值(90年不变价)	万元	1 568 949	797 109	230 274	180 450	200 480	154 540	122 800	113 570
1.农业企业	万元	50 926	11 254	3 690	13 511	6 548	1 802	10 337	7 474
2.工业企业	万元	929 918	495 706	143 165	92 388	123 006	76 195	76 353	66 270
3.施工企业	万元	219 165	108 074	27 544	22 628	23 799	33 929	18 362	12 373
4.交通运输企业	万元	176 803	88 744	18 561	21 980	20 183	21 933	11 186	12 777
5.批、零餐饮企业	万元	192 137	93 331	37 314	29 943	26 944	20 681	6 562	14 676
#餐饮业	万元	57 086	28 883	9 269	6 584	5 292	11 455	1 832	3 040
四、总产值(现价)	万元	1 622 469	829 486	236 347	182 368	207 610	157 678	128 051	117 276
1.农业企业	万元	50 950	11 254	3 690	13 511	6 548	1 802	10 361	7 474
2.工业企业	万元	983 414	528 083	149 238	94 306	130 136	79 333	81 580	69 976
3.施工企业	万元	219 165	108 074	27 544	22 628	23 799	33 929	18 362	12 373
4.交通运输企业	万元	176 803	88 744	18 561	21 980	20 183	21 933	11 186	12 777
5.批、零餐饮企业	万元	192 137	93 331	37 314	29 943	26 944	20 681	6 562	14 676
#餐饮业	万元	57 086	28 883	9 269	6 584	5 292	11 455	1 832	3 040
五、营业收入	万元	1 569 876	826 622	260 995	174 722	192 237	152 800	106 000	117 495
六、利税总额	万元	196 471	96 141	24 622	25 843	29 812	17 658	13 810	13 207
七、工资总额	万元	145 415	49 505	10 967	30 806	28 749	16 000	10 700	9 655
八、年末固定资产原值	万元	359 573	189 070	38 061	48 950	47 098	20 000	20 268	34 187
九、年末流动资产	万元	440 269	313 549	38 977	34 088	35 488	15 000	11 610	30 534

工业产品生产、销售、库存(一)

产品名称	计算单位	生产量	本年销售量	年末库存量
钢	吨	104 764.3	57 615.5	3 119.3
钢材	吨	89 549	86 976.8	6 629.2
其中:普通小型钢材	吨	76 769	75 423.8	4 286.2
铜	吨	866	888	—
铁合金	吨	247	247	—
原煤	吨	115.64	114.95	10.09
煤气	万立方米	40 470	11 088	—
焦炭	吨	301 265	318 482	1 000
发电量	万千瓦小时	316 348	270 235	—
工业锅炉	蒸吨/台	2 569.7/699	—	—
电弧炉	台	27	—	—
起重机械	吨	641.6	779	371
交流电动机	万千瓦	29.14	—	—
电力变压器	万千伏安	115.1	—	—
高中压阀门	吨	874	795	329
钢芯铝绞线	吨	743	—	—
电磁线	吨	543	—	—
汽车	辆	186 518	183 077	9 549
其中:载重汽车	辆	121 215	118 906	5 493
轿车	辆	28 522	—	—
客车	辆	4 163	3 048	1 365
摩托车	辆	118 659	112 238	6 642
新造铁路客车	辆	1 022	1 035	—
金属切削机床	台	1 210	885	795
工业泵	台	10 630	—	—
农业泵	台	10 047	—	—
材料试验机	台	1 082	—	—
内燃机生产量	万千瓦	1 151.4	—	—
大中型拖拉机	台	895	710	461
小型拖拉机	台	41 892	42 968	364
饲料粉碎机	台	728	687	141
合成氨	吨	19 277	19 371	279
化肥(折 100%)	吨	14 029	14 097	204
硼砂	吨	6 500	6 597	27.5
矽酸钠	吨	6 449.6	—	—
塑料制品	吨	13 650.4	12 822.8	2 168
其中:农用薄膜	吨	2 483	2 561	145
黄血盐钾	吨	691	—	—
油漆	吨	19 090	17 452	3 876
轮胎外胎	万条	27.91	27.87	3.36
胶鞋	万双	564	571.6	304
锯材	立方米	100 408.13	89 962.37	11 568.21
人造板	立方米	43 742	35 449	16 524

工业产品生产、销售、库存(二)

产品名称	计算单位	生产量	本年销售量	年末库存量
油毡纸	万卷	61.9	—	—
红砖	万块	365 270.2	364 515	37 379
红瓦	万片	2 676.13	2 633	536.2
水泥	万吨	118.96	117.15	7.47
水泥电杆	万根	1.06	1.05	0.01
石棉制品	吨	4 260	—	—
布	万米	3 745.2	3 544.13	572.16
纱	吨	12 912.7	1 253.1	230
毛巾	万条	395.7	—	—
地毯	万平方米	91.23	75.09	38.09
机制纸及纸板	吨	53 988	50 769.4	6 731
录音机	部	18 457	17 299	15 368
电视机	部	39 328	50 242	7 468
其中:彩色电视机	部	26 212	34 258	4 731
日用陶瓷制品	万件	2 118	2 068	313
保温瓶	万个	308	—	—
卷烟	箱	224 699	—	—
白酒	吨	17 072	14 229	7 845
啤酒	吨	138 853	137 985	1 572
罐头	吨	4 372	4 195	2 416
食用植物油	吨	56 993	60 258	2 686
禽肉制品	吨	57 562	59 617	2 343
钟	万只	17.36	12.58	6.73
灯泡	万只	3 202.1	31 105	5 326
电池(折干电池)	万只	2 736	2 809	31
大型衡器	台	411	360	143
日用精铝制品	吨	190	281	12
布鞋	万双	126.6	105.3	59.36
皮鞋	万双	70.75	—	—
中小农具	万件	140.71	135.26	13.43
民用锁	万把	151.1	160.95	4
服装	万件	700.88	710.53	153.73
家用洗衣机	台	189 508	208 852	32 862
配混合饲料	吨	556 574	543 096	19280
味精	吨	2 988	3 403	121
软饮料	吨	33 002.6	—	—
家具	万件	86.51	90.1	7.42
淀粉	吨	37 523	—	—
汽油	吨	48 608	46 555	2 416
柴油	吨	50 261	49 677	3 381
燃料油	吨	2 407	2 407	—
电话程控交换机	门	294 860	280 380	14 680
自来水供应量	万吨	23 887.6	21 522.3	—

工业企业单位数

	企业单位数(个)		1990年不变价工业总		
				按经济类	
	全　市	#市　区	全　市	国　有	集　体
总　　计(一)	—	—	**3 761 497**	—	—
总　　计(二)	**3 031**	**1 928**	**3 015 205**	**2 258 752**	**492 429**
一、按经济类型分					
1.国　有　经　济	508	337	2 258 725	2 258 725	—
中　央　企　业	63	62	1 798 470	1 798 470	—
地　方　企　业	445	275	460 282	460 282	—
其中:县(市区)属企业	159	16	75 569	75 569	—
2.集　体　经　济	2 452	1 528	492 429	—	492 429
县(市区)属企业	209	149	91 589	—	91 589
乡　属　企　业	738	148	144 024	—	144 024
3.私　营　经　济					
4.联　营　经　济	3	3	866	—	—
5.股　份　制　经　济	17	17	94 111	—	—
6.外商投资经济	42	36	161 589	—	—
中外合资经营企业	38	32	160 360	—	—
中外合作经营企业	3	3	394	—	—
外　资　企　业	1	1	835		
7.港、澳、台投资经济	7	5	6 802	—	—
与大陆合资经营企业	6	4	6 726	—	—
与大陆合作经营企业					
港、澳、台独资企业	1	1	76	—	—
二、按轻重工业分					
1.轻　　工　　业	1 389	875	680 651	294 232	198 320
以农产品为原料	959	616	463 175	222 412	120 672
以非农产品为原料	430	259	217 476	71 820	77 648
2.重　　工　　业	1 642	1 053	2 334 555	1 964 520	294 110
采　掘　工　业	75	13	14 859	8 137	6 722
原　料　工　业	283	161	173 136	117 531	45 520
加　工　工　业	1 329	879	2 146 560	1 838 853	241 867
三、按企业规模分					
1.大　型　企　业	43	40	1 937 087	1 861 578	—
2.中　型　企　业	117	97	398 934	276 010	46 732
3.小　型　企　业	2 871	1 791	679 185	121 163	445 698
四、按工业行业大类分					
1.煤　炭　采　选　业	24	4	6 350	3 921	2 429

注:总计(一)包括村及村以下工业,总计(二)为乡及乡以上工业

工业总产值及工业销售产值

单位：万元

产值 型分 其他	#市区	当年价格工业总产值 全市	按经济类型分 国有	集体	其他	#市区	当年价格销售产值 全市	#市区
—	**3 092 584**	**4 864 964**	—	—	—	**4 089 985**	—	
26 402	**2 660 113**	**4 089 510**	**3 117 428**	**544 109**	**427 973**	**3 640 615**	**3 937 231**	**3 507 858**
—	2 152 733	3 117 428	3 117 428	—	—	2 956 370	3 037 581	2 886 157
—	1 791 974	2 476 094	2 476 094	—	—	2 469 598	2 424 577	2 418 931
—	36 760	641 334	641 334	—	—	486 771	613 004	467 226
—	4 645	100 527	100 527	—	—	6 757	96 705	6 538
—	333 602	544 109	—	544 109	—	370 342	487 036	331 814
—	52 579	101 357	—	101 357	—	54 882	31 377	49 952
—	56 083	150 891	—	150 981	—	61 090	132 164	50 652
866	866	1 414	—	—	1 414	1 414	1 570	1 570
94 111	94 111	129 772	—	—	129 772	129 772	119 325	119 325
161 589	77 372	825 111	—	—	825 111	181 176	280 036	167 517
160 360	76 143	283 826	—	—	283 826	179 890	278 767	166 248
394	394	451	—	—	451	451	434	434
835	835	835	—	—	835	835	835	835
6 802	772	10 956	—	—	10 956	822	10 962	754
6 726	696	10 880	—	—	10 880	746	10 886	678
76	76	76	—	—	76	76	76	76
188 099	458 395	842 427	378 685	216 618	247 124	567 595	807 655	536 888
120 091	274 594	588 182	295 475	135 250	157 457	347 089	565 870	325 781
68 008	183 801	254 246	83 210	81 432	89 604	220 505	241 785	211 106
75 925	2 201 718	3 247 083	2 738 743	327 428	180 912	3 073 021	3 129 576	2 970 970
—	7 645	20 699	12 505	7 594	—	10 642	19 463	10 655
10 685	133 818	298 722	222 592	59 227	16 903	228 697	283 336	218 822
65 840	2 060 255	2 928 261	2 503 645	260 607	164 009	2 833 681	2 826 777	2 741 494
75 509	1 921 520	2 695 807	2 593 771	—	102 036	2 269 261	2 640 702	2 615 430
76 192	335 938	604 143	361 451	56 252	186 440	512 652	564 275	479 993
112 324	402 656	790 280	162 207	487 857	140 216	458 702	732 254	412 435
—	2 681	10 987	7 771	3 216	—	5 163	11 162	5 554

工业企业单位数

	企业单位数(个)		1990年不变价工业总		
				按经济类	
	全 市	市 区	全 市	国 有	集 体
2.石油和天然气开采业	1	1	3 365	3 365	—
3.有色金属矿采选业	2		670	—	670
4.非金属矿采选业	47	8	4 454	851	3 603
5.食 品 加 工 业	137	58	194 867	61 688	24 626
6.食 品 制 造 业	93	54	32 650	23 877	8 754
7.饮 料 制 造 业	94	30	34 291	20 734	10 189
8.烟 草 加 工 业	3	3	38 682	37 863	819
9.纺 织 业	76	58	35 816	24 641	10 053
10.服装及其它纤维制品制造业	106	78	36 601	15 804	19 164
11.皮革、毛皮、羽绒及其制品业	40	23	8964	658	7 555
12.家 具 制 造 业	40	26	3 560	199	3 362
13.木材加工及竹藤、棕草制品业	70	44	13 393	7 218	5 356
14.造纸及纸制品业	64	31	13 512	2 339	11 174
15.印刷业、记录媒介的复制	231	204	28 874	14 236	14 279
16.文教体育用品制造业	40	14	4 151	2 409	1 473
17.石油加工及炼焦业	28	24	9 815	6 459	2 308
18.化学原料及化学制品制造业	134	95	34 922	10 795	23 785
19、医 药 制 造 业	56	41	56 381	39 211	10 490
20.化学纤维制造业	1	1	78	—	78
21.橡 胶 制 品 业	56	42	31 648	25 816	5 704
22.塑 料 制 品 业	89	59	19 203	1 014	17 819
23.非金属矿物制造业	350	121	97 312	35 513	57 685
24.黑色金属冶炼及压延加工业	49	26	35 305	7 713	19 203
25.有色金属冶炼及压延加工业	24	22	22 745	12 020	10 725
26.金 属 制 品 业	231	139	51 810	12 312	36 778
27.普通机械制造业	228	186	86 474	39 498	40 229
28.专用设备制造业	147	89	87 066	64 087	18 447
29.交通运输设备制造业	284	241	1 812 439	1 626 068	89 774
30.电器机械及器材制造业	118	89	62 434	35 835	17 003
31.电子及通信设备制造业	24	24	43 318	42 628	690
32.仪器仪表及文化办公用机械制造业	45	44	21 134	15 694	4 742
33.电力、蒸气、热水的生产和供应业	15	7	44 019	42 882	1 137
34.煤气生产和供应业	4	1	16 189	16 054	135
35.自来水的生产和供应业	6	1	5 337	5 325	12

工业总产值及工业销售产值

单位:万元

产值 型分 其他	#市区	当年价格工业总产值					当年价格销售产值	
		全市	按经济类型分			#市区	全市	#市区
			国有	集体	其他			
—	3 365	3 808	3 808	—	—	3 808	3 808	3 808
—		671	—	671	—		611	
—	1 599	4 613	926	3 687	—	1 671	3 864	1 292
108 553	73 306	279 480	97 537	38 009	143 934	109 110	276 273	54 810
19	19 764	36 274	27 429	8 826	19	22 948	35 651	22 292
3 368	7 407	37 720	23 596	10 098	4 026	8 355	38 269	7 500
—	38 682	50 302	49 483	819	—	50 302	50 494	50 494
1 122	33 135	51 937	40 117	10 684	1 136	49 067	50 584	47 733
1 633	31 401	38 408	17 059	19 478	1 871	33 319	32 516	28 783
751	3 042	9 455	720	7 945	790	3 373	7 253	3 047
—	2 572	3 145	196	2 949	—	2 296	2 818	2 074
819	12 273	17 457	10 403	5 628	1 426	16 326	14 264	13 266
—	8 201	13 748	2 317	11 431	—	8 500	13 013	7 909
359	24 504	30 884	15 926	14 334	629	25 813	27 160	22 010
269	3 232	4 509	2 759	1 482	268	3 431	4 292	3 270
1 048	3 659	23 831	19 315	2 499	2 017	4 986	21 857	4 993
324	27 570	37 102	11 631	25 101	370	29 474	34 417	27 161
6 680	47 535	57 616	40 348	10 344	6 924	48 946	52 958	44 614
—	78	78	—	78	—	78	78	78
128	29 839	27 590	21 927	5 535	128	25 767	25 327	23 646
370	11 579	20 033	974	18 689	370	12 787	16 890	11 010
4 114	46 810	127 404	58 324	63 937	5 143	61 383	116 913	55 128
8 389	23 972	63 486	21 273	29 088	13 625	50 714	60 848	48 560
—	19 556	23 699	12 590	11 108	—	20 686	18 441	16 241
2 720	40 422	65 190	17 769	44 094	3 327	53 486	60 704	49 908
6 747	76 324	101 026	45 631	427 19	12 676	89 218	84 228	73 485
3 532	74 850	114 245	89 587	20 066	4 592	100 637	107 423	96 916
96 597	1 798 899	2 555 036	2 254 222	92 701	208 113	2 541 297	2 493 788	2 481 595
9 596	57 132	68 744	41 375	16 837	10 532	63 726	64 117	59 676
—	43 318	38 463	37 785	677	—	38 463	38 524	38 524
698	21 134	20 530	14 870	4 942	718	20 530	19 325	19 325
—	39 903	94 332	90 248	4 074	—	84 776	93 538	84 346
—	15 387	25 646	25 444	202	—	24 778	26 393	25 525
—	5 063	14 063	14 050	13	—	13 235	14 063	13 235

全部独立核算工业企业

	企业单位数(个)		工业总产值(当年价格)	工业总产值(1990年不变价格)	工业增加值(生产法)
	合计	#亏损企业			
总计	**2 952**	**571**	**3 962 029**	**2 911 456**	**1 218 808**
一、按经济类型分					
国有经济	453	189	3 106 682	2 249 396	950 374
中央工业	59	18	2 475 265	1 797 711	785 746
地方工业	2 479	171	631 418	451 685	164 628
其中:县(市)属工业	156	52	100 398	75 427	29 078
集体经济	2 437	362	528 715	479 461	163 433
县(市)属工业	279	55	85 963	78 621	27 389
乡属工业	122	5	33 707	30 790	11 964
联营经济	2	—	1 372	824	—116
股份制经济	12	1	127 276	92 759	39 667
外商投资经济	39	15	186 309	81 557	63 282
中外合资工业	35	14	185 023	80 328	62 884
中外合作经营工业	3	1	451	394	53
港、澳、台投资工业	7	2	10 956	6 802	3 027
与大陆合资工业	6	2	10 880	6 726	2 965
港澳台独资工业	1	—	76	76	62
二、按轻重工业分					
轻工业	1 335	299	733 397	592 079	212 986
以农产品为原料	910	208	481 924	377 207	144 923
以非农产品为原料	425	91	251 473	214 872	68 064
重工业	1 617	272	3 228 632	2 319 377	1 005 822
采掘工业	75	5	20 099	14 859	8 227
原料工业	231	53	298 431	172 907	105 678
加工工业	1 311	214	2 910 101	2 131 611	891 917
三、按企业规模分					
大型工业	43	17	2 695 087	1 937 087	824 639
中型工业	117	61	604 143	398 934	210 244
小型工业	2 792	493	662 799	575 435	183 925
四、按工业行业大类分					
煤炭采选业	24	2	10 987	6 350	4 954
石油和天然气开采业	1	—	3 808	3 365	1 523

主要经济指标(一)

单位:万元

全部职工平均人数(人)	流动负债合计	所有者权益合计	产品销售收入	产品销售成本	产品销售费用	产品销售税金及附加	产品销售利润
600 609	**2 708 725**	**1 241 465**	**3 305 183**	**2 725 412**	**55 837**	**85 043**	**433 127**
358 516	2 159 199	386 690	2 616 622	2 166 568	37 550	67 099	344 587
154 692	1 319 692	635 705	2 061 122	1 708 087	20 156	57 768	275 090
203 824	839 508	201 584	555 500	158 481	17 394	9 313	69 497
40 294	120 437	18 807	95 138	75 315	2 317	5 704	11 784
221 740	331 435	174 838	432 629	340 994	11 134	9 301	68 572
40 202	84 854	33 054	68 737	53 812	1 957	983	11 525
50 898	51 494	37 832	114 722	90 726	3 673	3 899	15 569
560	2 152	805	1 705	1 414	—	—	290
10 334	71 348	47 538	102 490	78 431	3 304	7 111	13 644
8 662	131 950	179 363	140 867	129 542	3 467	985	5 049
8 343	131 298	179 100	139 709	128 580	3 407	946	4 951
169	247	145	685	537	35	1	112
688	7 920	1 904	9 749	7 617	303	536	802
663	7 886	1 893	9 734	7 603	303	535	801
25	34	11	15	14	—	1	—
186 907	709 794	205 868	627 861	487 047	19 867	31 912	86 625
122 598	463 580	96 171	40 465	314 920	11 528	29 053	58 459
64 309	246 214	109 697	218 396	172 127	8 339	8 859	28 166
413 702	1 998 932	1 035 596	2 677 322	2 238 365	53 970	53 131	346 503
16 329	12 781	18 942	16 410	11 325	699	273	3 469
49 041	207 401	200 519	261 004	219 574	6 079	4 118	30 909
348 332	1 178 750	816 106	399 909	2 007 466	29 192	48 741	312 125
206 516	1 558 483	769 870	2 268 447	1 889 237	28 997	50 640	299 574
110 180	647 501	251 265	475 094	381 988	12 677	23 615	55 671
283 913	502 742	220 330	561 642	454 187	14 163	10 788	77 883
1 243	8 150	1 164	8 689	5 712	521	43	1855
211	2 023	5 862	3 861	2 728	22	50	1 061

全部独立核算工业企业

	企业单位数(个)		工业总产值(当年价格)	工业总产值(1990年不变价格)	工业增加值(生产法)
	合　计	#亏损企业			
有色金属矿开采业	2	—	671	670	298
非金属矿开采业	47	3	4 613	4 454	1 447
食品加工业	114	14	176 403	111 488	55 563
食品制造业	86	26	35 998	32 379	8 862
饮料制造业	90	17	37 445	34 013	10 668
烟草加工业	3	0	50 302	38 682	20 039
纺织业	75	27	51 857	35 756	10 369
服装及其他纤维制品制造业	103	19	38 311	36 525	10 956
皮革、毛皮、羽绒及其制品业	40	15	9 455	8 964	2 676
木材加工及竹藤棕草制品业	65	4	16 437	12 923	6 513
家具制造业	40	6	3 145	3 560	809
造纸及纸制品业	64	11	13 748	13 512	2 877
印刷业、记录媒介复制	227	66	29 887	27 872	8 511
文教体育用品制造业	39	6	2 266	1 990	256
石油加工及炼焦业	27	8	23 811	9 795	3 305
化学原料及化学制品制造业	129	31	36 770	34 633	9 659
医药制造业	53	15	57 166	55 931	19 382
橡胶制品业	56	14	27 590	31 648	4 789
塑料制品业	88	22	20 021	19 187	4 959
非金属矿物制品业	342	31	111 133	84 069	30 962
黑色金属冶炼及压延加工业	47	12	63 910	35 237	32 473
有色金属冶炼及压延加工业	24	4	23 699	22 745	7 789
金属制品业	229	30	64 770	51 469	19 018
普通机械制造业	226	38	100 290	85 846	29 621
专用机械制造业	147	22	114 245	87 066	33 657
交通设备制造业	281	60	255 473	1 812 133	797 310
电气器械及器材制造业	117	21	68 744	62 434	17 971
电子通讯设备制造业	24	9	38 463	43 318	3 639
仪器仪表及文化办公用机械制造业	44	19	19 818	20 479	3 363
电力、蒸气、热水生产和供应业	14	2	94 249	43 985	40 156
煤气生产和供应业	4	1	25 646	16 189	3 862
自来水生产和供应业	6	5	14 063	5 337	4 701

主要经济指标

单位:万元

全部职工平均人数(人)	流动负债合计	所有者权益合计	产品销售收入	产品销售成本	产品销售费用	产品销售税金及附加	产品销售利润
169	13	494	440	353	5	1	67
3 506	2 594	1 321	3 402	2 521	147	179	484
16 427	106 406	34 696	149 653	125 615	3 811	1 001	18 435
13 144	35 253	3 770	31 502	26 682	1 173	287	3 294
14 068	57 576	9 459	34 705	23 876	1 708	4 976	4 136
2 755	57 779	12 811	45 597	22 308	621	14 748	7 920
25 309	103 172	－19 736	46 683	39 699	853	304	5 776
11 884	24 393	12 084	30 988	26 461	717	240	3 539
5 371	9 767	2 655	6 613	4 855	205	221	1 028
5 774	14 628	6 472	12 297	8 911	403	318	2 654
2 672	3 771	1 293	2 530	2 059	75	52	185
7 496	19 390	947	12 591	10 283	356	324	1 613
15 159	20 426	10 205	20 751	16 503	523	430	3 231
1 778	3 513	2 325	2 624	2 081	143	93	298
3 253	16 438	10 412	23 306	18 865	131	2 276	2 034
13 252	44 787	12 821	33 320	27 612	1 103	366	4 140
16 414	71 499	39 836	49 309	30 339	3 217	502	14 621
9 406	50 570	689	23 303	20 492	607	1 110	1 093
7 370	12 417	4 906	16 441	12 514	272	527	2 700
47 057	92 615	48 130	90 533	67 650	4 061	1 545	17 142
9 280	42 377	10 672	47 673	44 714	627	358	1 948
3 089	14 584	3 295	14 414	12 051	92	82	1 989
25 237	55 943	16 419	56 081	44 313	1 265	710	9 170
46 106	126 004	44 112	78 534	60 359	1 824	726	15 207
31 018	79 773	36 264	98 100	75 415	1 716	553	20 405
173 886	1 347 294	677 347	2 110 251	1 782 588	23 421	50 695	25 289
21 763	83 201	20 725	60 616	48 842	1 617	634	9 267
11 080	72 735	－12 581	26 146	20 151	747	228	4 999
18 969	48 382	16 022	19 111	13 159	883	204	4 863
10 379	28 844	95 144	96 736	80 775	175	690	15 084
5 039	36 407	66 919	23 176	22 807	1 893	222	－1 746
3 594	5 850	47 209	12 551	12 028	472	102	－51

全部独立核算工业企业主要

	资本金合计	流动资产合计	存　货	
				产成品
总　　计	**1 253 201**	**2 673 533**	**945 388**	**354 859**
一、按经济类型分				
国有经济	835 403	2 020 969	659 054	226 315
中央工业	515 686	1 356 778	443 517	128 401
地方工业	319 717	664 192	215 537	97 915
其中:县(市区)属工业	30 729	89 418	33 048	13 822
集体经济	166 187	374 098	160 181	87 316
县(市区)属工业	31 090	89 125	38 605	21 663
乡属工业	35 381	61 100	28 493	16 509
联营工业	670	1 865	871	165
股份制工业	32 254	84 786	33 160	16 550
外商投资工业	215 045	180 406	87 734	21 807
中外合资工业	214 797	179 732	87 507	21 671
中外合作工业	90	401	157	86
港、澳、台投资工业	2 852	8 057	2 831	1 673
与大陆合资工业	2 822	8 032	2 821	1 663
港澳台独资工业	30	25	10	10
二、按轻重工业分				
轻工业	278 950	633 786	218 907	104 910
以农产品为原料	153 703	405 514	142 284	64 734
以非农产品为原料	125 246	228 272	76 623	40 176
重工业	974 251	203 9747	726 481	249 949
采掘工业	15 927	13 881	3 362	1 932
原料工业	15 927	13 881	3 362	1 932
加工工业	808 126	1 851 829	672 550	221 001
三、按企业规模分				
大型工业	684 875	1 545 972	497 307	155 533
中型工业	345 182	612 844	235 089	87 442
小型工业	223 143	514 718	212 992	111 884
四、按工业行业大类分				
煤炭采选业	10 097	7 280	1 682	913
石油天然气开采业	3 838	3 748	296	—

经济指标(二)

单位:万元

流动资产年平均数	固定资产原值	固定资产净值平均数	管理费用	利润总额	亏损企业亏损额	利税总额
2 589 789	**2 231 221**	**1 354 119**	**303 990**	**71 626**	**89 877**	**318 467**
1 978 154	1 835 774	1 103 771	228 489	26 598	68 300	220 756
1 317 906	1 082 927	619 613	147 649	78 454	6 716	238 681
660 248	752 247	484 158	80 840	—51 856	61 584	—17 925
86 906	95 727	63 609	11 096	—4 120	6 000	6 499
340 209	226 331	159 669	49 158	18 006	10 650	46 511
81 803	43 443	34 933	7 647	1 719	1 011	5 431
54 761	55 053	43 222	5 255	10 700	432	18 630
1 871	1 430	936	132	67	—	110
77 530	42 948	29 489	6 602	4 881	2 320	17 509
180 782	119 631	55 546	18 382	22 025	17 345	32 917
180 108	119 370	55 336	18 252	22 029	17 325	32 848
401	158	121	13	—14	20	56
7 788	3 612	2 917	990	215	195	803
7 763	3 587	2 897	985	215	195	801
25	25	20	5	—	—	2
606 577	471 860	311 121	77 383	20 697	44 076	79 949
387 406	291 108	192 197	52 624	25 418	27 726	65 401
219 171	180 752	118 923	24 759	—4 721	16 350	14 547
1 983 212	1 759 362	1 042 998	226 607	50 928	54 900	238 518
13 515	25 144	13 317	2 240	834	286	1 941
13 515	25 144	352 617	19 006	—102	12 008	18 985
1 813 900	1 260 517	677 064	205 361	50 197	42 606	217 592
1 500 817	1 442 079	884 319	163 589	67 366	23 910	227 032
611 252	423 943	222 369	71 823	—975	48 908	51 740
477 720	365 199	247 404	68 578	5 235	26 158	39 696
7 000	14 847	10 382	1 562	455	118	1 070
4 020	7 210	202	366	221	—	397

全部独立核算工业企业主要

	资本金合计	流动资产合计	存货	产成品
有色金属矿开采业	489	24	11	1
非金属矿开采业	1 454	2 777	1 371	1 018
食品加工业	35 832	98 788	40 041	20 941
食品制造业	8 790	25 549	9 206	2 843
饮料制造业	16 966	44 393	19 309	6 957
烟草制造业	11 085	53 192	3 603	83
纺织业	24 033	65 988	19 617	7 161
服装及其他纤维制品制造业	12 486	28 907	13 220	6 004
皮革、毛皮、羽绒及其制品业	4 729	10 363	4 593	3 253
木材加工及竹藤棕草制品业	7 599	16 939	8 240	6 221
家具制造业	2 991	4 559	2 530	1 120
造纸及纸制品业	3 300	15 148	4 466	2 595
印刷业、记录媒介复制	11 245	21 881	9 021	6 268
文教体育用品制造业	2 620	4 307	2 521	1 463
石油加工及炼焦业	8 151	16 510	4 400	1 713
化学原料及化学制品制造业	17 076	29 764	10 625	6 093
医药制造业	34 652	79 745	33 320	13 463
橡胶制品业	8 282	39 928	11 914	7 168
塑料制品业	7 089	13 284	4 712	2 926
非金属矿物制品业	60 364	86 326	30 549	15 253
黑色金属冶炼及压延加工业	11 107	34 890	16 136	8 996
有色金属冶炼及压延加工业	2 675	14 211	7 097	4 031
金属制品业	18 187	56 139	27 708	14 325
普通机械制造业	44 533	124 765	55 651	26 765
专用设备制造业	37 614	111 784	37 403	13 195
交通运输设备制造业	636 642	1 418 468	489 216	143 000
电气机械及器材制造业	25 421	81 937	32 781	16 513
电子通信设备制造业	12 123	50 759	17 747	5 301
仪器仪表及文化办公用机械制造业	26 217	39 023	16 375	5 231
电力、蒸气、热水生产和供应业	52 978	34 122	2 786	
煤气生产和供应业	51 447	19 519	1 149	489
自来水生产和供应业	34 424	6 489	583	

经济指标(二)

单位:万元

流动资产年平均数	固定资产原值	固定资产净值平均数	管理费用	利润总额	亏损企业亏损额	利税总额
24	495	483	7	59	—	63
2 470	2 541	2 199	305	96	168	408
83 469	57 735	43 565	9 100	38 820	3 826	40 739
25 500	35 104	27 264	3 672	−1 283	2 072	303
40 706	37 807	23 040	5 415	−3 992	5 284	3 464
60 413	13 539	9 482	6 791	55		20 212
72 114	54 892	32 167	9 878	−10 907	11 584	−8 280
25 186	16 406	10 941	3 914	66	1 026	1 002
9 269	4 641	3 555	1 494	−972	1 344	−544
14 216	14 733	8 053	1 931	400	88	1 125
4 274	3 179	2 116	454	−286	406	−68
12 275	14 879	7 749	1 455	938	356	1 846
20 789	20 588	12 007	5 727	−754	1 553	784
4 345	3 326	2 300	459	−288	479	−75
16 117	14 081	7 516	2 306	311	380	3 947
29 863	39 350	21 563	4 751	−2 183	3 240	−217
75 847	47 759	32 108	8 972	2 538	3 011	6 323
44 089	16 736	6 820	2 601	−4 586	4 955	−2 684
12 037	11 060	8 148	2 052	89	624	1 507
74 889	13 7091	99 491	9 997	2 076	2 150	7 813
36 445	25 521	18 050	3 291	−2 814	3 782	−980
13 988	10 577	9 381	1 196	294	143	592
51 440	31 738	19 111	7 978	131	2 879	3 331
119 214	91 583	60 181	13 076	1 601	4 235	6 364
115 441	77 486	47 291	12 208	179	1 261	5 130
1 383 096	904 434	462 071	153 236	60 585	22 890	215 027
73 277	49 496	36 258	7 152	−1 713	3 193	1 633
55 103	36 504	16 992	8 502	−7 947	8 460	−6 139
41 444	42 134	24 903	6 687	−3 044	3 544	−898
24 832	242 568	188 246	1 618	7 337	1 238	15 925
19 226	81 320	55 161	2 832	−2 994	3 042	−1 398
5 932	57 270	37 362	1 630	−1 293	1 295	−381

市区独立核算工业企业主要

	企业单位数(个)		工业总产值(当年价格)	工业总产值(1990年不变价格)	工业增加值(生产法)
	合 计	#亏损企业			
总 计	**1 859**	**465**	**3 625 937**	**2 647 812**	**1 124 852**
一、按经济类型分					
国有经济	288	137	2 946 465	2 143 965	911 164
中央工业	58	18	2 468 769	1 791 215	784 406
地方工业	230	119	477 697	352 750	126 757
其中:县(市)属工业	14	5	6 642	4 518	2 162
集体经济	1 515	309	368 109	331 464	111 401
县(市)属工业	182	31	52 771	50 563	16 320
乡属工业	148	2	61 090	56 083	17 905
联营经济	2	0	1 372	824	—116
股份制经济	12	1	127 276	92 759	39 667
外商投资经济	35	14	181 173	77 370	63 393
中外合资工业	31	13	179 888	76 141	62 995
中外合作经营工业	3	1	451	394	53
港澳台投资工业	5	2	822	772	203
与大陆合资工业	4	2	746	696	141
港澳台独资工业	1	0	76	76	62
二、按轻重工业分					
轻工业	827	234	558 066	450 340	160 761
以农产品为原料	573	168	340 334	269 142	103 721
以非农产品为原料	254	66	217 732	181 198	57 040
重工业	1 032	231	3 067 871	2 197 471	964 091
采掘工业	13	3	10 642	7 645	4 988
原料工业	155	43	228 429	133 574	91 151
加工工业	864	185	2 828 800	2 056 252	867 952
三、按企业规模分					
大型工业	40	17	2 669 261	1 921 520	820 361
中型工业	97	54	512 652	335 938	182 414
小型工业	1 722	394	444 024	390 355	122 077
四、按工业行业大类分					
煤炭采选业	4	1	5 163	2 681	2 905
石油和天然气开采业	1	0	3 808	3 365	1 523

经济指标(一)

单位:万元

全部职工平均人数(人)	流动负债合计	所有者权益合计	产品销售收入				
				产品销售成本	产品销售费用	产品销售税金及附加	产品销售利润
481 375	**2 457 045**	**1 159 763**	**3 018 565**	**2 498 622**	**46 532**	**74 324**	**394 720**
307 659	1 987 652	803 786	2 465 773	2 046 768	32 860	61 224	324 191
153 176	1 313 818	632 858	2 056 588	1 704 518	19 980	57 787	274 300
154 483	673 834	170 928	409 185	342 250	12 880	3 437	49 891
4 596	11 151	—52	8 134	7 245	266	69	550
154 474	262 909	131 263	311 532	245 725	6 930	5 125	51 911
25 462	48 725	23 285	40 472	31 390	1 416	514	6 857
12 093	28 869	13 256	49 586	40 573	1 126	1 177	6 377
560	2 152	805	1 705	1 414	0	0	290
10 334	71 348	47 538	102 490	78 431	3 304	7 111	13 644
7 938	127 191	174 964	135 297	124 899	3 333	806	4 474
7 619	126 539	174 701	134 139	123 937	3 274	767	4 377
169	405	117	473	426	24	37	—14
301	1 073	1 079	646	538	25	47	25
276	1 039	1 068	631	524	25	46	25
25	34	11	15	14	0	1	0
136 817	565 932	171 618	472 609	363 120	15 151	25 416	67 507
86 544	342 503	71 257	284 840	215 667	7 840	17 272	43 451
50 273	223 429	100 361	187 769	147 454	7 312	8 145	24 056
344 558	1 891 113	988 145	2 545 957	2 135 502	31 381	48 907	327 213
5 405	8 512	12 856	10 057	6 677	469	27	2 271
35 887	162 397	180 102	196 428	169 631	3 755	1 401	21 356
303 266	1 720 204	795 188	2 339 472	1 959 194	27 158	47 480	303 585
202 753	1 530 886	767 038	2 247 347	1 877 048	27 312	50 405	292 581
92 954	553 376	237 508	393 118	318 119	10 454	17 943	45 463
185 668	372 783	155 218	378 100	303 455	8 766	5 975	56 676
4 190	5 485	6 542	5 035	3 119	377	—104	1 089
211	2 023	5 862	3 861	2 728	22	50	1 061

市区独立核算工业企业主要

	企业单位数(个)		工业总产值(当年价格)	工业总产值(1990年不变价格)	工业增加值(生产法)
	合 计	#亏损企业			
有色金属矿开采业					
非金属矿开采业	8	2	1671	1 599	560
食品加工业	40	6	105 188	70 096	33 182
食品制造业	47	20	22 672	19 493	5 952
饮料制造业	26	9	8 080	7 128	2 216
烟草加工业	3	0	50 302	38 682	20 039
纺织业	57	25	48 987	33 075	9 405
服装及其他纤维制品制造业	75	15	33 223	31 325	10 254
皮革、毛皮、羽绒及其制品业	23	11	3 373	3 042	991
木材加工及竹藤棕草制品业	39	4	15 202	11 699	6 059
家具制造业	26	6	2 296	2 572	504
造纸及纸制品业	31	8	8 500	8 201	1 268
印刷业、记录媒介复制	200	60	24 811	23 502	6 968
文教体育用品制造业	13	4	1 188	1 071	—112
石油加工及炼焦业	23	7	4 966	3 639	—1 179
化学原料及化学制品制造业	90	24	29 142	27 282	7 381
医药制造业	39	12	48 896	47 485	16 713
橡胶制品业	42	13	25 767	29 839	4 161
塑料制品业	58	19	12 774	11 581	3 262
非金属矿制品业	114	23	58 377	44 500	16 049
黑色金属冶炼及压延加工业	24	9	50 638	23 904	27 544
有色金属冶炼及压延加工业	22	4	20 686	19 556	6 712
金属制品业	137	25	53 066	40 082	15 215
普通机械制造业	184	33	88 482	75 696	26 623
专用机械制造业	89	14	100 637	74 850	30 460
交通设备制造业	239	53	2 541 005	1 798 607	793 029
电气器械及器材制造业	89	19	63 726	57 132	16 449
电子通讯设备制造业	24	9	38 463	43 318	3 639
仪器仪表及文化办公用机械制造业	43	19	19 818	20 479	3 363
电力蒸气、热水生产和供应业	7	1	84 776	39 903	41 634
煤气生产和供应业	1	1	24 778	15 387	3 572
自来水生产和供应业	1	1	13 235	5 063	4 450

经济指标(一)

单位:万元

全部职工平均人数(人)	流动负债合计	所有者权益合计	产品销售收入				
				产品销售成本	产品销售费用	产品销售税金及附加	产品销售利润
1 004	1 004	452	1 161	830	70	81	122
9 014	59 974	25 543	86 148	71 427	2 465	215	11 789
8 598	21 906	3 392	19 578	17 024	778	175	1 544
4 261	16 422	2 237	6 077	4 688	305	638	443
2 755	57 779	12 811	45 597	22 308	621	14 748	7 920
23 204	100 351	—20 927	44 204	37 669	762	259	5 503
9 376	22 256	10 214	27 899	23 897	672	150	3 151
2 675	7 767	—469	2 821	2 105	107	108	385
4 875	13 887	5 791	11 076	8 066	279	279	2 447
2 001	3 265	1 020	1 825	1 578	50	30	91
5 182	12 878	174	7 858	6 504	217	222	906
12 537	15 971	9 349	16 347	12 951	435	291	2 612
966	3 063	1 849	1 456	1 317	61	28	50
1 771	5 294	6 206	6 673	5 670	122	151	730
8 698	34 951	11 299	25 717	21 016	961	257	3 385
13 658	63 206	40 025	42 046	24 615	2 935	472	13 395
8 878	50 034	239	21 886	19 426	582	1 070	808
5 211	8 781	3 520	9 414	6 597	224	414	1 820
21 030	55 332	35 947	51 015	40 921	1 690	684	7 714
7 657	41 136	6 740	38 143	36 789	249	76	1 030
2 865	14 039	3 154	13 798	11 472	87	59	1 980
20 168	50 786	14 074	47 880	38 089	924	469	7 895
39 878	114 031	41 248	68 899	52 226	1 374	598	14 384
25 242	69 020	32 664	88 732	67 957	1 375	496	18 894
167 764	1 332 808	675 141	2 098 798	1 773 762	23 127	50 467	250 755
19 291	79 614	19 183	57 108	46 021	1 530	537	8 765
11 080	72 735	—12 581	261 146	20 151	747	228	4 999
18 934	48 375	16 003	19 111	13 159	883	204	4 863
6 359	24 943	87 069	79 364	63 787	—	642	14 935
4 841	35 224	65 934	22 177	22 190	1 882	145	—2 040
2 711	5 216	44 011	11 739	11 399	457	66	—183

市区独立核算工业企业主要

	资本金合计	流动资产合计	存货	产成品
总　　计	**1 157 498**	**2 443 869**	**862 041**	**314 536**
一、按经济类型分				
国有经济	791 868	1 883 333	610 976	205 986
中央工业	513 790	1 349 851	441 555	128 040
地方工业	278 079	533 482	169 421	77 946
其中:县(市)属工业	3 417	6 737	2 018	1 002
集体经济	118 726	294 346	128 283	69 175
县(市)区属工业	17 389	53 078	25 537	13 662
乡属工业	9 582	31 716	16 588	10 672
联营工业	670	1 865	871	165
股份制工业	32 254	84 786	33 160	16 550
外商投资工业	211 504	175 051	86 941	21 435
中外合资工业	211 255	174 377	86 714	21 299
中外合作工业	90	401	157	86
港澳台投资工业	1 686	1 135	252	194
与大陆合资工业	1 656	1 110	242	184
港澳台独资工业	30	25	10	10
二、按轻重工业分				
轻工业	235 985	503 240	165 393	79 530
以农产品为原料工业	120 885	297 282	96 880	43 638
以非农产品为原料工业	115 101	205 958	68 513	35 892
重工业	921 513	1 940 629	696 648	235 006
采掘工业	10 140	9 360	2 086	1 109
原料工业	129 644	138 050	42 915	23 445
加工工业	781 729	1 793 219	651 647	210 453
三、按企业规模分				
大型工业	677 525	1 523 870	493 613	153 921
中型工业	321 189	529 745	202 468	73 406
小型工业	158 785	390 254	165 960	87 210
四、按工业行业大类分				
煤炭采选业	5 932	4 621	1 060	.474
石油天然气开采业	3 838	3 748	296	0

经济指标(二)

单位:万元

流动资产年平均数	固定资产原值	固定资产净值平均数	管理费用	利润总额	亏损企业亏损额	利税总额
2 381 845	**1 989 772**	**1 169 015**	**280 614**	**67 701**	**90 384**	**293 908**
1 852 742	1 666 184	975 396	213 438	31 503	60 947	213 891
1 311 230	1 079 952	617 700	147 236	78 450	6 716	238 655
541 512	586 232	357 696	66 202	—46 947	54 231	—24 764
6 660	9 463	6 577	999	—504	644	—57
269 192	159 823	107 720	42 281	9 596	9 552	30 087
48 454	25 223	18 640	5 059	1 913	295	4 121
28 186	17 627	12 960	2 043	3 997	140	7 118
1 871	1 430	936	132	67	0	110
77 530	42 948	29 489	6 602	4 881	2 320	17 509
176 064	116 036	52 690	17 805	21 998	17 203	32 537
175 390	115 775	52 480	17 675	22 001	17 183	32 469
401	158	121	13	—14	20	56
990	1 257	994	148	—177	195	—87
965	1 232	974	143	—178	195	—89
25	25	20	5	0	0	2
493 329	377 073	241 912	64 724	19 791	38 385	67 651
294 923	215 338	137 676	42 309	25 574	22 860	55 991
198 407	161 736	104 236	22 416	—5 783	15 526	11 661
1 888 516	1 612 699	927 103	215 890	47 910	51 999	226 256
9 201	16 993	7 795	1 374	405	188	941
121 178	386 778	276 395	15 125	—1 007	11 319	12 526
1 758 137	1 208 928	642 913	199 391	48 511	40 492	212 790
1 480 125	1 385 024	829 079	161 156	67 233	23 910	225 573
534 723	365 983	182 655	65 080	930	45 323	44 662
366 998	238 766	157 281	54 378	—463	21 152	23 672
4 421	8 830	6 711	892	242	69	486
4 020	7 210	202	366	221	0	397

市区独立核算工业企业主要

	资本金合计	流动资产合计	存货	
				产成品
非金属矿开采业	371	992	729	635
食品加工业	26 552	54 742	21 381	10 941
食品制造业	5 639	15 532	6 521	2 030
饮料制造业	5 512	10 681	3 752	1 759
烟草制造业	11 085	53 192	3 603	83
纺织业	22 928	63 472	18 832	6 879
服装及其他纤维制品制造业	10 644	26 347	12 172	5 269
皮革、毛皮、羽绒及其制品业	2 237	6 305	2 400	1 774
木材加工及竹藤棕草制品业	6 524	15 941	7 852	6 026
家具制造业	2 516	3 677	2 084	909
造纸及纸制品业	1 844	9 790	3 210	2 026
印刷业、记录媒介复制	10 054	18 521	7 071	4 872
文教体育用品制造业	2 030	3 710	2 241	1 395
石油加工及炼焦业	3 976	6 509	2 257	949
化学原料及化学制品制造业	14 855	23 287	9 068	5 413
医药制造业	33 274	73 066	30 817	12 525
橡胶制品业	7 871	39 154	11 490	6 836
塑料制品业	5 592	9 631	3 368	2 029
非金属矿物制品业	43 354	53 365	20 746	9 644
黑色金属冶炼及压延加工业	8 795	31 914	14 742	8 251
有色金属冶炼及压延加工业	2 560	13 790	7 038	4 026
金属制品业	15 859	50 651	25 208	13 043
普通机械制造业	39 905	112 691	51 336	24 291
专用设备制造业	33 583	100 523	33 292	11 956
交通运输设备制造业	629 888	1 405 778	485 511	141 015
电气机械及器材制造业	24 355	77 567	31 002	15 409
电子通信设备制造业	12 123	50 759	17 747	5 301
仪器仪表及文化办公用机械制造业	26 216	38 999	16 352	5 208
电力、蒸汽、热水生产和供应业	48 413	31 037	2 624	—
煤气生产和供应业	50 500	19 148	1 071	489
自来水生产和供应业	32 821	5 224	521	—

经济指标(三)

单位:万元

流动资产年平均数	固定资产原值	固定资产净值平均数	管理费用	利润总额	亏损企业亏损额	利税总额
760	954	882	115	-58	119	58
50 214	38 924	29 119	5 324	37 707	3 009	38 416
15 997	22 377	17 091	2 267	-1 283	1 715	-281
10 373	10 075	5 471	1 947	-2 053	2 185	-1 091
60 413	13 539	9 482	6 791	55	—	20 212
69 770	52 602	30 114	9 691	-11 016	11 552	-8 545
23 020	13 288	8 109	3 684	-233	1 005	565
5 189	2 163	1 716	1 151	-921	1 023	-677
13 270	13 207	6 659	1 842	290	88	959
3 523	2 721	1 883	404	-347	406	-172
7 379	11 021	5 170	1 162	690	318	1 307
17 185	16 971	9 741	5 261	-679	1 359	470
3 785	2 578	1 797	313	-386	449	-296
6 310	6 161	1 880	1 322	40	353	550
23 550	29 592	14 396	3 952	-2 169	2 813	-503
69 153	43 801	28 935	8 379	2 700	2 633	6 236
43 325	16 106	6 367	2 524	-4 742	4 947	-2 936
8 618	8 111	5 623	1 621	-174	581	968
43 069	63 926	32 834	6 798	-206	1 883	3 042
34 479	22 356	15 759	2 900	-3 328	3 631	-2 097
13 569	10 267	9 212	1 142	239	143	497
45 966	27 914	16 351	7 398	-613	2 817	1 968
107 004	81 190	53 746	11 697	2 356	3 072	6 623
104 228	69 465	42 567	11 279	370	876	5 096
1 372 121	894 612	455 742	151 781	60 547	22 518	214 230
69 029	47 579	34 929	6 769	-1 810	3 094	1 315
55 103	36 504	16 992	8 502	-7 947	8 460	-6 139
41 420	42 133	24 902	6 687	-3 044	3 544	-898
22 259	231 074	180 561	1 417	7 366	1 203	15 475
18 870	78 537	53 069	2 595	-3 042	3 042	-1 603
5 160	53 912	35 330	1 284	-1 170	1 170	-336

独立核算乡办工业企业

	企业个数	资本金合　计	流动资产合计	固定资产原价
总　　计	**737**	**35 381**	**61 100**	**55 053**
在总计中:轻　工　业	286	16 502	27 105	26 972
重　工　业	451	18 879	33 995	28 081
在总计中:				
煤炭开采业	14	422	662	1 093
非金属矿采选业	36	927	1346	1 054
食品加工业	53	2 207	4 296	3 364
植物油加工业	12	401	1 263	691
饮料制造业	37	3 020	6 437	6 791
纺　织　业	11	422	1 208	798
服装及其它纤维制品制造业	16	1 043	718	1 954
木制品业	10	152	220	301
家具制造业	9	1 359	1 506	1 281
造纸及纸制品业	19	540	2 643	2 442
印　刷　业	7	123	364	178
化学原料及化学制品制造业	21	1 258	2 686	1 879
橡胶制品业	6	272	573	295
塑料制品业	24	1 767	2 540	2 697
砖瓦制造业	124	3 838	5 133	6 258
非金属矿制品业	201	9 057	11 994	12 624
金属制品业	72	2 388	5 790	3 550
普通机械制造业	35	2 542	8 801	3 846
交通运输设备制造业	23	822	1 390	1 612
电气机械及器材制造业	20	478	1 387	630

工业增加值及主要财务指标

单位:万元

流动负债合计	产品销售收入	管理费用	利润总额	应交所得税	工业增加值	职工平均人数
51 494	**114 722**	**5 255**	**10 700**	**2 095**	**46 748**	**50 898**
24 124	50 297	2 253	4 242	718	18 719	15 655
27 370	64 425	3 002	6 458	1 377	28 030	35 243
543	1 379	35	167	22	947	5 595
740	2 517	87	250	22	1 012	1 716
4 242	12 542	279	1 089	183	4 437	1 613
1 283	3 254	73	295	65	1 156	344
4 731	7 949	531	538	142	3033	2 026
1 152	2 359	130	174	54	614	1 097
561	1 250	80	146	20	724	1 144
211	245	23	23	3	74	178
1 546	693	24	—74	6	418	420
2 490	3 237	313	345	24	1 196	1 619
317	464	39	48	16	187	285
3 590	2 353	109	13	39	893	853
491	823	65	128	17	431	388
2 360	5 410	205	372	89	1 575	1 339
4 214	12 506	612	1 703	241	6 327	13 983
9 451	23 262	1 345	2 830	491	10 280	18 766
5 062	13 118	525	1 389	279	5 068	3 867
7 330	11 303	339	621	168	4 432	2 314
1 005	4 146	195	451	138	1 323	901
992	2 646	83	197	35	1 328	786

村 办 工 业

	企业单位数（个）	工业总产值（当年价格）	年末职工人数（人）
总 计	**1 899**	**387 736**	**84 766**
在总计中：轻 工 业	787	108 889	21 584
重 工 业	1 112	278 847	63 182
在总计中：煤炭开采业	4	603	593
非金属矿采选业	145	10 146	6 345
食品加工业	19	7 489	400
食品制造业	240	28 819	4 754
饮料制造业	129	9 127	2 922
纺 织 业	20	2 423	582
服装及其它纤维制品制造业	17	11 706	1 855
皮革、毛皮、羽绒及其制品业	9	1 597	374
木材加工及竹藤、棕草制品业	54	9 380	1 419
家具制造业	21	1 322	233
造纸及纸制品业	15	2 892	555
印 刷 品	10	949	217
化学原料及化学制品业	32	6 461	1 704
塑料制品业	47	8 857	1 171
非金属矿制品业	391	64 552	29 755
黑色金属冶炼及压延加工业	61	44 790	3 711
金属制品业	108	34 585	4 516
普通机械制造业	284	90 589	13 896
交通设备制造业	11	47	63
自来水生产和供应业	—	—	—

主 要 经 济 指 标

价值单位:万元

产品销售收入	利润总额	应交所得税	固定资产原值年末数	流动资产年末数
325 496	**28 430**	**7 506**	**81 176**	**103 008**
98 719	7 981	2 071	24 672	33 240
226 777	20 449	5 435	56 504	69 768
483	32	4	261	86
9 056	823	185	2 221	1 728
3 338	270	52	2 050	1 441
26 752	1 790	409	4 345	7 678
9 169	762	250	1 560	2 193
1 705	161	26	715	584
10 640	992	291	1 085	2 213
1 457	131	36	300	657
8 197	666	200	1 036	2 208
1 615	180	54	274	262
1 731	156	29	431	677
873	111	24	182	177
5 252	439	116	1 200	3 211
7 600	750	200	1 301	2 140
57 150	5 702	1 534	13 051	11 768
36 924	3 354	958	15 657	9 962
27 702	2 258	646	8 168	15 230
72 777	6 067	1 517	11 336	25 693
46	3	—	82	22
—	—	—	—	—

城乡联营工业和

	城镇联营工业			农村联营	
	户数(户)	从业人员(人)	工业总产值(当年价格)	户数(户)	从业人员(人)
总　　计	**387**	**7 411**	**12 936**	—	—
在总计中:轻工业	281	5 103	7 995	—	—
重工业	106	2 308	4 941	—	—
在总计中:按县(市)分					
榆树市	—	—	—	—	—
九台市	—	—	—	—	—
农安县	—	—	—	—	—
德惠市	—	—	—	—	—
双阳县	—	—	—	—	—
南关区	215	3 563	6 548	—	—
宽城区	89	1 687	3 161	—	—
朝阳区	36	443	736	—	—
二道河子区	47	1 718	2 491	—	—
郊区	—	—	—	—	—

城乡个体工业主要指标

产值单位:万元

工业	城镇个体工业			农村个体工业		
工业总产值（当年价格）	户数（户）	从业人员（人）	工业总产值（当年价格）	户数（户）	从业人员（人）	工业总产值（当年价格）
—	**7 749**	**23 958**	**70 409**	**37 681**	**107 993**	**304 373**
—	5 079	15 432	44 064	23 436	64 363	149 805
—	2 670	8 526	26 345	14 245	43 030	154 568
—	1 022	3 782	9 809	10 418	26 411	41 844
—	689	3 018	9 254	6 839	19 846	39 751
—	3 267	9 191	20 845	8 955	29 102	37 820
—	133	303	4 208	4 516	11 959	43 040
—	479	1173	6 206	3 225	8 191	30 887
—	292	2 346	519	117	923	3 502
—	372	749	678	188	1 823	10 901
—	495	991	652	642	3 144	32 466
—	135	335	150	153	1 664	12 101
—	865	2 070	18 088	2 628	5 930	52 061

市 区 大 中 型 工 业 企 业

	工业总产值		资本金	流动资产平均数	固定资产原值
	不变价格	当年价格			
第一汽车集团公司	15 240 820	20 953 280	3 597 138	11 651 310	6 733 393
长春客车工厂	691 997	1 168 200	314 080	429 820	489 210
首钢吉林柴油机厂	176 644	188 572	117 155	260 878	171 081
长春发电设备总厂	71 599	105 390	58 111	108 109	114 854
卫生部长春生物制品研究所	146 550	150 950	113 806	86 550	121 910
长春卷烟厂	378 630	494 830	109 612	590 826	134 291
长春航空机载设备厂	100 560	96 980	100 833	90 613	117 700
长春机车厂	98 512	175 753	114 570	88 480	240 190
长春养殖加工总厂	51 560	70 352	113 220	52 293	138 236
长春电话设备厂	245 655	222 604	26 824	140 914	73 050
中国人民解放军三五〇四工厂	132 558	137 220	36 849	93 157	34 655
公安部长春消防器材总厂	27 230	47 302	10 251	28 551	18 218
一汽四环公司车身车架厂	30 390	30 390	12 973	13 077	18 753
一汽四环公司变型车厂	12 301	12 301	3 359	7 272	17 261
一汽四环公司化油器滤清器厂	14 000	14 000	15 390	8 358	18 016
吉林省东方制药公司	13 390	14 300	18 708	21 090	22 585
长春东宝制药厂	5 420	3 810	4 247	16 373	12 600
长春电业局	114 490	204 150	237 442	88 529	1 085 995
吉林东光精密机械厂	21 160	23 740	37 280	72 360	49 780
一汽大众汽车有限公司	367 537	1 271 448	1 680 000	1 415 001	667 699
长春热电二厂	194 210	448 570	14 790	56 997	943 982
吉林省光明仪器厂	25 456	24 534	30 959	78 379	93 793
吉林省长春胶合板厂	61 813	84 861	28 271	96 391	87 787
吉林省胜利零件厂	4 325	4 325	2 3637	25 231	49 013
长春新华印刷厂	51 660	59 185	23 956	17 179	54 598
吉林正大有限公司	190 140	305 070	2 000	74 722	65 950
长春开关厂	20 130	26 237	14 027	28 683	38 015
中国轻工业机械厂	26 060	28 190	20 486	26 027	49 721
吉林省利民油泵厂	17 420	20 700	4 015	63 489	83 245
吉林省北方制药厂	9 050	8 360	18 708	21 090	22 585
长春北华制药厂	7 400	7 700	16 377	29 536	13 483
吉林省胶鞋总厂	42 400	51 110	14 657	63 975	29 752
长春石棉制品厂	37 530	35 422	19 531	43 926	64 403

主要经济指标

单位：千元

固定资产净值平均数	流动负债	所有者权益	产品销售收入	产品销售税金及附加	管理费用	财务费用	利润总额	工业增加值	应交增值税
3 403 680	10 758 852	4 264 039	17 305 290	414 210	1 072 169	471 333	704 613	6 013 220	810 609
244 589	426 270	373 680	994 730	460	101 710	23 380	18 410	202 420	38 000
88 751	251 036	152 031	150 385	—	23 509	19 652	87	58 668	4 184
60 102	118 769	84 770	83 457	463	20 043	2 970	35	41 699	6 329
77 591	39 166	155 409	116 172	1 006	26 143	3 701	34 661	51 914	10 195
92 007	559 546	125 826	449 038	147 457	67 806	50 147	0	173 407	53 548
65 979	69 199	48 487	67 282	147	11 468	6 517	0	24 222	2 166
125 300	118 030	119 210	151 160	1 200	29 990	7 250	−20 000	45 513	12 500
116 175	65 900	114 610	101 722	190	12 300	4 430	−5 230	17 588	0
31 683	151 080	29 229	125 564	975	27 680	6 944	2 397	56 263	9 261
18 602	55 149	46 638	114 222	22	10 892	3 767	3 088	28 826	22
11 983	28 733	8 974	38 052	138	7 247	2 186	−1 524	4 074	2 643
9 690	13 053	11 755	27 794	322	9 158	0	−96	13 958	1 818
14 335	6 770	14 698	25 683	402	769	−57	3 309	3 929	3 848
14 654	9 302	15 390	14 531	156	1 713	86	524	6 364	0
19 637	18 914	21 338	7 554	123	2 939	519	1 238	5 525	930
11 694	14 222	15 030	2 583	24	1 250	25	−989	1 534	147
783 577	28 142	467 563	204 150	1 913	—	23 203	61 385	163 728	27 018
25 770	89 500	32 370	26 010	—	11 680	8 690	610	5 140	0
211 367	900 442	1 348 819	913 268	5 059	141 742	33 052	−158 921	478 744	89 942
796 333	94 838	157 155	448 572	4 014	—	43 339	21 618	132 547	41 116
79 736	131 264	12 574	20 978	157	7 436	10 560	−16 335	−4 967	1 571
32 999	99 582	35 868	56 356	277	12 146	3 338	33	23 064	1 744
43 101	70 837	17 229	2 275	6	2 840	1 565	−4 661	1 344	166
28 405	18 321	25 410	19 968	81	7 071	1 021	−4 833	10 048	817
48 840	71 599	60 965	285 135	0	14 809	5 190	38 333	48 670	0
13 908	38 496	19 680	22 412	122	4 595	2 638	−4 407	7 827	1 230
33 352	36 486	8 738	25 095	149	4 872	4 232	239	5 958	2 764
65 907	82 788	−2 381	17 445	125	6 229	2 737	−6 999	4 412	1 251
19 637	13 505	21 338	7 554	123	2 939	519	1 238	3 175	930
10 583	17 832	20 349	3 658	38	757	829	−1 123	2 602	105
10 127	89 056	−13 534	33 453	0	2 661	5 163	−5 764	6 364	0
16 312	43 224	20 642	38 838	174	5 673	2 693	1	5 325	1 736

市区大中型工业企业

	工业总产值		资本金	流动资产平均数	固定资产原值
	不变价格	当年价格			
长春市墙体材料总厂	10 660	12 259	5 823	28 008	38 248
长春市防水材料厂	23 340	32 030	9 649	27 958	49 916
长春双阳水泥厂	74 520	162 600	400	140 589	519 940
长春市跃进水泥厂	41 643	89 929	23 700	34 597	97 892
长春建筑陶瓷有限公司	28 259	26 760	140 974	44 910	125 433
长春市大理石厂	6 316	8 269	11 885	11 632	20 176
长春皮尔金顿安全玻璃有限公司	10 021	19 770	101 858	37 440	37 884
长春宇光电子厂	11 091	11 091	14 673	19 412	25 501
长春市微电子厂	760	746	12 490	19 491	21 296
长春汽油机股份有限公司	572 350	785 029	112 500	231 609	24 385
长普油封有限公司	—	—	30 000	6 340	41 480
长春市专用汽车制造厂	6 951	10 019	6 467	41 138	50 634
长春市汽车配件一厂	20 795	21 727	6 133	20 219	8 329
长春市汽车油箱厂	24 512	29 175	8 800	23 322	11 247
长春市纺织机械厂	7 610	7 610	6 825	16 855	9 482
长春市第一毛纺厂	3 414	2 887	10 034	45 984	67 769
长春市卫生材料厂	910	1 050	5 575	43 116	18 053
长春印染厂	—	—	21 571	69 478	33 062
长春市第一针织厂	370	610	17 038	3 310	5 672
长春市毛纺织厂	5 191	7 137	6 081	32 498	19 868
长春市绒织厂	33	37	5 000	6 213	3 472
长春钢铁总厂	66 910	202 430	23 913	137 305	92 173
长春冷弯型钢股份有限公司	66 350	119 235	34 779	120 295	82 454
长春铝材厂	47 877	46 884	5 737	36 191	59 071
长春制药厂	80 000	88 758	32 117	151 706	57 695
长春市中药厂	24 320	29 000	10 851	39 586	30 013
长春气象仪器厂	12 060	12 390	8 059	14 685	27 211
长春第一光学仪器厂	8 160	5 325	20 693	20 891	137 668
长春市仪表总厂	17 505	14 320	2 201	15 495	29 636
长春试验机集团公司	20 340	14 811	20 904	50 945	52 215
长春市色织布总厂	13 418	20 487	3 509	58 285	27 882
长春市纺织厂	184 504	307 262	53 110	262 773	195 368
长春市羊草沟煤矿	19 070	41 312	44 396	31 484	53 741

主 要 经 济 指 标

单位:千元

固定资产净值平均数	流动负债	所有者权益	产品销售收入	产品销售税金及附加	管理费用	财务费用	利润总额	工业增加值	应交增值税
18 712	17 875	16 196	13 035	78	3 010	1 107	—3 446	4 637	793
37 408	47 954	3 972	23 989	106	4 695	1 616	—3 912	3 875	1 957
507 516	188 607	462	121 757	259	11 829	42 228	139	28 496	6 474
32 566	50 098	28 042	70 249	528	10 387	840	628	33 788	3 585
87 191	48 527	66 623	25 471	—	1 662	418	1 075	6 774	1 402
10 174	12 770	10 816	7 576	60	1 207	635	—897	—1 153	315
25 642	16 572	108 832	15 816	—	2 611	1 401	—1 449	4 494	724
24 838	46 036	—24 656	12 142	1	5 760	1 979	—2 998	1 456	0
11 978	63 705	—25 644	320	18	4 411	407	—1 905	—197	0
61 004	213 190	211 496	627 874	67 797	75 796	2 538	48 404	164 856	20 473
3 746	6 553	29 364	42	0	561	9	—635	—	0
29 623	84 273	—24 370	12 806	126	8 799	7 805	—16 994	—2 959	1 009
13 042	20 409	7 578	17 147	108	3 166	2 164	0	7 116	1 234
7 588	23 679	6 413	26 245	149	4 955	802	98	5 992	1 042
2 834	12 759	7 155	6 838	66	1 626	222	112	713	650
36 625	103 286	—50 652	2 075	—20	10 726	22 972	—15 188	2 648	1 519
9 756	55 584	—1 408	9 651	38	2 237	4 227	—4 026	—5 706	381
24 619	104 070	—16 064	5 483	0	5 277	2 309	—12 464	—	0
3 105	51 186	—37 982	7 707	13	1 977	5 567	—15 044	—11 561	637
4 371	37 958	—10 790	10 797	131	6 318	2 336	—7 743	—4 886	1 258
2 201	40 937	—36 934	1 827	11	13 770	3 883	—18 619	—1 242	0
39 506	174 695	24 352	159 129	341	9 600	8 372	3	94 464	3 663
45 084	132 329	28 937	94 912	200	7 106	10 426	—23 200	—5 562	3 992
53 517	31 391	13 194	38 081	46	3 168	2 298	129	8 941	455
32 113	163 971	32 463	92 619	624	10 919	7 983	103	12 338	6 896
13 536	37 581	13 691	24 336	219	4 051	2 317	12	11 441	2 192
8 002	12 445	15 815	10 317	67	3 053	1 161	0	2 987	705
26 326	15 537	26 893	8 247	239	4 238	1 662	—2 266	—1 387	901
13 170	12 604	1 360	12 922	101	2 647	1 933	59	4 710	1 145
17 016	49 490	15 523	29 109	292	10 673	3 479	—4 483	—8 788	3 080
24 432	62 638	—13 372	17 731	—	7 518	1 037	—4 960	6 963	220
99 906	302 298	45 271	246 959	1 250	18 866	28 362	3 272	87 347	12 263
46 969	30 415	50 637	38 993	465	5 142	—89	3 089	24 727	2 504

市 区 大 中 型 工 业 企 业

	工业总产值		资本金	流动资产平均数	固定资产原值
	不变价格	当年价格			
长春市化工三厂	13 900	15 200	5 320	7 890	15 806
长春市有色金属加工厂	47 877	46 884	5 737	36 191	59 071
长春市油漆厂	97 790	113 510	68 070	70 561	119 042
国营七九三厂	48 800	43 180	10 092	61 460	127 820
长春无线电一厂	81 910	65 430	40 714	246 687	73 849
长春市半导体厂	21 020	17 172	12 787	51 047	32 191
长春变压器厂	81 980	91 363	10 950	100 177	57 710
吉林汽车制动器厂	37 310	40 050	27 799	59 220	125 141
长春市电线厂	16 050	17 332	8 886	20 514	20 001
长春量具刃具厂	17 402	26 560	9 729	24 854	14 467
长春锅炉厂	30 477	37 895	16 303	38 986	29 350
长春市东方机械厂	6 102	8 180	6 232	30 695	14 911
长春电炉股份有限公司	45 320	45 930	30 214	83 868	49 368
长春焊机制造厂	18 720	27 380	17 512	57 697	35 414
长春电机厂	32 102	54 570	6 690	64 077	24 330
长春电动工具股份有限公司	40 013	70 864	16 860	54 781	47 870
长春水泵厂	28 850	41 480	18 743	21 835	24 520
长春印刷机械厂	19 126	28 404	12 930	34 049	36 361
长春第一机床厂	27 400	55 830	34 210	73 469	58 800
长春高中压阀门厂	14 000	15 460	8 168	17 947	18 733
长春市水箱制造厂	8 290	8 633	5 702	3 350	15 479
长春拖拉机制造厂	344 588	519 907	140 286	558 923	329 108
长春市化工五厂	26 520	21 550	12 948	21 767	24 110
长春市化工一厂	19 840	21 610	2 616	2 278	23 121
长春市化工二厂	9 600	10 080	7 063	19 530	21 353
长春市天然气化学工业公司	33 650	38 980	38 375	40 203	72 096
长春市轮胎厂	160 160	118 690	9 017	213 980	37 973
长春市橡胶制品厂	47 750	41 560	11 996	35 880	42 085
长春橡胶厂	2 530	2 590	12 821	54 930	15 029
长春市铝制品厂	4 130	5 500	8 542	11 298	20 033
长春市塑料一厂	42 440	53 860	15 680	25 120	23 342
长春市玻璃容器厂	4 910	4 910	6 380	1 194	15 682
长春市搪瓷厂	14 833	20 584	6 730	32 567	26 227

主 要 经 济 指 标

单位:千元

固定资产净值平均数	流动负债	所有者权益	产品销售收入	产品销售税金及附加	管理费用	财务费用	利润总额	工业增加值	应交增值税
8 030	18 169	2 559	13 464	−139	1 505	991	−2 379	2 270	293
5 3517	31 391	13 194	38 081	46	3 168	2 298	129	8 941	455
35 095	79 865	76 011	95 937	554	11 264	9 553	112	34 053	5 965
58 241	71 602	−6 790	32 130	141	13 071	10 285	−19 932	−328	1 635
33 911	337 639	−78 248	52 880	500	21 381	27 581	−46 001	−33 901	3 751
16 507	46 176	−28 324	8 852	32	8 592	3 955	−12 975	−595	317
36954	97560	16720	77890	1050	9 780	7 600	3 410	22 113	7 790
110 210	123 668	−2 799	33 441	—	14 596	13 418	−17 143	5 420	—
14 246	30 040	2 448	15 202	5	1 868	2 251	−1 197	−714	46
8 608	25 656	10 351	22 978	176	3 784	1 749	1 437	10 840	1 757
18 318	43 880	17 185	27 016	180	3 970	1 957	1 414	13 987	4 645
11 365	51 863	23 406	9 052	77	4 173	1 246	−4 997	−2 003	691
30 195	64 198	44 373	48 992	943	8 339	2 448	2 226	15 415	3 991
19 813	44 945	18 616	20 979	43	9 568	3 094	−4 770	8 282	2 229
15 527	79 090	6 997	41 484	78	4 288	6 183	1 145	2 690	1 083
35 137	52 560	17 280	51 030	310	6 250	4 650	1 480	15 636	3 210
2 030	40 405	0	21 983	188	4 842	4 633	1 012	8 555	1 880
15 276	28 471	12 642	23 009	153	5 170	1 354	207	10 268	1 511
25 180	53 610	43 950	38 080	330	9 020	2 900	3 690	28 088	3 500
8 829	21 975	18 270	13 314	56	3 743	1 307	39	4 940	689
7 125	32 636	5 072	6 512	−341	1 900	1 150	−981	−1 443	−40
218 065	230 428	83 641	46 767	0	38 145	50 703	114	5 361	9 987
13 097	34 040	771	20 216	82	2 051	1 466	−7 451	−5 228	819
15 170	29 398	−6 978	18 083	100	8 117	212	−6 781	4 400	782
8 340	39 048	−5 728	17 264	172	2 472	2 199	−7 452	−2 270	641
26 020	20 230	58 616	38 608	501	3 664	4 814	2 208	7 466	1 259
15 150	226 126	−12 238	97 842	8 608	7 971	16 716	−27 785	−11 410	576
9 320	55 504	13 347	34 760	314	3 494	4 226	533	−7 840	3 142
8 870	74 993	−14 696	11 529	184	4 658	4 545	−13 947	−7 360	1 828
9 845	22 891	−3 545	6 855	63	7 207	1 290	−8 595	365	282
13 500	27 368	2 439	40 292	255	6 046	2 283	720	10 780	3 300
1 253	21 538	−4 754	204	4	1 741	888	−2 873	1 473	0
14 582	54 247	−15 882	17 226	113	8 473	3 039	−7 593	−2 319	1 150

市区大中型工业企业

	工业总产值		资本金	流动资产平均数	固定资产原值
	不变价格	当年价格			
长春市第二食品厂	10 020	9 550	3 512	29 461	13 704
长春市第一食品厂	41 690	52 610	2 382	32 197	79 228
吉林省永安电动工具厂	32 760	43 310	20 541	47 757	52 300
长春市保温瓶厂	19 248	25 241	11 552	29 971	14 251
长春市灯泡电线厂	79 354	86 484	24 499	82 768	46 703
长春市嘉美制缸厂	28 221	28 261	8 567	29 774	27 584
长春市衡器制造公司	11 284	16 327	18 101	23 941	32 272
长春市君子兰工业集团(公司)	113 290	119 440	74 645	162 147	137 857
长春市自行车总厂	9 780	9 780	8 837	42 266	43 781
长春市印刷厂	7 059	5 681	1 845	18 605	11 695
长春市酿酒总厂	6 000	6 790	11 730	18 960	16 048
长春市啤酒总厂	17 823	19 686	11 126	14 978	19 033
长春市钟表总厂	14 654	9 461	67 542	35 244	24 180
长春市造纸厂	9 770	9 863	1 220	3 094	60 108
长春市玻璃仪器厂	12 810	13 430	4 694	10 849	11 227
长春市陶瓷总厂	20 600	21 900	9 830	20 563	38 718
长春市三友模具有限公司	16 490	16 490	17 600	19 645	25 415
长春市煤气公司	153 872	247 780	505 000	188 697	785 373
长春市自来水公司	50 625	132 350	328 207	51 601	539 118
长春市热力公司	31 180	130 140	211 293	48 761	213 629
长春市食品工业公司	6 460	10 210	7 981	30 448	18 746
长春市春城酿酒公司	15 360	22 560	10 019	23 559	17 245
长春市豆制公司	21 690	25 920	5 977	14 723	12 574
长春市酿造公司	31 510	36 760	10 769	15 660	31 573
长春市淀粉厂	12 170	14 250	6 673	8 455	10 397
长春市油脂、油料经营(集团)公司	13 360	30 050	17 500	156 430	16 037
长春市粮油工贸总公司	117 780	130 692	32 886	39 256	20 694
长春市第一面粉厂	14 790	41 513	5 845	23 906	12 172
长春市中兴面粉厂	42 200	43 518	20 036	2216	23401
长春市挂面厂	2 565	11 210	11 313	13 488	13 688
长春市粮油加工厂	77 142	118 926	13 568	6 223	16 884
长春市乳品公司	14 230	19 452	3 830	6 319	37 981
长春市第二面粉厂	21 317	61 626	6 768	6 826	25 125

主要经济指标

单位:千元

固定资产净值平均数	流动负债	所有者权益	产品销售收入	产品销售税金及附加	管理费用	财务费用	利润总额	工业增加值	应交增值税
4 861	26 718	−807	9 027	291	4 259	1 905	−7 800	4 480	0
69 279	85 073	−22 418	44 924	232	5 911	5 218	−11 988	7 430	2 539
61 653	74 769	8 740	34 421	132	4 205	5 088	−7 164	8 551	1 043
9 449	37 376	−4 146	23 704	371	6 292	2 815	−5 808	7 506	427
33 365	81 570	24 882	95 207	654	8 363	8 131	1 519	31 420	6 650
20 352	41 079	9 148	23 489	160	3 855	1 837	623	9 823	1 707
16 221	19 005	19 913	13 806	139	3 051	1 324	21	6 420	1 385
86 517	240 449	−17 519	123 174	607	14 531	10 384	−14 856	29 120	3 070
32 144	103 330	−43 689	6 730	33	2 917	2 071	−4 868	2 766	456
5 463	22 857	−12 435	5 341	37	2 219	1 827	−4 006	183	344
9 126	35 326	−4 005	2 817	40	4 102	1 477	−5 045	−2 299	0
15 596	33 978	7 889	14 643	2 945	2 916	2 083	−4 780	8 129	1 000
13 772	50 888	−6 087	11 086	69	3 406	2 202	−299	−1 962	690
15 110	50 711	−15 156	11 689	122	2 627	1 856	6 964	−661	711
9 116	20 765	2 787	7 026	27	1 884	732	4	4 200	272
23 518	26 851	3 927	20 222	229	2 366	3 398	−2 452	4 826	935
19 901	23 010	18 735	16 940	60	2 891	1 844	1 060	−5 600	1 870
530 687	352 237	659 343	221 766	1 449	25 953	11 999	−30 420	35 721	12 941
353 301	52 158	440 109	117 385	655	12 838	140	−11 701	44 499	7 683
193 910	98 628	213 776	94 017	338	8 765	371	2 682	50 237	5 476
12 268	38 353	−478	17 367	169	3 389	383	−294	3 594	748
9 985	28 883	11 710	21 189	2 311	4 807	1 852	−945	4 345	1 897
8 074	14 178	5 707	13 415	71	1 811	118	−184	4 972	51
13 790	13 260	15 328	31 176	246	5 457	826	−203	6 420	2 513
7 450	11 977	6 421	12 902	39	1 663	1 014	1	2 060	400
14 793	199 519	−29 369	23 186	245	6 937	12 543	−24 437	8 414	0
13 692	57 534	19 735	130 691	0	7 887	10 559	4 914	294 92	0
10 017	34 380	6 074	33 981	0	1 112	0	1 321	14 102	0
21 104	2 577	20 037	38 198	0	881	0	2 175	10 008	647
9 894	13 994	10 700	22 146	118	2 810	866	−415	−8 675	1 093
6 286	702	19 008	9 962	0	0	0	5 032	17 679	0
31 594	13 981	−97	15 808	87	1 571	3 122	−3 412	14 078	442
131 18	12 606	9 411	47 456	0	220	−34	1 513	18 488	0

建　筑　业　企　业

	计量单位	代码	总计	大中型企业	
					国有经济
甲	乙	丙	1	2	3
企业个数	个	01	173	14	80
建筑业总产值	千元	02	4 269 838	3 053 799	3 759 022
1.建筑工程	千元	03	3 705 215	2 680 294	3 303 653
2.安装工程	千元	04	501 731	341 932	406 428
3.房屋构筑物修理	千元	05	22 887	12 358	12 896
4.非标准设备制造	千元	06	40 005	19 215	36 045
竣工单位	千元	07	2 624 353	1 651 420	2 164 748
单位工程施工个数	个	08	3 743	2 437	3 026
其中:本年新开工个数	个	09	1 600	600	1 053
其中:投标承包个数	个	10	430	330	391
单位工程竣工个数	个	11	1 588	501	977
竣工的优良单位工程个数	个	12	757	313	460
房屋建筑施工面积	平方米	13	5 160 907	3 081 631	4 253 540
其中:本年新开工面积	平方米	14	2 813 848	1 362 344	2 112 694
其中:投标承包面积	平方米	15	1 044 409	732 229	89 2729
房屋建筑竣工面积	平方米	16	2 821 571	1 187 432	2 051 886
房屋建筑优良工程竣工面积	平方米	17	727 158	468 097	588 895
自有机械设备年末总台数	台	18	17 968	12 266	14 723
自有机械设备年末总功率	千瓦	19	892 446	767 837	844 594
其中:施工机械功率	千瓦	20	338 237	234 894	302 351
自有机械设备净值	千元	21	440 440	348 090	400 401
计算建筑业全员劳动生产率的平均人数	人	22	146 055	82 014	114 944

生　产　情　况(一)

经济类型							
中央单位	地方单位	城镇集体经济	城镇私营经济	联营经济	股份制经济	外商投资经济	港澳台投资经济
4	5	6	7	8	9	10	11
9	71	88	—	—	1	4	—
1 598 747	2 160 275	496 546	—	—	5 950	8 320	—
1 305 667	1 997 986	401 562	—	—	—	—	—
279 653	126 775	81 353	—	—	5 950	8 000	—
8 732	4 164	9 991	—	—	—	—	—
4 695	31 350	3 640	—	—	—	320	—
625 905	1 538 843	445 335	—	—	5 950	8 320	—
620	2 406	702	—	—	3	12	—
444	609	535	—	—	3	9	—
252	139	39	—	—	—	—	—
383	594	596	—	—	3	12	—
339	121	287	—	—		10	—
652 913	3 600 627	907 367	—	—	—	—	—
408 816	1 703 878	701 154	—	—	—	—	—
373 312	519 417	151 680	—	—	—	—	—
213 339	1 838 547	769 685	—	—	—	—	—
113 080	475 815	138 263	—	—	—	—	—
4 066	10 657	3 144	—	—	93	8	—
133 354	711 240	47 347	—	—	278	227	—
102 613	199 738	35 555	—	—	204	127	
160 667	239 734	39 597	—	—	142	300	—
34 468	80 476	30 437	—	—	350	324	—

建　筑　业　企　业

	计量单位	代码	行业		
			土木工程建筑业	房　屋	矿　山
甲	乙	丙	12	13	14
企业个数	个	01	127	85	—
建筑业总产值	千元	02	3 688 955	2 482 920	—
1.建筑工程	千元	03	3 482 170	2 421 160	—
2.安装工程	千元	04	164 256	44782	—
3.房屋构筑物修理	千元	05	20 674	11 935	—
4.非标准设备制造	千元	06	21 855	5 043	—
竣工产值	千元	07	2 268 288	1 529 486	—
单位工程施工个数	个	08	3 157	967	—
其中:本年新开工个数	个	09	1 163	642	—
其中:投标承包个数	个	10	424	343	—
单位工程竣工个数	个	11	1 151	671	—
竣工的优良单位工程个数	个	12	531	254	—
房屋建筑施工面积	平方米	13	4 979 089	3 344 698	—
其中:本年新开工面积	平方米	14	2 675 768	1 948 372	—
其中:投标承包面积	平方米	15	1 042 709	681 592	—
房屋建筑竣工面积	平方米	16	2 642 973	1 944 218	—
房屋建筑优良工程竣工面积	平方米	17	678 892	466 192	—
自有机械设备年末总台数	台	18	15 113	8 366	—
自有机械设备年末总功率	千瓦	19	841 084	168 163	—
其中:施工机械功率	千瓦	20	299 745	118 717	—
自有机械设备净值	千元	21	375 226	204 829	—
计算建筑业全员劳动生产率的平均人数	人	22	131 886	87 146	—的平均人数

生　产　情　况(二)

类别						
铁路公路遂道桥梁	堤坝电站码头	其他土木工程	线路管道设备安装业			装修装饰业
				线路管道业	设备安装业	
15	16	17	18	19	20	21
7	—	35	23	16	7	23
346 936	—	859 099	371 789	247 980	123 809	209 094
346 266	—	714 744	188 675	186 825	1 850	34 370
670	—	118 804	182 114	61 155	120 959	155 361
—	—	8 739	—	—	—	2 213
—	—	16 812	1 000	—	1 000	17 150
75 452	—	663 350	166 526	136 867	29 659	189 539
83	—	2 107	443	300	143	143
72	—	449	364	265	99	73
2	—	79	2	2	—	4
57	—	423	309	243	66	128
29	—	248	144	123	21	82
—	—	1 634 391	123 892	92 654	31 238	57 926
—	—	727 396	82 154	62 154	20 000	55 926
—	—	361 117	—	—	—	1 700
—	—	698 755	117 906	84 146	33 760	60 692
—	—	212 700	45 500	45 500	—	2 766
1 546	—	5 201	1 801	1 050	751	1 054
110 119	—	562 802	36 416	22 688	13 728	14 946
77 584	—	103 444	28 291	18 668	9 623	10 201
80 268	—	90 129	38 794	36 345	2 449	26 420
10 678	—	34 062	8 174	5 472	2 702	5 995

建　筑　业　企　业

	计量单位	代　码	总　计	大中型企业	国有经济
甲	乙	丙	1	2	3
一、资本金合计	千　元	01	1 001 195	—	890557
二、年末资产负债					
流动资产合计	千　元	02	3 344 079	—	3 088 630
其中:存　货	千　元	03	605 309	—	544 663
其中:在建工程	千　元	04	202 646	—	178 550
固定资产合计	千　元	05	805 931	—	697 120
固定资产原价合计	千　元	06	1 474 382	—	1 371 624
其中:生产经营用	千　元	07	1 073 669	—	1 014 447
累计折旧	千　元	08	414 684	—	390 613
其中:本年折旧	千　元	09	102 321	—	94 970
资产总计	千　元	10	4 665 424	—	4 276 274
流动负债合计	千　元	11	3 060 855	—	2 862 920
长期负债合计	千　元	12	129 926	—	122 755
所有者权益合计	千　元	13	1 033 052	—	941 029
其中:股　本	千　元	14	50 029	—	40 251
三、损益及分配					
工程结算收入	千　元	15	3 985 805	—	3 526 803
工程结算成本	千　元	16	3 436 236	—	3 033 367
工程结算税金	千　元	17	119 474	—	103 223
工程结算利润	千　元	18	430 098	—	390 213
其他业务利润	千　元	19	28 302	—	25 282
管理费用	千元	20	289 453	—	254 794
其中:税　金	千　元	21	3 389	—	2 577
劳动待业保险费	千　元	22	22 667	—	22 158
利润总额(亏损为—)	千　元	23	55 030	—	47 903
应交所得税	千　元	24	16 869	—	14 155
转作奖金利润	千　元	25	2 003	—	1884
应付利润	千　元	26	15 680	—	7695
其中:已分配股利	千　元	27	—	—	—
四、工艺、福利费					
本年应付总额	千　元	28	546 646	—	439 157
本年应付福利费	千　元	29	67 688	—	59 967
五、建筑业增加值	千　元	30	1 266 546	—	1 098 944
六、亏损企业个数	个	31	19	—	11

财　务　状　况(一)

经济类型							
		城镇集体经济	城镇私营经济	联营经济	股份制经济	外商投资经济	港澳台投资经济
中央单位	地方单位						
4	5	6	7	8	9	10	11
324 391	566 166	103 373	—	—	3 000	4 265	—
1 131 689	1 956 941	239 693	—	—	1 167	14 589	—
270 075	274 588	60 399	—	—	—	247	—
74 675	103 875	24 096	—	—	—	—	—
182 284	514 836	105 553	—	—	864	2 394	—
591 559	780 065	98 160	—	—	682	3 916	—
499 124	515 323	56 905	—	—	523	1 794	—
119 723	270 890	22 320	—	—	74	1 677	—
44 758	50 212	6 894	—	—	31	426	—
1 693 840	2 582 434	370 076	—	—	2 031	17 043	—
1 173 814	1 689 106	185 765	—	—	—	12 170	—
62 060	60 695	7 171	—	—	—	—	—
404 730	536 299	86 033	—	—	1 775	4 215	—
—	40 251	9 778	—	—	—	—	—
1 519 445	2 007 358	434 490	—	—	5 950	18 562	—
1 289 270	1 744 097	382 096	—	—	4 810	15 963	—
39 382	63 841	15 486	—	—	196	569	—
190 793	199 420	36 908	—	—	944	2 033	—
18 697	6 585	3 020	—	—	—	—	—
106 652	148 142	32 671	—	—	851	1 137	—
509	2 068	812	—	—	—	—	—
273	21 885	500	—	—	9	—	—
20 087	27 816	7 295	—	—	1	−169	—
6 388	7 767	2 448	—	—	—	266	—
1 034	850	119	—	—	—	—	—
7 056	639	161	—	—	—	7 824	—
—	—	—	—	—	—	—	—
144 637	294 520	105 255	—	—	301	1 933	—
17 418	42 549	7 375	—	—	52	294	—
436 466	662 478	160 832	—	—	1 533	5 237	—
0	11	7	—	—	—	—	—

建 筑 业 企 业

	计量单位	代码	行业		
			土木工程建筑业	房屋	矿山
甲	乙	丙	12	13	14
一、资本金合计	千元	01	808 082	408 961	—
二、年末资产负债					
流动资产合计	千元	02	2 889 221	1 519 051	—
其中:存　货	千元	03	499 315	319 747	—
其中:在建工程	千元	04	167 399	97 252	—
固定资产合计	千元	05	625 540	237 151	—
固定资产原价合计	千元	06	1 222 862	634 472	—
其中:生产经营用	千元	07	929 570	544 708	—
累计折旧	千元	08	341 298	129 908	—
其中:本年折旧	千元	09	85 117	47 198	—
资产总计	千元	10	4 008 668	2 153 973	—
流动负债合计	千元	11	2 651 927	1 469 695	—
长期负债合计	千元	12	117 958	77 090	—
所有者权益合计	千元	13	832 790	486 245	—
其中:股　本	千元	14	50 029	50 029	—
三、损益及分配					
工程结算收入	千元	15	3 473 555	2 295 228	—
工程结算成本	千元	16	3 002 150	1 977 240	—
工程结算税金	千元	17	103 294	71038	—
工程结算利润	千元	18	368 111	246 950	—
其他业务利润	千元	19	26 915	19 989	—
管理费用	千元	20	247 193	143 848	—
其中:税　金	千元	21	2 385	1 662	—
劳动、待业保险费	千元	22	22 264	9 486	—
利润总额(亏损为一)	千元	23	44 433	35 175	—
应交所得税	千元	24	13 382	10 671	—
转作奖金利润	千元	25	1 628	543	—
应付利润	千元	26	7 848	7 840	—
其中:已分配股利	千元	27	—	—	—
四、工资、福利费					
本年应付工资总额	千元	28	471 142	305 377	—
本年应付福利费	千元	29	57 205	30 985	—
五、建筑业增加值	千元	30	1 084 780	697 714	—
六、亏损企业个数	个	31	17	10	—

财　务　状　况(二)

类　别						
铁路公路遂道桥梁	堤坝电站码头	其他土木工程	线路管道设备安装业			装修装饰业
				线路管道业	设备安装业	
15	16	17	18	19	20	21
132 439	—	266 682	113 301	75 671	37 630	79 812
329 277	—	1 040 893	311 550	170 592	140 958	143 308
40 713	—	138 855	83 046	59 171	23 875	22 948
31 434	—	38 713	32 947	32 747	200	2 300
128 942	—	259 447	112 917	75 865	37 052	67 474
183 283	—	405 107	163 249	104 284	58 965	88 271
105 333	—	279 529	98 488	58 170	40 318	45 611
56 848	—	154 542	51 705	29 683	22 022	21 681
12 112	—	25 807	12 422	6 761	5 661	4 782
461 087	—	1 393 608	441 608	250 467	191 141	215 148
306 447	—	875 785	295 880	160 267	135 613	113 048
12 898	—	27 970	11 704	4 801	6 903	264
54 648	—	291 897	124 038	76 389	47 649	76 224
—	—	—	—	—	—	—
362 456	—	815 871	295 321	177 836	117 485	216 929
334 076	—	690 834	242 575	143 813	98 762	191 511
6 120	—	26 136	9 238	5 495	3 743	6 942
22 260	—	98 901	43 508	28 528	14 980	18 479
198	—	6 728	1 606	1 596	10	−219
20 828	—	82 517	30 021	18 122	11 899	12 239
2	—	721	738	534	204	266
1	—	12 777	200	143	57	203
−2 746	—	12 004	8 527	7 104	1 423	2 070
218	—	2 493	2 541	2 090	451	946
—	—	1 085	375	375	—	—
8	—	—	7 832	7 832	—	—
—	—	—	—	—	—	—
34 960	—	130 805	47 459	27 560	19 899	28 045
9 175	—	17 045	7 390	4 658	2 732	3 093
84 283	—	302 783	120 347	73 093	47 254	61 419
1	—	6	1	1	—	1

全社会客货运输量

	单位	实际
一、交通系统		
1.铁路		
①货运量	万吨	1 063
②客运量	万人	2 513
2.公路		
①货运量	万吨	631
②货物周转量	万吨公里	12 912
③客运量	万人	1 475
④旅客周转量	万人公里	76 272
3.民航		
①货运量	万吨	0.3
②客运量	万人	27.4
4.管道		
①货运量	万吨	4 438
②货物周转量	万吨公里	592 086
二、非交通系统(公路)		
①货运量	万吨	6 544
②货物周转量	万吨公里	318 046
③客运量	万人	625
④旅客周转量	万人公里	23 796

民用车辆拥有量

指标名称	计量单位	总计	独立核算运输单位	交通部系统	个体及联户
一、民用汽车	辆	70 443	9 806	2 531	15 127
载客量	客位	596 053	95 716	23 879	161 157
载重量	吨位	135 070	18 629	12 084	23 796
1.载客汽车	辆	32 187	4 762	707	8 445
载客量	客位	596 053	95716	23 879	161 157
#大型	辆	9 727	1 525	469	194
载客量	客位	496 757	76 381	21 002	5 951
2.普通载货汽车	辆	34 002	4 634	1 613	6 627
载重量	吨位	123 246	16 682	11 667	23 721
#大型	辆	19 678	3 754	1 475	4 398
载重量	吨位	110 955	21 398	11 351	22 502
3.专用载货汽车	辆	1 871	308	83	15
载重量	吨位	11 824	1 947	417	75
4.其他专用汽车	辆	1 466	102	92	40
5.特种汽车	辆	917	—	36	—
二、轮胎式拖拉机	辆	44 501	—	—	43 936
#手扶拖拉机	辆	10 762	—	—	10 762
三、摩托车	辆	45 584	182	149	27 075
#两轮	辆	27 301	40	30	17 879
#轻便	辆	10 957	—	—	9 196
四、其他机动车	辆	2 763	357	328	2 406
五、载货挂车	辆	1 863	1 204	360	309

邮电业务总量

	单位	实际
全年邮电业务总量	**万元**	**51 627**
出口函件	万件	7 450
出口包件	万件	203
出口汇票	万张	118
报纸杂志发行量		
1.订销报纸期发数	万份	36.1
订销报纸累计数	万份	7 571
2.订销杂志期发数	万份	48.7
订销杂志累计数	万份	727
市内电话年末到达户数	户	272 598
农村电话年末到达户数	户	14 785
无线寻呼年末到达户数	户	114 835
移动电话年末到达户数	户	14 461
邮路总长度	公里	38 785
电报	万份	84.1
年末邮电局(所)数	处	217
年末电话机数	部	378 307
#个人电话	部	211 552
长途电话	万张	5 067

批发、零售贸易业商品购进、销售、库存总额

计量单位:万元

	商品购进总额						年末库存总额
	合计	从生产者购进	农副产品购进	从批发、零售贸易业购进	进口	其他	
甲	1	2	3	4	5	6	14
总计	**1 807 324**	**1 088 709**	**225 806**	**563 902**	**144 629**	**10 086**	**470 260**
一、按经济类型分组:							
国有经济	1 288 817	817 696	200 936	408 336	61 106	1 677	363 949
集体经济	276 780	126 234	23 694	124 813	21 750	3 986	59 572
私营经济	3 686	3 650		32		4	1 788
联营经济	875	852		23			303
股份制经济	202 325	110 872	15	25 261	61 773	4 420	36 981
外商投资经济	33 964	28 526	400	5 438			7 563
港澳台投资经济	880	880	760				104
其他经济							
二、按国民经济行业(中类)分组:							
食品、饮料、烟草和家庭用品批发业	808 836	462 786	208 388	285 750	59 065	1 234	250 642
食品、饮料、烟草批发业	524 481	281 581	203 924	234 800	7 122	982	198 594
棉、麻、土畜产品批发业	16 075	11 878	2 698	4 189		6	2 281
纺织品、服装和鞋帽批发业	143 877	76 089	510	22 358	45 430		13 018
日用百货批发业	14 325	9 962		1 166	3 199		9 967
日用杂品批发业	12 019	8 933	277	2 850		236	3 622
五金、交电、化工批发业	61 727	42 851	880	18 602	264	10	13 112
药品及医疗器械批发业	36 333	31 493	101	1 788	3 051		10 048
能源、材料和机械电子设备批发业	495 318	320 530	149	103 472	64 570	6 746	95 462
能源批发业	48 268	35 335		11 857	1 074	2	5 374
化工材料批发业	11 941	6 924		5 018			2 692
木材批发业	13 563	11 267	110	2 199	32	66	4 766
建筑材料批发业	49 404	24 417		24 986		2	9 922

批发、零售贸易业商品购进、销售、库存总额

计量单位:万元

	商品购进总额						年末库存总额
	合计	从生产者购进	农副产品购进	从批发、零售贸易业购进	进口	其他	
甲	1	2	3	4	5	6	14
矿产品批发业	5 137	5 137					133
金属材料批发业	95 954	62 796		29 768	2 993	397	26 032
机械、电子设备批发业	145 387	73 337	15	11 563	60 471	15	15 206
汽车、摩托车及零配件批发业	102 445	85 933		16 493		19	23 463
再生物资回收批发业	23 217	15 384	24	1 589		6 245	7 870
其他批发业	145 676	72 675	2 638	53 210	19 473	320	20 651
工艺美术品批发业							
图书报刊批发业	23 834	22 079		1 755			1 710
农业生产资料批发业	117 153	48 096	1 050	49 797	18 980	282	18 323
其他类未包括的批发业	4 689	2 500	1 588	1 658	493	38	618
零售业	357 498	232 720	14 631	121 471	1 521	1 788	103 508
食品、饮料和烟草零售业	45 820	25 925	12 442	19 642	220	36	14 870
日用百货零售业	205 452	149 859	1 033	53 624	1 301	671	55 897
纺织品、服装和鞋帽零售业	4 531	1 039	4	3 492			1 037
日用杂品零售业	6 313	3 215	51	2 365		734	3 832
五金、交电、化工零售业	17 642	9 838	23	7 755		49	8 774
药品及医疗器械零售业	13 178	6 702	1 073	6 449		28	7 095
图书报刊零售业	15 612	12 123		3 488			1 051
其他零售业	48 954	24 024	6	24 660		270	10 953
三、按企业规模分组:							
大型企业	586 181	316 410	532	142 414	127 285	72	105 861
中型企业	705 507	408 595	61 740	285 789	10 402	724	147 219
小型企业、附营单位	515 636	363 706	163 536	135 699	6 942	9 291	217 182

批发、零售贸易业商品购进、销售、库存总额

计量单位：万元

	商品销售总额						
	合计	批发					零售
		小计	对生产经营单位批发	农资销售	对批发零售贸易业批发	出口	
甲	7	8	9	10	11	12	13
总计	**2 065 094**	**1 607 802**	**474 675**	**69 587**	**614 107**	**519 021**	**457 293**
一、按经济类型分组：							
国有经济	1 461 008	1 244 210	335 479	17 878	461 377	447 356	216 799
集体经济	305 490	228 255	92 922	50 685	135 310	24	77 236
私营经济	3 909	2 336	763	763	1 573		1 573
联营经济	1 012	588	588				424
股份制经济	248 712	122 210	39 626	260	11 634	70 950	126 503
外商投资经济	44 117	9 459	4 555		4 214	691	34 658
港澳台投资经济	847	746	746				101
其他经济							
二、按国民经济行业(中类)分组：							
食品、饮料、烟草和家庭用品批发业	964 860	894 393	83 491	1 802	382 699	428 203	70 468
食品、饮料、烟草批发业	600 935	549 798	62 484	374	306 081	181 237	51 136
棉、麻、土畜产品批发业	19 367	18 872	5 706	372	3 544	9 623	496
纺织品、服装和鞋帽批发业	173 873	17 375	1 986		4 561	167 187	138
日用百货批发业	18 504	13 385	2 190		11 195		5 119
日用杂品批发业	22 234	21 583	1 505	125	2 533	17 546	650
五金、交电、化工批发业	67 830	59 244	8 511	929	49 214	1 520	8 585
药品及医疗器械批发业	62 120	57 775	1 113	1	5 575	51 090	4 344
能源、材料和机械电子设备批发业	526 644	471 221	302 714	6 718	77 832	90 677	55 421
能源批发业	53 317	36 689	31 543	3 066	5 146		16 627
化工材料批发业	12 065	11 651	7 847		3 804		414
木材批发业	15 330	14 469	6 581		358	7 531	861
建筑材料批发业	56 249	44 675	28 037	1 577	16 638		11 575

批发、零售贸易业商品购进、销售、库存总额

计量单位：万元

	商品销售总额						
	合计	批发					零售
		小计	对生产经营单位批发	农资销售	对批发零售贸易业批发	出口	
甲	7	8	9	10	11	12	13
矿产品批发业	1 589	1 589	1 388		93	108	
金属材料批发业	100 680	95 895	72 757	34	22 437	701	4 785
机械、电子设备批发业	146 180	142 519	47 850	1 774	12 343	82 327	3 661
汽车、摩托车及零配件批发业	114 525	97 625	84 247	3	13 367	11	16 900
再生物资回收批发业	26 709	26 112	22 464	264	3 648		598
其他批发业	166 449	159 871	63 468	58 494	96 260	141	6 581
工艺美术品批发业							
图书报刊批发业	23 582	20 528			20 528		3 054
农业生产资料批发业	137 822	134 837	61 548	58 486	73 288		2 988
其他类未包括的批发业	5 045	4 506	1 921	9	2 444	141	539
零售业	407 142	82 319	25 001	2 573	57 319		324 824
食品、饮料和烟草零售业	46 521	6 065	316	126	5 749		40 457
日用百货零售业	243 511	32 875	9 190	1 678	23 685		210 637
纺织品、服装和鞋帽零售业	4 153	467	354		113		3 686
日用杂品零售业	7 440	2 211	858	277	1 352		5 229
五金、交电、化工零售业	17 768	5 135	904	38	4 231		12 632
药品及医疗器械零售业	17 102	5 243	1 316	4	3 928		11 859
图书报刊零售业	16 590	1 759			1 759		14 832
其他零售业	54 063	28 566	12 064	451	16 502		25 497
三、按企业规模分组：							
大型企业	718 289	546 075	93 667	320	167 004	285 405	172 213
中型企业	796 790	651 801	259 396	56 419	257 236	135 169	144 991
小型企业、附营单位	550 016	409 927	121 615	12 848	189 869	98 447	140 087

批发、零售贸易业商品销售、库存类值

计量单位：万元

	大中型企业						小型企业、附营单位			
	批发额	对生产经营单位批发	出口	零售额	年末库存额	出口	批发额	对生产经营单位批发	零售额	年末库存额
甲	1	2	3	4	5	6	7	8	9	10
总计	1 197 876	353 063	420 574	317 207	253 080	45 509	409 925	121 615	140 085	217 182
食品、饮料、烟酒类	419 509	30 588	198 637	51 734	80 542	34 503	183 854	33 575	54 044	134 948
纺织品类	50 321	864	46 475	15 856	9 116	4 051	18 884	199	5 473	4 745
服装、鞋帽类	59 555	166	57 357	70 618	14 235	3 811	19 336	24	8 228	5 630
日用品类	24 914	900	3413	44 053	15 030	289	14 278	2 496	14 507	10 579
家用电器类	50 160	151	1 152	40 546	16 799		2 890	548	7 969	6 337
文化体育用品类	5 222	1 992		1 0981	3 978		20 866	729	2 294	4 035
化妆品类	1 619	9		4 348	2 027		71		1 362	850
首饰类	2 334		17	12 660	5 106		204		1 269	1 171
中西药品类	59 167	1 278	51 767	13 140	13 207		6 990	756	4 245	4 483
书报、杂志类	20 785			4 869	2 073		3 568		13 093	2 877
石油及制品类	51 384	43 804	119	6 193	4 077		6 280	2 483	2 005	1 397
煤炭及制品类	777	484	293	13 636	1 250		4 952	2 504	770	513
化工材料及制品类	130 337	55 117	965	1 841	13 030		14 635	10 527	1 871	3 392
木材类	12 433	2 443	9 969	501	2 082		7 703	4 147	887	3 464
建筑材料类	19 868	18 096	1 553	691	3 143	27	16 709	11 342	6 704	3 470
黑色金属材料类	78 227	67 515	700	921	28 055	742	34 823	22 760	2 127	11 366
有色金属材料类	14 521	10 032	2 720	25	2 503	454	3 305	1 700	61	667
机电设备类	137 918	102 998	9 303	23 179	31 611	640	24 183	12 474	8 801	8 558
其他类	58 826	16 627	36 133	1 421	5 218	992	26 402	15 353	4 379	8 707
其中：生活消费品				134	19		575	26	310	1 054

大中型批发、零售贸易企业商品销售、库存数量

	计量单位	批发			零售	年末库存	
			对生产经营单位批发	出口			出口
甲	乙	1	2	3	4	5	6
粮食	吨	6 257 247	252 324	4 617 110	113 883	477 315	154 873
食用植物油	吨	6 980		6 980	8 455	808	680
猪和猪肉	吨	1 329	18	24	6 989	766	
鲜蛋	吨	22			206	3	
水产品	吨	1 030	204	3	619	504	
盐	吨				366	14	
食糖	吨	59 614	11 931	31 036	7 844	2 916	
卷烟	箱	267 069	55 909		86 055	22 738	
酒	吨	6 082	1	707	1 026	11 480	9 425
棉花	吨	1 367	1 367		25	247	
布	百米	209 467	25 883	177 302	30 771	56 251	43 648
其中:棉布	百米	125 919	24 874	95 665	12 711	41 637	35 556
呢绒	百米	8 546	270	7 045	8 560	7 231	
绸缎	百米	60 565	725	59 380	9 255	5 362	
服装	百件	79 940	59	78 746	22 079	11 571	3 947
针织内衣裤	百件	1 217	745	34	50 633	15 650	
鞋	百双	30 086		11 660	19 224	12 166	
其中:皮鞋	百双	10 560		9 759	8 742	3 114	
黄金饰品	万元	14 800			87 816	29 681	7
照相机	架	25			8 797	6 075	
自行车	辆	202 141	221		59 849	50 926	
摩托车	辆	18 600	2 967		8 672	3 322	
电视机	台	98 761	2 080	10 410	39 414	37 843	
其中:彩色电视机	台	72 006	1 999		28 262	27 343	
录音机	台	68 699	2 148	200	34 680	38 194	
录像机	台	5 396	247		4 064	2 623	
家用电风扇	台	52 162	324		44 508	14 809	
家用洗衣机	台	26 816	539		21 582	20 484	
家用电冰箱	台	12 605	701		22 577	15 164	
房间空调器	台	176			581	303	
抽油烟机	台	8 424	551		22 129	14 158	
化学肥料	吨	776 906	732 336	5 000		96 483	
化学农药	吨	9 765	1 632			1 765	
农用塑料薄膜	吨	6 053	819			891	
农用动力机械	台	5 660	5 394			2 012	
汽车	辆	7 405	4 063	8	1 670	1 514	
其中:载货汽车	辆	6 326	3 867	8	8	1 310	
轿车	辆	626	119		1149	90	
生铁	吨	1 498	1 498			5 294	

大中型批发、零售贸易企业商品销售、库存数量

	计量单位	批 发	对生产经营单位批发	出 口	零 售	年末库存	出 口
甲	乙	1	2	3	4	5	6
钢 材	吨	253 761	149 734	6 226	3 519	62 068	
其中：*铁道用钢材	吨					39	
*普通大型钢材	吨					1177	
普通中型钢材	吨	25 386	22 266	940	80	9 690	
普通小型钢材	吨	46 823	33 391			11 619	
钢 带	吨	1	1				
线 材	吨	19 647	15 852		687	7 199	
*特厚钢板	吨					8	
中厚钢板	吨	27 003	21 179	1 883	1 222	9 901	
薄 钢 板	吨	35 525	24 002	1 653	1 015	7 925	
硅 钢 片	吨	1 472	1 441			49	
*优质钢型材	吨					9 504	
*无缝钢管	吨					1 166	
*焊接钢管	吨					3 065	
铜	吨	2 775	2 103	60		148	
铝	吨	1 748	1 388			15	
铅	吨	117	117			6	
锌	吨	216	216			43	
锡	吨	10	10			2	
铜 材	吨	11	11			15	
铝 材	吨	83	83			9	
硫 酸	吨	1 361	1 226			318	
烧 碱	吨	747	473			643	
纯 碱	吨	526	358		2	2 662	
天然橡胶	吨	3 136	3 132			198	
合成橡胶	吨	2 851	1 782			199	
水 泥	吨	281 401	237 493		50	53 786	
平板玻璃	重量箱	198 213	198 213		10	54 444	
原 木	立方米	9 251	6 454	1 613	1 836	3 113	
锯 材	立方米	67 823	6 894	58 555	2 434	7 727	
煤 炭	万吨	3	2	1	96	5	
焦 炭	吨	3 000		3 000			
原 油	吨						
汽 油	吨	124 992	114 692	258	14 122	18 992	21
柴 油	吨	71 706	60 379	52	1 052	10 238	
煤 油	吨	57	26		1	266	
燃 料 油	吨	6 148	6 148		24 804	4 989	
*润 滑 油	吨					420	

社 会 消 费 品 零 售 总 额

单位:万元

	全 市	市 区
社会消费品零售总额	1018439	797694
(一)按销售地区分		
(1)市的零售额	891 319	797 694
(2)县的零售额	59 144	—
(3)县以下的零售额	67 976	—
(二)按经济类型分		
国有经济	307 264	214 862
集体经济	86 641	53 643
私营经济	2 054	2 054
个体经济	274 375	198 449
联营经济	424	424
股份制经济	131 020	131 020
外商投资经济	40 140	40 140
港澳台投资经济	586	484
其他经济	175 935	156 618
(三)按行业分		
批发和零售贸易业	701 315	543 677
餐饮业	38 586	30 461
制造业	71 224	55 202
其他	207 314	168 354
其中:农民对非农业居民零售	175 935	156 618

批发贸易业机构、网点、人员

计量单位：个

	合计				市			
	法人机构	附营单位	网点	人员	法人机构	附营单位	网点	人员
甲	1	2	3	4	5	6	7	8
总　　计	**1 117**	**30**	**8 005**	**100 631**	**895**	**30**	**7 520**	**71 101**
一、按经济类型分组：								
国有经济	659	14	1 611	72 742	488	14	1 307	46 628
集体经济	421	15	820	16 296	377	15	727	13 231
私营经济	1		2	146	1		2	146
个体经济			5 468	9 253			5 388	9 052
联营经济	5	1	6	124	5	1	6	124
股份制经济	28		95	1 981	23		89	1 917
外商投资经济	1		1	3	1		1	3
港澳台投资经济	2		2	86				
其他经济								
二、按国民经济行业(中类)分组：								
食品、饮料、烟草和家庭用品批发业	544	8	6461	66 424	360	8	6 079	40 260
食品、饮料、烟草批发业	371	4	1 412	45 804	211	4	1 096	21 100
棉、麻、土畜产品批发业	20		51	1 808	12		33	1 574
纺织品、服装和鞋帽批发业	14		2 928	6 258	13		2 929	6 244
日用百货批发业	24	1	1 842	5 711	21	1	1 815	5 367
日用杂品批发业	16		23	969	11		16	635
五金、交电、化工批发业	78	1	134	3993	75	1	130	3 825
药品及医疗器械批发业	21	2	71	1 881	17	2	62	1 533
能源、材料和机械电子设备批发业	506	19	1 330	26 790	479	19	1 270	25 479
能源批发业	36	1	153	6 538	34	1	147	6 264
化工材料批发业	22		39	1 193	21		37	1 180
木材批发业	34		148	3 712	32		141	3 639
建筑材料批发业	91	14	303	3 611	87	14	295	3 501
矿产品批发业	4		4	76	4		4	76
金属材料批发业	167	3	279	4 711	157	3	253	4 298
机械、电子设备批发业	52	1	116	2 176	48	1	110	2 097
汽车、摩托车及零配件批发业	33		133	2 232	33		133	2 232
再生物资回收批发业	67		155	2 541	63		150	2 192
其他批发业	67	3	214	7 417	56	3	171	5 362
工艺美术品批发业								
图书报刊批发业	3	1	32	1 061	3	1	32	1 061
农业生产资料批发业	48	1	158	5 895	37	1	115	3 840
其他类未包括的批发业	16	1	24	461	16	1	24	461
三、按企业规模分组：								
大型企业	11		67	3 122	11		67	3 122
中型企业	90		636	3 0580	75		575	23 736
小型企业	1 016		7 258	66 533	809		6 834	43 847
附营单位		30	44	396		30	44	396

批发贸易业机构、网点、人员

计量单位:个

	县				县以下			
	法人机构	附营单位	网点	人员	法人机构	附营单位	网点	人员
甲	9	10	11	12	13	14	15	16
总计	**115**		**296**	**11 846**	**107**		**189**	**17 684**
一、按经济类型分组:								
国有经济	67		153	8 591	104		151	17 523
集体经济	41		89	2 996	3		4	69
私营经济								
个体经济			46	109			34	92
联营经济								
股份制经济	5		6	64				
外商投资经济								
港澳台投资经济	2		2	86				
其他经济								
二、按国民经济行业(中类)分组:								
食品、饮料、烟草和家庭用品批发业	80		197	8 549	104		185	17 615
食品、饮料、烟草批发业	56		141	7 109	104		175	17 595
棉、麻、土畜产品批发业	8		18	234				
纺织品、服装和鞋帽批发业	1		1	32				
日用百货批发业	3		17	324			10	20
日用杂品批发业	5		7	334				
五金、交电、化工批发业	3		4	168				
药品及医疗器械批发业	4		9	348				
能源、材料和机械电子设备批发业	24		56	1242	3		4	69
能源批发业	1		5	241	1		1	33
化工材料批发业	1		2	13				
木材批发业	2		7	73				
建筑材料批发业	2		5	74	2		3	36
矿产品批发业								
金属材料批发业	10		26	413				
机械、电子设备批发业	4		6	79				
汽车、摩托车及零配件批发业								
再生物资回收批发业	4		5	349				
其他批发业	11		43	2 055				
工艺美术品批发业								
图书报刊批发业								
农业生产资料批发业	11		43	2 055				
其他类未包括的批发业								
三、按企业规模分组:								
中型企业								
中型企业	9		53	3 392	6		8	3 452
小型企业	106		243	8 454	101		181	14 232
附营单位								

零售贸易业机构、网点、人员

计量单位:个

	合计				市			
	法人机构	附营单位	网点	人员	法人机构	附营单位	网点	人员
甲	1	2	3	4	5	6	7	8
总　　计	**978**	**46**	**65 817**	**160 840**	**668**	**43**	**41 704**	**113 636**
一、按经济类型分组								
国有经济	297	26	1 107	34 165	220	25	934	28 868
集体经济	670	20	2 338	25 395	437	18	858	14 508
私营经济	1		1	60	1		1	60
个体经济			62 337	93 241			39 877	62 221
联营经济								
股份制经济	9		26	5 733	9		26	5 733
外商投资经济	1		8	2 246	1		8	2 246
港澳台投资经济								
其他经济								
二、按国民经济行业(中类)分组:								
食品、饮料和烟草零售业	237	13	28 653	54 145	188	12	19 176	40 792
日用百货零售业	287	5	20 396	57 224	140	4	14 283	41 184
纺织品、服装和鞋帽零售业	23	1	10 093	19 232	19	1	5 175	11 280
日用杂品零售业	69	4	2 424	7 069	43	4	544	3 338
五金、交电、化工零售业	128	8	1 806	6 036	99	8	714	3 331
药品及医疗器械零售业	45	1	417	5 322	29	1	299	4 801
图书报刊零售业	12	6	768	3 650	8	5	574	2 574
其他零售业	177	8	1 260	8 162	142	8	939	6 336
三、按企业规模分组:								
大型企业	6		106	10 019	6		106	10 019
中型企业	71		442	15 761	64		414	14 810
小型企业	901		65 025	132 004	598		40 972	86 446
附营单位		46	244	3 056		43	212	2 361

零售贸易业机构、网点、人员

计量单位:个

	县				县以下			
	法人机构	附营单位	网点	人员	法人机构	附营单位	网点	人员
甲	9	10	11	12	13	14	15	16
总计	**146**	**3**	**6 974**	**18 853**	**164**		**17 139**	**28 351**
一、按经济类型分组:								
国有经济	76	1	171	5 268	1		2	29
集体经济	70	2	130	2 370	163		1 350	8 517
私营经济								
个体经济			6 673	11 215			15 787	19 805
联营经济								
股份制经济								
外商投资经济								
港澳台投资经济								
其他经济								
二、按国民经济行业(中类)分组:								
食品、饮料和烟草零售业	32	1	2 335	4 632	17		7 142	8 721
日用百货零售业	27	1	1 330	3 988	120		4 783	12 052
纺织品、服装和鞋帽零售业	3		2 259	4 599	1		2 659	3 353
日用杂品零售业	9		517	1 338	17		1 363	2 393
五金、交电、化工零售业	26		352	1 558	3		740	1 147
药品及医疗器械零售业	16		24	393			94	128
图书报刊零售业	4	1	75	920			119	156
其他零售业	29		82	1 425	6		239	401
三、按企业规模分组:								
大型企业								
中型企业	7		28	951				
小型企业	139		6 914	17 207	164		17 139	28 351
附营单位		3	32	695				

餐饮业机构、网点、人员

计量单位：个

	合计				市			
	法人机构	附营单位	网点	人员	法人机构	附营单位	网点	人员
甲	1	2	3	4	5	6	7	8
总　计	**118**	**13**	**6 147**	**27 702**	**99**	**13**	**4 116**	**21 791**
一、按经济类型分组：								
国有经济	39	10	77	5 476	27	10	64	5 133
集体经济	71		122	1 686	64		115	1 576
私营经济								
个体经济			5 937	19 475			3 926	14 017
联营经济								
股份制经济								
外商投资经济	6	3	9	834	6	3	9	834
港澳台投资经济	2		2	231	2		2	231
其他经济								
二、按国民经济行业（中类）分组：								
正餐	87	13	5 550	22 668	73	13	3 939	17 825
快餐	8		368	1 110	4		112	373
其他餐饮业	23		229	3 924	22		65	3 593
三、按企业规模分组：								
大型企业	1		1	361	1		1	361
中型企业	8		18	1 106	8		18	1 106
小型企业	109		6 113	2 4578	90		4 082	18 667
附营单位		13	15	1 657		13	15	1 657

餐饮业机构、网点、人员

计量单位:个

	县				县以下			
	法人机构	附营单位	网点	人员	法人机构	附营单位	网点	人员
甲	9	10	11	12	13	14	15	16
总计	**19**		**929**	**3 083**			**1 102**	**2 828**
一、按经济类型分组:								
国有经济	12		13	343				
集体经济	7		7	110				
私营经济								
个体经济			909	2 630			1 102	2 828
联营经济								
股份制经济								
外商投资经济								
港澳台投资经济								
其他经济								
二、按国民经济行业(中类)分组:								
正餐	14		797	2 671			814	2 172
快餐	4		100	271			156	466
其他餐饮业	1		32	141			132	190
三、按企业规模分组:								
大型企业								
中型企业								
小型企业	19		929	3 083			1102	2 828
附营单位								

大中型批发、零售贸易、餐饮企业财务状况(一之一)

计量单位:万元

	资本金合计			年末资产负债				
		国家	外商	流动资产合计	存货	固定资产合计	固定资产原价	生产经营用
甲	1	2	3	4	5	6	7	8
一、批发、零售贸易企业总计	**186 187**	**145 605**	**1 503**	**923 274**	**272 295**	**209 729**	**221 045**	**161 417**
(一)按经济类型分组:								
国有经济	116 395	102 863	46	682 354	193 171	132 976	153 953	98 310
集体经济	14 531	10 134	411	143 097	40 014	11 103	11 107	8 953
私营经济	60			1 077	1 060	16	19	19
联营经济								
股份制经济	52 594	32 609		86 918	30 398	52 759	41 771	39 938
外商投资经济	2 609		1 046	9 828	7 652	12 876	14 197	14 197
港澳台投资经济								
其他经济								
(二)按国民经济行业(中类)分组:								
食品、饮料、烟草和家庭用品批发业	68 666	59 189		420 695	120 877	67 641	81 128	61 508
食品、饮料、烟草批发业	56 340	50 722		316 228	82 586	49 376	60 901	44 445
棉、麻、土畜产品批发业	1 409	1 409		4 528	600	724	544	544
纺织品、服装和鞋帽批发业	6 575	3 173		46 818	16 890	7 359	8 273	8 273
日用百货批发业	977	977		10 830	3 571	2 270	3 085	2 822
日用杂品批发业	457			2 267	490	500	475	
五金、交电、化工批发业	1 947	1 947		16 194	6 705	3 871	4 007	2 817
药品及医疗器械批发业	961	961		23 830	10 036	3 541	3 844	2 607
能源、材料和机械电子设备批发业	42 786	37 179	46	255 386	73 731	43 264	54 150	25 518
能源批发业	4 981	4 951		41 552	10 484	7 938	10 817	1 010
化工材料批发业	1 455	1 455		9 539	1 753	557	1 103	125
木材批发业	2 780	2 394		6 585	2 329	4 069	5 179	5 179
建筑材料批发业	2 470	2 436		13 502	4 176	2 721	3 725	1 521
矿产品批发业								
金属材料批发业	7 760	6 727		59 828	14 613	5 492	7 413	2 763
机械、电子设备批发业	12 141	9 977	46	58 182	15 376	12 990	15 059	8 295
汽车、摩托车及零配件批发业	9 912	7 952		51 537	20 001	7 698	8 534	6 514
再生物资回收批发业	1 286	1 286		14 661	4 999	1 800	2 321	112

大中型批发、零售贸易、餐饮企业财务状况(一之二)

计量单位:万元

	资本金合计			年末资产负债				
		国家	外商	流动资产合计	存货	固定资产合计	固定资产原价	生产经营用
甲	1	2	3	4	5	6	7	8
其他批发业	9 891	9 229		135 827	34 080	9 298	10 028	9 108
工艺美术品批发业								
图书报刊批发业	1 867	1 867		8 302	1 587	1 443	2 200	2 200
农业生产资料批发业	7 443	7 362		125 176	32 281	7 555	7 320	6 907
其他类未包括的批发业	581			2 349	212	300	508	
零售业	64 846	40 008	1 457	111 367	43 609	89 527	75 740	65 284
食品、饮料和烟草零售业	1 973	1 861		3 203	527	2 071	2 905	2 213
日用百货零售业	57 024	34 264	1 046	80 651	31 523	79 565	63 952	56 223
纺织品、服装和鞋帽零售业	120	120		1 020	1 000	2 230	2 300	2 300
日用杂品零售业	39			205	114	13	19	19
五金、交电、化工零售业	1 451	1 060		7 245	3 390	1 830	2 090	1 176
药品及医疗器械零售业	401	324		2 302	616	571	755	755
图书报刊零售业	398	398		1 065	411	383	448	36
其他零售业	3 440	1 981	411	15 677	6 030	2 867	3 273	2 563
二、餐饮企业总计	**1 330**	**1 216**	**56**	**2 429**	**273**	**8 089**	**8 977**	**8 795**
(一)按经济类型分组:								
国有经济	607	587		1 961	234	6 075	6 500	6 335
集体经济	38			13	3	29	48	48
私营经济								
联营经济								
股份制经济								
外商投资经济	20	10	10	81	9	7	16	
港澳台投资经济	665	619	46	375	27	1 978	2 413	2 412
其他经济								
(二)按国民经济行业(中类)分组:								
正餐	974	860	56	967	150	2 307	2 868	2 686
快餐								
其他餐饮业	356	356		1 463	123	5 782	6 109	6 109

大中型批发、零售贸易、餐饮企业财务状况(二之一)

计量单位:万元

	年末资产负债							
	累计折旧		无形及递延资产合计	资产合计	流动负债合计	长期负债合计	所有者权益合计	
		本年提取						股本
甲	9	10	11	12	13	14	15	16
一、批发、零售贸易企业总计	**43 092**	**9 929**	**17 438**	**1 213 826**	**847 205**	**69 271**	**232 598**	**35 454**
(一)按经济类型分组:								
国有经济	34 807	7 302	8687	855 820	641 617	47 668	126 880	5 502
集体经济	3 354	592	282	159 260	112 663	3 489	18 171	12
私营经济	3	2	35	1 128	1 123		4	
联营经济								
股份制经济	3 607	1 549	5 485	167 505	73 177	12 902	81 267	29 940
外商投资经济	1 321	485	2 952	30 114	18 626	5 212	6 277	
港澳台投资经济								
其他经济								
(二)按国民经济行业(中类)分组:								
食品、饮料、烟草和家庭用品批发业	19 045	3 638	6 311	509 814	401 259	11 479	66 304	2
食品、饮料、烟草批发业	14 864	2 797	4 991	380 893	314 664	7 643	51 796	2
棉、麻、土畜产品批发业	243	32		5 277	3 795		1 482	
纺织品、服装和鞋帽批发业	914	258	302	55 157	32 950	100	7 887	
日用百货批发业	815	132	702	13 853	9 478	1 531	1 498	
日用杂品批发业	149	21		2 772	2 411	90	271	
五金、交电、化工批发业	1 328	345	49	21 012	9 954	674	1 965	
药品及医疗器械批发业	734	53	267	30851	28 007	1 440	1 404	
能源、材料和机械电子设备批发业	12 502	3 233	2 643	320 569	238 878	18 619	56 478	7 910
能源批发业	3 496	552	457	50 505	37 048	1 877	10 706	107
化工材料批发业	546	37		10 273	8 523	146	1 604	
木材批发业	1 119	201	56	21 852	14 308	3 401	4 143	2 236
建筑材料批发业	1 014	74		16 327	13 955	113	2 259	
矿产品批发业								
金属材料批发业	1 944	955	63	67 130	51 322	2 399	8 221	
机械、电子设备批发业	2 078	364	21	73 125	46 056	9 827	17 059	405
汽车、摩托车及零配件批发业	1 591	931	2 041	64 842	52 582	816	11 123	5 085
再生物资回收批发业	716	120	6	16 514	15 084	42	1 362	77

大中型批发、零售贸易、餐饮企业财务状况(二之二)

计量单位:万元

	年末资产负债							
	累计折旧		无形及递延资产合计	资产合计	流动负债合计	长期负债合计	所有者权益合计	
		本年提取						股本
甲	9	10	11	12	13	14	15	16
其他批发业	3 176	827	23	148 199	108 303	3 957	14 060	
工艺美术品批发业								
图书报刊批发业	843	400	1	9 805	7 492		2 313	
农业生产资料批发业	2 120	393	22	135 537	98 578	3 957	11 122	
其他类未包括的批发业	213	33		2 858	2 233		625	
零售业	8 371	2 233	8 464	235 243	98 764	35 217	95 757	27 543
食品、饮料和烟草零售业	836	146	86	5 457	3 411	128	1 879	82
日用百货零售业	6 028	1 806	7 654	191 026	72 795	31 295	85 568	27 010
纺织品、服装和鞋帽零售业	70	35		3 250	18	1 400	1 832	
日用杂品零售业	6	2		218	159	4	55	
五金、交电、化工零售业	261	51	427	9 886	7 257	1 599	1 030	
药品及医疗器械零售业	197	11	87	2 963	2 287	50	626	401
图书报刊零售业	89	25		1 502	988	1	510	14
其他零售业	883	156	210	20 940	11 846	740	4 258	37
二、餐饮企业总计	**889**	**430**	**336**	**10 945**	**3 831**	**5 589**	**1 524**	**20**
(一)按经济类型分组:								
国有经济	426	213	289	8 385	1 888	5 587	908	
集体经济	19	3		73	26		47	
私营经济								
联营经济								
股份制经济								
外商投资经济	9	3	1	89	48	2	39	20
港澳台投资经济	435	212	46	2 399	1 869		529	
其他经济								
(二)按国民经济行业(中类)分组:								
正餐	561	252	324	3 676	2 546	72	1 058	20
快餐								
其他餐饮业	328	178	12	7 270	1 285	5 517	466	

大中型批发、零售贸易、餐饮企业财务状况(三之一)

计量单位:万元

	损益及分配									
	商品销售收入(营业收入)	商品销售收入净额	商品销售成本(营业成本)	经营费用(营业费用)	运杂装卸费	商品销售税金及附加费	商品销售利润	代购代销收入	主营业务利润	其他业务利润
甲	17	18	19	20	21	22	23	24	25	26
一、批发、零售贸易企业总计	**1 740 091**	**1 732 297**	**1 554 884**	**101 434**	**29 669**	**2 477**	**70 398**	**948**	**74 450**	**9 888**
(一)按经济类型分组:										
国有经济	1 361 114	1 353 324	1 223 232	84 427	25 430	1 802	40 819	865	44 727	7 189
集体经济	165 386	165 386	145 384	6 239	3 275	392	13 308		13 368	114
私营经济	3 472	3 472	3 084	190	10	3	195		195	
联营经济										
股份制经济	173 346	173 341	152 844	8 204	955	280	12 014	83	12 097	2 585
外商投资经济	36 775	36 775	30 341	2 372			4 063		4 063	
港澳台投资经济										
其他经济										
(二)按国民经济行业(中类)分组:										
食品、饮料、烟草和家庭用品批发业	918 044	916 927	826 178	66 623	22 780	917	22 874	513	23 721	1 851
食品、饮料、烟草批发业	697 739	696 677	624 581	60 320	21 229	617	10 825	259	11 419	1 029
棉、麻、土畜产品批发业	3 869	3 869	3 377	29	4	6	457		457	
纺织品、服装和鞋帽批发业	122 796	122 796	113 182	2 214	579	100	7 300	253	7 553	758
日用百货批发业	12 439	12 439	10 653	628	203	24	1 134		1 134	22
日用杂品批发业	1 995	1 995	1 833	131	62	2	28		28	1
五金、交电、化工批发业	51 325	51 325	47 208	2 007	704	89	2 022		2 022	41
药品及医疗器械批发业	27 881	27 826	25 345	1 294		79	1 108		1 108	
能源、材料和机械电子设备批发业	408 040	408 019	375 524	13 216	1 773	594	16 563	435	19 121	2 998
能源批发业	76 360	76 360	67 523	3 358	175	278	5 200		5 200	178
化工材料批发业	10 072	10 072	8 831	515	121	19	706		707	110
木材批发业	9 205	9 205	7 385	1 265	11	14	541		541	777
建筑材料批发业	26 779	26 779	24 404	1 549	640	9	816		816	158
矿产品批发业										
金属材料批发业	74 819	74 819	71 966	1 130	232	51	783	146	1 818	483
机械、电子设备批发业	94 021	94 021	86 892	2 605	419	52	3 241	290	4 763	864
汽车、摩托车及零配件批发业	101 192	101 171	95 060	2 262	167	138	3 711		3 711	417
再生物资回收批发业	15 592	15 592	13 464	532	10	32	1 565		1 565	11

大中型批发、零售贸易、餐饮企业财务状况(三之二)

计量单位:万元

	损益及分配									
	商品销售收入(营业收入)	商品销售收入净额	商品销售成本(营业成本)	经营费用(营业费用)	运杂装卸费	商品销售税金及附加费	商品销售利润	代购代销收入	主营业务利润	其他业务利润
甲	17	18	19	20	21	22	23	24	25	26
其他批发业	152 090	145 510	127 152	6 252	3 073	81	12 025		12 025	92
工艺美术品批发业										
图书报刊批发业	22 380	15 800	13 809	1 146	167	15	831		831	88
农业生产资料批发业	127 730	127 730	111 475	5 028	2 868	64	11 162		11 162	−11
其他类未包括的批发业	1 979	1 979	1 868	78	39	2	32		32	15
零售业	261 919	261 842	226 030	15 344	2 045	885	18 936		19 581	4 947
食品、饮料和烟草零售业	23 250	23 250	21 559	1 612	24	51	−23		30	81
日用百货零售业	184 354	184 349	156 036	11 271	1 474	529	16 290		16 512	4 787
纺织品、服装和鞋帽零售业	1 025	1 025	869	42	1	54	60		60	
日用杂品零售业	518	518	409	40	8	2	66		66	
五金、交电、化工零售业	10 182	10 182	9 311	435	116	8	429		429	1
药品及医疗器械零售业	1 495	1 495	1 166	121	26	6	203		203	3
图书报刊零售业	2 027	1 955	1 519	232	11	4	124		200	14
其他零售业	39 068	39 068	35 162	1 593	386	232	1 787		2 083	61
二、餐饮企业总计	**5 000**	**5 000**	**2 214**	**1 289**	**10**	**356**	**824**		**1141**	**45**
(一)按经济类型分组:										
国有经济	4 084	4 084	1 574	1 207	10	277	799		1 025	
集体经济	230	230	176	21		8	25		25	
私营经济										
联营经济										
股份制经济										
外商投资经济	258	258	165			13			80	
港澳台投资经济	428	428	299	61		59			11	45
其他经济										
(二)按国民经济行业(中类)分组:										
正餐	2 690	2 690	1 508	427	10	173	266		583	45
快餐										
其他餐饮业	2 310	2 310	706	863		183	558		558	

大中型批发、零售贸易、餐饮企业财务状况(四之一)

计量单位:万元

	损益及分配										
	管理费用	税金	劳动待业保险金	财务费用	营业利润	补贴收入	利润总额	应交所得税	转作奖金的利润	应付利润	已分配股利
甲	27	28	29	30	31	32	33	34	35	36	37
一、批发、零售贸易企业总计	**57 657**	**881**	**2 007**	**45 479**	**−572**	**10 481**	**15 102**	**6 163**	**1 336**	**5 034**	**2 566**
(一)按经济类型分组:											
国有经济	41 843	650	1 646	35 924	−10 847	9 309	3 087	3 386	316	1 929	
集体经济	5 967	117	166	6 119	1 437	45	1 716	683	41	33	
私营经济	149			104	−2		−60				
联营经济											
股份制经济	8 089	114	196	3 269	5 974	1 127	7 494	2 093	980	2 572	2 566
外商投资经济	1 613			64	2 865		2 865			500	
港澳台投资经济											
其他经济											
(二)按国民经济行业(中类)分组:											
食品、饮料、烟草和家庭用品批发业	22 166	174	639	26 510	−8 986	7 516	2 100	2 374		651	
食品、饮料、烟草批发业	15 759	117	459	18 422	−9 339	7 424	−558	1 557		6	
棉、麻、土畜产品批发业	227	2		109	120		114	42			
纺织品、服装和鞋帽批发业	2 412	12	23	4 065	1 446		3 390	687		645	
日用百货批发业	944	23	73	311	−99		−86				
日用杂品批发业	136	2	21	142	−249		−237				
五金、交电、化工批发业	1 535	19	63	1 255	−457	92	−174	18			
药品及医疗器械批发业	1 152			2 206	−408		−349	70			
能源、材料和机械电子设备批发业	14 918	266	654	9 122	1 816	1 011	1 844	887	303	1 266	76
能源批发业	3 663	80	397	1 435	1 537		1 209	368	87	1 361	
化工材料批发业	539	5	94	221	56		73	27			
木材批发业	1 120	19	3	395	−197	58	167		147	245	
建筑材料批发业	660	7		461	−284		−225	23	39		
矿产品批发业											
金属材料批发业	1 954	11	2	1 127	−792		−461	53		−421	
机械、电子设备批发业	3 257	89	56	2 681	12	953	1 296	220		5	
汽车、摩托车及零配件批发业	2 992	49	91	1 931	1 148		−230	93		76	76
再生物资回收批发业	733	6	12	871	337		16	104	29		

大中型批发、零售贸易、餐饮企业财务状况(四之二)

计量单位:万元

项目	损益及分配										
	管理费用	税金	劳动待业保险金	财务费用	营业利润	补贴收入	利润总额	应交所得税	转作奖金的利润	应付利润	已分配股利
甲	27	28	29	30	31	32	33	34	35	36	37
其他批发业	5 231	53	274	5 600	1 283	1	1 630	507	18	25	
工艺美术品批发业											
图书报刊批发业	898	7	160	66	−45		238	66		25	
农业生产资料批发业	4 197	46	114	5 522	1 430	1	1 392	441	18		
其他类未包括的批发业	136			12	−102						
零售业	15 342	391	440	4 249	5 316	1 951	9 527	2 395	1 016	3 092	2 490
食品、饮料和烟草零售业	1 963	4	39	202	−2 054	1 733	−222	131		100	21
日用百货零售业	10 927	306	318	2 810	7 703	202	10 114	2 145	1 016	2 973	2 469
纺织品、服装和鞋帽零售业	39		2	31	−10		−10				
日用杂品零售业	35			−3	34		33	11			
五金、交电、化工零售业	538	4	28	547	−562		−628				
药品及医疗器械零售业	160	4	27	40	7		36	10			
图书报刊零售业	162		1	11	30		41	13			
其他零售业	1519	74	26	612	168	15	164	86		19	
二、餐饮企业总计	**638**	**55**	**39**	**327**	**192**		**214**	**8**		**106**	
(一)按经济类型分组:											
国有经济	486	54	39	327	206		220	7		106	
集体经济	23	1			2		4	1			
私营经济											
联营经济											
股份制经济											
外商投资经济	74						5				
港澳台投资经济	54				−16		−16				
其他经济											
(二)按国民经济行业(中类)分组:											
正餐	402	17	12	24	172		196	3		106	
快餐											
其他餐饮业	236	38	27	303	20		18	5			

大中型批发、零售贸易、餐饮企业财务状况(五之一)

计量单位:万元

	工资福利及增值税						
	本年应付工资总额	主营业务应付工资	本年应付福利费总额	主营业务应付福利费	本年应缴增值税额	本年进项增值税额	本年销项增值税额
甲	38	39	40	41	42	43	44
一、批发、零售贸易企业总计	**24 806**	**21 669**	**3 204**	**2 784**	**−1 228**	**149 584**	**149 973**
(一)按经济类型分组:							
国有经济	16 895	14 469	2 331	2 061	−7 918	116 669	109 323
集体经济	1 829	1 536	356	340	570	11 907	13 084
私营经济	52	52	6	6	−120	714	594
联营经济							
股份制经济	4 704	4 285	357	222	5 530	17 008	22 973
外商投资经济	1 326	1 326	155	155	712	3 287	3 999
港澳台投资经济							
其他经济							
(二)按国民经济行业(中类)分组:							
食品、饮料、烟草和家庭用品批发业	9 143	7 906	1 381	1 279	−9 845	63 087	53 788
食品、饮料、烟草批发业	7 188	6 046	1 295	1 193	−10 004	47 494	37 920
棉、麻、土畜产品批发业	63	63	3	3	54	497	551
纺织品、服装和鞋帽批发业	684	684	−29	−29	−126	2916	2 790
日用百货批发业	490	490	47	47	150	1 927	2 110
日用杂品批发业	37	21	5	5	22	235	339
五金、交电、化工批发业	481	481	33	33	130	7 646	7 776
药品及医疗器械批发业	200	122	27	27	−70	2 373	2 303
能源、材料和机械电子设备批发业	4 748	4 192	533	464	5 281	49 727	55 051
能源批发业	1 321	1 158	149	135	678	5 826	6 505
化工材料批发业	264	216	26	17	89	1 492	1 581
木材批发业	408	374	45	41	64	589	657
建筑材料批发业	262	237	63	61	28	4 492	4 521
矿产品批发业							
金属材料批发业	433	377	143	139	−523	11 439	10 920
机械、电子设备批发业	946	741	57	24	−982	12 095	11 146
汽车、摩托车及零配件批发业	794	778	11	8	5 853	11 196	17 049
再生物资回收批发业	321	310	40	39	74	2 599	2 673

大中型批发、零售贸易、餐饮企业财务状况(五之二)

计量单位:万元

	工资福利及增值税						
	本年应付工资总额	主营业务应付工资	本年应付福利费总额	主营业务应付福利费	本年应缴增值税额	本年进项增值税额	本年销项增值税额
甲	38	39	40	41	42	43	44
其他批发业	1 484	1 072	165	129	657	7 318	8 441
工艺美术品批发业							
图书报刊批发业	338	190	48	18	94	1 910	2 003
农业生产资料批发业	1 121	857	113	107	544	5 144	6 154
其他类未包括的批发业	25	25	4	4	20	264	284
零售业	9 431	8 499	1 126	912	2 680	29 453	32 695
食品、饮料和烟草零售业	1 226	1 003	186	156	75	696	771
日用百货零售业	7 319	6 820	764	611	2 633	19 772	22 855
纺织品、服装和鞋帽零售业	19	19	2	2	94	142	236
日用杂品零售业	7	7	1	1	19	70	88
五金、交电、化工零售业	174	133	22	16	—226	1 860	1 644
药品及医疗器械零售业	97	51	13	7	44	198	242
图书报刊零售业	84		10		—22	283	263
其他零售业	506	468	128	118	62	6 432	6 596
二、餐饮企业总计	**602**	**551**	**83**	**76**			
(一)按经济类型分组:							
国有经济	499	496	63	62			
集体经济	23	23	10	10			
私营经济							
联营经济							
股份制经济							
外商投资经济	19		3				
港澳台投资经济	61	32	8	4			
其他经济							
(二)按国民经济行业(中类)分组:							
正餐	324	273	46	39			
快餐							
其他餐饮业	278	278	37	37			

接待旅游人数

	实际
一、接待旅游人数合计(人)	**31 413**
1.外国人	24 536
2.华侨	46
3.港澳同胞	3 376
4.台湾同胞	3 455
二、接待旅游人天数合计(人天)	**80 778**
1.外国人	66 878
2.华侨	124
3.港澳同胞	7 569
4.台湾同胞	6 207

旅游外汇收入

单位:人民币(万元)

	实际
合计	**4 156**
一、商品性外汇收入	**454**
1.商品销售外汇收入	273
其中:宾馆、饭店	166
2.饮食销售外汇收入	181
其中:宾馆、饭店所属餐厅	181
二、劳务性外汇收入	**3 702**
1.旅行社的旅游业务收入	605
2.宿费	1 477
3.长途交通费	1 480
(1)民航	1 265
(2)铁路	215
4.市内交通费	63
5.邮政电讯费	76
6.文化娱乐费	1

外贸进出口总值

	单　位	金　额
一、总　　值	**万美元**	**205 008**
(一)出口总值	万美元	113 883
(二)进口总值	万美元	91 125
二、主要出口商品		
1.冻　　鸡	万美元	4 312
2.鹿　　茸	万美元	540
3.玉　　米	万美元	36 375
4.干　　豆	万美元	1 750
5.铁 合 金	万美元	2 504
6.豆　　粕	万美元	3 728
7.微 菜 干	万美元	501
8.大　　米	万美元	4 124
三、主要进口商品		
1.钢　　材	万美元	5 652
2.化　　肥	万美元	3 046
3.成 品 油	万美元	1 042
4.原　　木	万美元	327
5.饲料用鱼粉	万美元	425
6.金属加工机床	万美元	992
7.聚 乙 烯	万美元	239
8.机动车及零部件	万美元	42 634

注:外贸进出口总值为长春海关进出口总值。

全辖银行信贷收支情况

单位：万元

	金　额		金　额
资金来源总计	**4 192 332**	**资金运用合计**	**4 192 332**
一、各　项　存　款	1 995 559	一、各　项　贷　款	3 100 430
二、有价证券及投资	4 510	二、有价证券及投资	83 448
三、所 有 者 权 益	78 194	三、缴 存 准 备 金	231 450
四、当　年　结　益	8 431	四、金　银　占　款	5 504
五、同　业　往　来	740 534	五、外　汇　占　款	11 726
六、汇兑在途资金	－737 961	六、同　业　往　来	737 452
七、其　　　他	2 103 065	七、库　存　现　金	21 731
		八、证券业务占款	591

全 辖 银 行 现 金 收 支 情 况

单位:万元

	金 额		金 额
一、商品销售收入	890 957	一、工资及对个人其他支出	826 062
二、服务事业收入	261 209	二、农付产品采购支出	456 952
三、税 款 收 入	20 854	三、工矿产品收购支出	29 637
四、农村信用社收入	98 827	四、行政企业管理费支出	377 011
五、乡镇企事业收入	33 897	五、农村信用社支出	94 469
六、城乡个体经营收入	38 795	六、乡镇企事业支出	53 874
七、储蓄存款收入	3 572 160	七、城乡个体经营支出	39 010
八、其他金融机构收入	335 359	八、储蓄存款支出	3 096 160
九、汇 兑 收 入	143 787	九、其他金融机构支出	421 792
十、其 他 收 入	2 688 792	十、汇 兑 支 出	52 798
十一、债 券 收 入	57 963	十一、其 他 支 出	2 742 001
		十二、债 券 支 出	23 395
收入合计	**8 142 600**	**支出合计**	**8 213 161**
投 放	70 561	回 笼	

工商银行信贷收支情况

资金来源	金额	资金运用	金额
一、各项存款	1 135 681	一、各项贷款	1 414 220
1.企业存款	280 749	(一)短期贷款	1 139 235
2.城镇储蓄存款	846 837	1.工业贷款	876 399
3.信托存款	—2 192	2.商业贷款	240 288
4.其他存款	10 287	3.私营及个体工商业贷款	3 473
二、债券存款	28	4.三资企业贷款	18733
其中:金融债券	28	5.其他短期贷款	342
国家投资债券	—	(二)中长期贷款	267 080
三、当年结益	—	(三)信托贷款	—
四、代理财政性存款	24620	(四)其他贷款	7905
中央财政存款	—34325	二、有价证券及投资	43 139
地方财政性款	2 923	三、国家投资债券	—
财政预算外存款	684	四、金银占款	—
机关团体存款	55 338	五、证券业务占款	579
五、人行委托贷款资金	13 881	六、缴存准备金	142 517
六、同业往来	50922	七、在人民银行存款	47 218
七、汇兑在途资金	—22 158	八、上缴财政性存款	33 612
八、向人民银行借款	—	九、代理人民银行贷款	13 881
九、所有者权益	39 714	十、同业往来	37 997
其中:实收资本	49 464	十一、库存现金	9 798
十、其他	501 007	十二、外汇占款	734
总计	**1 743 695**	**总计**	**1 743 695**

工商银行现金收支情况

单位:万元

	全 市	#市区		全 市	#市区
一、商品销售收入	530 201	438 952	一、工资性支出小计	597 235	535 580
二、服务事业收入	207 224	166 374	1.国家工资支出	268 553	23 3142
三、税 款 收 入	7 210	4 083	2.国家职工奖金支出	56 628	54 002
四、农村信用社收入	24	—	3.国家对个人其他支出	184 626	165 185
五、乡镇企事业收入	155	25	4.部队存款支出	28 226	27 971
六、城乡个体收入	8 178	7 090	5.集体工资奖金支出	42 423	39 392
七、储蓄存款收入	2 103 692	1 856 900	6.集体对个人其他支出	16 779	15 888
八、其他金融机构收入	212 013	203 504	二、农村产品采购支出	148 596	59 642
九、汇 兑 收 入	123 743	113 431	三、工矿产品收购支出	7 049	2 911
十、其 他 收 入	2 176 938	1 968 709	四、行政企业管理费支出	194 128	165 370
十一、债 券 收 入	12 944	12 448	五、农村信用社支出	86	—
收入合计	**5 382 322**	**4 771 516**	六、乡镇企事业支出	952	419
			七、城乡个体支出	12 698	8 308
			八、储蓄存款支出	1 799 101	1 576 560
			九、其他金融机构支出	121 220	101 577
			十、汇 兑 支 出	33 402	30 131
			十一、其 他 支 出	2 193 103	1 966 918
			十二、债 券 支 出	14 515	14 342
			支出合计	**5 122 085**	**4 461 758**
			投放或回笼(一)	(一)260 237	(一)309 759

农业银行信贷收支情况

资金来源	金额	资金运用	金额
一、各项存款	**323 512**	**一、各项贷款**	**413 755**
1.企业存款	68 677	(一)短期贷款	375 385
工业存款	580	1.工业贷款	20 162
商业存款	2 713	工业生产企业贷款	13 596
乡镇集体存款	11 598	集体工业贷款	5 234
私营及个体存款	696	科技开发贷款	1 332
三资企业存款	843	2.商业贷款	181 140
单位定期存款	4 896	其中:收购农副产品	48 802
其他企业存款	47 351	商业贷款	112 175
2.城镇储蓄存款	204 633	其中:收购农副产品	48 802
其中:定期储蓄	158 100	粮食贷款	—
3.农村存款	43 416	其中:收购农副产品	—
其中:信用社存款	34 642	外贸贷款	—
4.信托存款	39	其他商业贷款	68 965
5.其他存款	6 747	3.私营及个体工商业贷款	4 183
二、债券存款	**-1**	4.乡镇企业贷款	38 178
三、当年结益	**-7 880**	5.三资企业贷款	1 551
四、代理财政性存款	**5 729**	6.农业贷款	104 945
中央财政存款	—	其中:扶贫贷款	25
地方财政性款	1 217		
财政定期存款	—	信用社贷款	10 118
		7.其他短期贷款	25 226
机关团体存款	4 512	(二)中长期贷款	34 668
五、人行委托贷款资金	**450**	技术改造贷款	6883
六、同业往来	**77 571**	基本建设贷款	29
七、汇兑在途资金	**-32 693**	其他中长期贷款	27 756
八、向人民银行借款	**10 050**	(三)信托贷款	—
九、所有者权益	**29 932**	(四)其他贷款	3 702
其中:实收资本	28 744	**二、有价证券及投资**	**13 696**
十、其他	**739 172**	**三、缴存准备金**	**39 506**
		四、在人民银行存款	**37 627**
总计	**1 145 842**	**五、上缴财政性存款**	**5 823**
		六、代理人民银行贷款	**450**
		七、同业往来	**628 002**
		八、外汇占款	**2 136**
		九、库存现金	**4 847**
		总计	**1 145 842**

城乡居民储蓄存款

单位:万元

	实际数
年末储蓄存款余额	**1 652 552**
一、按对象分	
城镇储蓄	1 517 265
农户储蓄	135 287
二、按机构分	
全辖银行	1 367 085
其他金融机构	285 467
三、按地区分	
市区	1 225 728
榆树	88 404
农安	103 880
德惠	101 008
九台	87 555
双阳	45 977

保　险　业　务　情　况

单位:千元

	承　　保			赔　款
	单位数	保额	保费	
总　　计	—	**60 994 376**	**208 195**	**132 679**
其中:企　财　险	5 406	16 102 642	32 953	10 936
家　财　险	688 696	5 583 545	10 609	7 946
运输工具险	71 968	4 957 183	96 828	80 326
货物运输险	162 115	2 996 240	11 893	4 425
简易人身险	67 216	90 210	1 876	51
团体人身险	7 875	16 757	854	488
养老年金险	2 729	—	5 133	314
教育婚嫁险	124 615	28 840	3 340	11
个体工商户	1 408	1 984	—	21
种　植　业	542 098	357 798	3 453	5 414
涉　　外	—	12 731 079	12 222	4 434
其他财产险	3 973	1 013 658	6 623	2 947
养　殖　业	32 760 321	13 745	2 269	5 261

各级各类学校基本情况

	校数(所)	在校学生数(人)	校本部教职工数(人)	
			合计	#专任教师
高等学校	27	67 043	22 763	10 480
中等学校	614	421 641	43 635	29 694
#中等专业学校	54	34 691	6 739	3 533
中等技术学校	38	23 906	5 229	2 583
中等师范学校	6	6 179	644	410
普通中学	431	330 907	31 835	22 731
#高中	68	49 224		4 160
初中	363	281 683		18 571
农、职业学校	88	36 324	2 564	1 819
技工学校	41	19 719	2 497	1 611
小学	1 922	672 769	44 251	36 464
聋哑学校	6	1 351	358	235
幼儿园	842	130 239	8 800	5 173

平均每万人口中学生数

	全市	市区	九台市	榆树市	农安县	德惠市	双阳县
大学	103	306	—	—	—	—	—
中专	53	128	24	16	18	5	11
职业技术学校	62	67	39	37	94	68	61
高中	76	101	63	63	60	66	61
初中	432	409	456	368	454	476	489
小学	1 033	931	985	974	1 266	1 179	940

高等学校基本情况

	校数(所)	在校学生数	教职工数(人)	
			合　计	#专任教师
总　　计	**27**	**67 043**	**22 763**	**10 480**
综合大学	2	10 094	3 745	1 521
理工院校	11	30 637	9 350	4 306
农业院校	1	2 776	1 259	597
医药院校	3	5 322	2 612	1 391
师范院校	3	10 207	3 343	1 602
财经院校	4	6 138	1 664	695
体育院校	1	571	165	66
艺术院校	1	651	374	207
政法院校	1	647	251	95

中等学校基本情况

	校数(所)	在校学生数(人)	教职工数(人)	
			合　计	#专任教师
总　　计	**54**	**34 691**	**6 739**	**3 533**
中等技术学校	38	23 906	5 229	2 583
工业学校	16	12 260	3 028	1 486
农业学校	2	2 035	359	188
林业学校	1	924	220	107
医药学校	3	1 331	115	91
财经学校	6	3 193	590	262
政法学校	4	1 046	297	126
体育学校	2	693	240	135
艺术学校	2	2 099	248	144
其他学校	2	325	132	44
中等师范学校	6	6 179	644	410
改制中等专业学校	10	4 606	866	540

中　学　概　况

	校数(所)	在校学生数(人)	教职工数(人)	
			合　计	#专任教师
长春市	**431**	**330 907**	**31 835**	**22 731**
市　区	141	114 516	12 817	8 887
南关区	21	14 507	1 847	1 139
宽城区	19	13 942	1 575	1 124
朝阳区	34	27 176	2 712	1 983
二道河子区	15	11 792	1 288	869
郊　区	24	12 584	1 203	916
省　直	4	8 224	783	553
市　直	24	26 291	3 409	2 303
县　(市)	290	216 391	19 018	13 844
九台市	48	42 508	3 844	2 678
榆树市	72	50 876	4 792	3 565
农安县	80	54 946	4 761	3 518
德惠市	55	46 091	3 642	2 730
双阳县	35	21 970	1 979	1 353

农、职业中学分县区基本情况

	校数(所)	在校学生数(人)	教职工数(人)	
			合　计	#专任教师
长　春　市	**94**	**40 588**	**3 115**	**2 162**
市　　区	42	14 772	1 518	1 067
南　关　区	3	428	106	70
宽　城　区	7	2 890	326	257
朝　阳　区	3	1 386	192	140
二道河子区	3	1 197	135	93
郊　　区	4	794	143	62
市　　直	22	8077	616	445
县　　(市)	**52**	**25 816**	**1 597**	**1 095**
九　台　市	8	3 167	250	131
榆　树　市	10	4 424	288	203
农　安　县	19	10 031	674	502
德　惠　市	5	5 759	307	212
双　阳　县	10	2 435	78	47

小　学　概　况

	校数(所)	在校学生数(人)	教职工数(人)	
			合　计	#专任教师
长春市	1 922	672 769	44 251	36 464
市区	338	203 800	12 125	10 184
南关区	64	39 606	2 470	2 137
宽城区	49	36 170	2 287	1 891
朝阳区	81	68239	3533	2996
二道河子区	37	27 272	1 620	1 245
郊区	103	23 494	1 776	1 529
省直	2	4 333	211	188
市直	2	4 686	228	198
县(市)	**1 584**	**468 969**	**32 126**	**26 280**
九台市	322	80 759	5 507	4 332
榆树市	398	114 941	9 667	8 201
农安县	392	135 491	8 171	6 774
德惠市	309	100 187	5 616	4 722
双阳县	163	37 591	3 165	2 251

幼 儿 园

	园数(所)	在园幼儿数(人)	教职工数(人)	
			合 计	#专任教师
长 春 市	**842**	**130 239**	**8 800**	**5 173**
市 区	497	52 248	5 812	2 581
南 关 区	228	14 466	921	373
宽 城 区	63	10 140	1 285	546
朝 阳 区	135	18 330	2 716	1 252
二道河子区	60	5 865	657	235
郊 区	10	3 093	159	147
市 直	1	354	74	28
县 (市)	**345**	**77 991**	**2 988**	**2 592**
九 台 市	58	12 453	239	149
榆 树 市	105	17 940	1 009	905
农 安 县	32	24 638	773	738
德 惠 市	103	15 944	598	490
双 阳 县	47	7 016	369	310

聋哑学校

	总数
一、学校数(所)	6
二、招生数(人)	115
三、在校学生数(人)	1 351
四、毕业生数(人)	19
五、教职工数(人)	358
其中:专任教师	235

小学学龄儿童入学率

单位:人

	总数			#1.县镇			2.农村		
	学龄儿童总数	已入学儿童数	入学率(%)	学龄儿童总数	已入学儿童数	入学率(%)	学龄儿童总数	已入学儿童数	入学率(%)
长春市	**647 968**	**647 801**	**100.00**	**106 064**	**106 019**	**100.00**	**359 584**	**359 462**	**100.00**
市区	204 740	204 740	100.00	5 344	5 344	100.00			
南关区	39 532	39 532	100.00						
宽城区	36 295	36 295	100.00						
朝阳区	68 710	68 710	100.00						
二道河子区	26 956	26 956	100.00						
郊区	22 420	22 420	100.00	5 344	5 344	100.00	17 076	17 076	100.00
省直	5 778	5 778	100.00						
市直	5 049	5 049	100.00						
县(市)	443 228	443 061	100.00	100 720	100 675	100.00	342 508	342 386	100.00
九台市	75 901	75 883	100.00	22 742	22 742	100.00	53 159	53 141	100.00
榆树市	107 192	107 043	99.90	24 032	23 987	100.00	83 160	83 056	100.00
农安县	126 665	126 665	100.00	21 997	21 997	100.00	104 668	104 668	100.00
德惠市	96 738	96 738	100.00	22 190	22 190	100.00	74 548	74 548	100.00
双阳县	36 732	36 732	100.00	9 759	9 759	100.00	26 973	26 973	100.00

全市各类科学技术人员

	人数(人)	其中	
		高级	中级
总计	**333 191**	**22 795**	**91 849**
一、自然科学	**154 411**	**15 686**	**49 095**
1.工程技术人员	74 512	7 276	24 308
2.农业技术人员	5 124	312	1 565
3.卫生技术人员	33 566	1 772	9 422
4.科学研究人员	6 964	1 885	2 952
5.教学人员	34 245	4 441	10 848
二、社会科学	**178 780**	**7 109**	**42 754**
1.科学研究人员	1 511	404	554
2.教学人员	44 393	3 070	14 193
3.财会人员	44 427	506	6 541
4.统计人员	10 061	57	1 383
5.编辑、记者、播音人员	2 795	468	1 113
6.翻译人员	720	42	272
7.体育教练人员	880	72	168
8.经济人员	53 536	1 162	11 100
9.图书、档案、资料人员	4 909	209	1 547
10.工艺美术人员	880	33	211
11.文艺人员	2 300	364	1 087
12.律师公证人员	385	17	114
13.海关专业人员	82	1	20
14.政工人员	11 901	704	4 451

市区各类科学技术人员

	人数(人)	其中	
		高级	中级
总计	**248 235**	**21 577**	**76 977**
一、自然科学	**121 019**	**14 990**	**42 254**
1.工程技术人员	66 591	7 076	22 307
2.农业技术人员	1 871	262	711
3.卫生技术人员	25 357	1 629	7 796
4.科学研究人员	6 598	1 878	2 830
5.教学人员	20 602	4 145	8 610
二、社会科学	**127 216**	**6 587**	**34 723**
1.科学研究人员	1 438	399	527
2.教学人员	22 857	2 704	10 101
3.财会人员	32 375	441	5 042
4.统计人员	7 319	52	1 038
5.编辑、记者、播音人员	2 652	465	1 081
6.翻译人员	717	42	272
7.体育教练人员	660	72	150
8.经济人员	41 382	1 115	9 680
9.图书、档案、资料人员	4 186	208	1 463
10.工艺美术人员	695	28	179
11.文艺人员	1 858	357	934
12.律师公证人员	238	17	99
13.海关专业人员	82	1	20
14.政工人员	10 757	686	4 137

文 化 事 业 基 本 情 况

	单 位	全市	市区	县(市)
一、座席个数	个			
1.电影院、开放礼堂俱乐部	个	—	—	—
2.剧场	个	8 393	3 706	4 687
二、演(映)出场次	场			
1.电影院、开放礼堂俱乐部	场	—	—	—
2.剧场	场	15 663	14 484	1 177
其中:艺术演出	场	725	627	98
3.艺术表演团体	场	1 313	417	896
三、观众人次	千人次			
1.电影院、开放礼堂俱乐部	个	—	—	—
2.剧场	千人次	1 243	1 038	205
其中:艺术演出	千人次	124	77	47
3.艺术表演团体	千人次	1 371	327	1 044
四、举办展览个数	个			
1.群众艺术馆	个	—	—	—
2.文化馆(站)	个	110	6	104
3.博物馆	个	—	—	—
五、参观人数	千人次			
1.文物管理机构	千人次	5	—	5
2.博物馆	千人次	—	—	—
六、文物藏品	件	5 493	231	5 262
1.文物管理机构	件	773	231	542
2.博物馆	件	4 720	—	4 720
七、总藏量	千册(件)1 796	1 329	467	
1.群众艺术馆	千册	5	5	—
2.文化馆(站)	千册	103	58	45
3.公共图书馆、流通站	千册(件)	1 688	1 266	422

文化事业机构、人数

	机构数(个)			职工数(人)		
	合计	市区	县(市)	合计	市区	县(市)
一、电　影　事　业	90	78	12	3 514	3 152	362
1.电影发行放映管理机构	8	3	5	372	178	194
2.电　影　制　片　厂	1	1	—	2 090	2 090	—
3.电　　影　　院	13	6	7	419	251	168
4.开放礼堂、俱乐部	14	14	—	255	255	—
5.对内礼堂、俱乐部	54	54	—	378	378	—
二、艺　术　事　业	41	22	19	2 796	2 151	645
1.艺术表演团体	16	9	7	1 734	1 355	379
2.剧　　　　场	14	9	5	909	677	232
3.艺术创作机构	9	2	7	98	64	34
4.艺术研究机构	2	2	—	55	55	—
三、出　版　事　业	34	34	—	2 647	2 647	—
1.报　　　　社	9	9	—	1 855	1 855	—
2.出　　　　版	10	10	—	495	495	—
3.画　　报　　社	1	1	—	47	47	—
4.杂　　志　　社	14	14	—	250	250	—
四、文　物　事　业	12	7	5	438	351	87
1.文物管理机构	6	2	4	66	15	51
2.文物研究机构	—	—	—	—	—	—
3.博　　物　　馆	6	5	1	372	336	36
五、公共图书馆事业	10	3	7	407	208	199
公共图书馆、流通站	10	3	7	407	208	199
六、群众文化事业	82	9	73	657	278	279
1.群众艺术馆	3	3	—	153	153	—
2.文化馆、活动站(分站)	14	6	8	421	125	296
3.文化部门文化站	65	—	65	83	—	83

公 共 体 育 场

	实际数(个)		实际数(个)
体育场	6	室外游泳池	7
体育馆	3	灯光球场	11
室内游泳馆	1	运动场	29

《国家体育锻炼标准》达标人数

单位:人

	总计	及格级	良好级	优秀级
总计	**713 491**	**414 521**	**203 208**	**95 762**
普通高校	5 411	2 859	1 556	996
中专中技	2 618	1 376	866	376
初中	283 979	160 967	83 868	39 144
小学	421 483	249 319	116 918	55 246

卫生机构、床位、人员数

	机构数（个）	床位数（张）	人员数（人）					
			总计	#卫生技术人员				
				合计	中医师	西医师	中西结合医师	护师
总计	**802**	**23 638**	**49 328**	**37 047**	**2 174**	**10 555**	**141**	**6 112**
#市	726	21 299	44 553	33 247	1 921	10 071	135	5 771
县	76	2 339	4 775	3 800	253	484	6	341
一、医院	274	22 049	36 393	28 180	1 534	7 447	106	5 362
二、疗养院、所	4	730	505	335	11	98	1	76
三、门诊部、所	448	342	2 577	2 360	127	737	12	408
四、专科防治所、站	12	34	347	268	6	108	0	31
五、卫生防疫站	16	0	2 063	1 684	8	783	0	43
六、妇幼保健所、站	11	18	562	455	14	196	0	46
七、药品检验所、室	11	0	310	237	3	5	0	0
八、其它卫生事业机构	6	0	1 817	770	2	166	0	32
九、医疗科学研究机构	4	465	796	567	126	100	5	65
十、高等医药院校	4	0	2 381	995	118	575	4	8
十一、中等医药院校	12	0	710	329	25	132	1	26
十二、个体开业人员	0	0	867	867	200	208	12	15

卫生机构主治医师以上人员

单位:人

	主任	副主任	主治
合计	420	1 649	8 945
中医师	33	172	967
西医师	347	1272	4 728
中西医结合高级医师	5	51	54
护师	1	41	1 834
中药师	2	11	215
西药师	25	43	565
技师	7	59	582

农村村级卫生组织情况

	单位	全市	市区	县(市)
一、村数	个	1 698	157	1 541
#医药费实行减免的村	个	4	4	0
无医药点的村	个	15	9	6
二、村设置的医疗点数	个	2 500	194	2 306
村或群众集体办	个	516	58	458
乡村医生或卫生员联合办	个	200	82	118
乡卫生院设点	个	48	14	34
个体办	个	1 736	40	1 696
其他	个	0	0	0
三、乡村医生和卫生员人数	个	6 548	501	6 047
乡村医生	个	4 695	301	4 394
卫生员	个	1 853	200	1 653
四、农村接生人员数	个	1 240	235	1 005

计划生育情况

	育龄妇女人数(人)	其中：已婚	初婚人数(人)	晚婚(人)	晚婚率(%)	晚育(人)	晚育率(%)	计划内出生人数(人)	计划生育率(%)	领证数(人)
总计	**1 810 944**	**1 427 236**	**41 194**	**22 719**	**55.15**	**34 202**	**47.36**	**75 868**	**95.38**	**460 038**
城市	665 647	519 097	11 121	9 230	83.00	13 823	80.82	18 264	99.59	324 034
县镇	619 350	491 710	16 629	7 571	45.53	11 779	39.55	3 0902	94.98	93 366
农村	525 947	416 429	13 444	5 918	44.02	8 600	33.95	26 702	93.15	42 638
南关区	143 471	112 406	3 025	2 598	85.88	2 947	86.50	3 551	100.00	77 948
宽城区	118 423	94 107	1 457	1 343	92.18	2 503	93.22	2 800	99.93	63 092
朝阳区	273 297	204 355	4 662	3 972	85.20	5 991	86.46	7 202	99.89	131 189
二道河子区	81 657	66 117	935	778	83.21	1 754	70.64	2 557	99.84	37 061
郊区	73 702	60 315	1 710	893	52.22	1 097	46.13	3 004	97.82	16 105
榆树市	311 211	249 338	7 075	2 632	37.20	4 077	26.67	16 247	93.59	49 235
农安县	268 000	209 723	6 429	3 490	54.29	6490	47.68	13795	94.71	20 997
德惠市	212 684	168 031	6 519	2 833	43.46	3 890	32.30	12 358	93.70	23 522
九台市	215 746	169 601	6 898	2 683	38.90	3 896	38.54	10 696	92.88	32 322
双阳县	101 837	84 282	2 252	1 334	59.24	1 377	45.69	3 367	98.39	6 142
开发区	10 916	8 961	232	163	70.26	180	67.16	291	100.00	2 425

节 育 情 况

	避孕人数(人)	避孕率(%)	手术例数(个)
总计	1 316 191	92.2	106 097
城市	471 572	90.8	20 314
县镇	441 146	89.7	43 272
农村	403 473	96.9	42 511
南关区	100 357	89.3	4 559
宽城区	86 714	92.1	3 643
朝阳区	184 397	90.2	7 063
二道河子区	60 771	91.9	1 865
郊区	56 418	93.5	4 054
榆树市	233 156	93.7	23 187
农安县	197 735	94.3	21 330
德惠市	153 821	91.5	17 669
九台市	154 266	91.0	17 687
双阳县	79 776	94.7	4 573
开发区	8 280	92.4	467

火灾情况

	全市		全市
次数	1 114	违反安全制度	105
死人	13	吸烟	197
伤人	29	用火不慎	237
直接损失折款(元)	6 081 079	玩火	166
火灾原因		自燃	3
放火	132	其它	11
电器设备	230	不明	33

交通事故情况

	次数	死亡	伤人	损失折款(元)
合计	**743**	**516**	**285**	**2 916 445**
城市	483	277	157	1 284 195
农村	260	239	128	1 632 250

中国统计出版社最新统计资料书简目

中国统计年鉴—1995
中国统计摘要—1995
中国农村统计年鉴—1995
中国城市统计年鉴—1995
中国市场统计年鉴—1995
中国人口统计年鉴—1995
中国劳动统计年鉴—1995
中国物价统计年鉴—1995
中国工业经济统计年鉴—1995
中国对外贸易统计年鉴—1995
国际经济和社会统计提要—1995
95'中国发展报告

北京统计年鉴—1995
天津统计年鉴—1995
河北统计年鉴—1995
山西统计年鉴—1995
内蒙古统计年鉴—1995
辽宁年鉴—1995
辽宁统计年鉴—1995
吉林统计年鉴—1995
黑龙江经济统计年鉴—1995
上海统计年鉴—1995
江苏统计年鉴—1995
浙江统计年鉴—1995
安徽统计年鉴—1995
福建统计年鉴—1995
江西统计年鉴—1995
山东统计年鉴—1995
河南统计年鉴—1995
湖北统计年鉴—1995

唐山统计年鉴—1995
张家口社会经济统计年鉴—1995
呼和浩特统计年鉴—1995
长春经济统计年鉴—1995
延吉统计年鉴—1995
龙井统计年鉴—1995
哈尔滨统计年鉴—1995
齐齐哈尔经济统计年鉴—1995
大庆统计年鉴—1995
双鸭山社会经济统计年鉴—1995
黑龙江垦区统计年鉴—1995
浦东新区统计年鉴—1995
杭州统计年鉴—1995
苏州统计年鉴—1995
常州统计年鉴—1995
无锡统计年鉴—1995
宁波统计年鉴—1995
绍兴统计年鉴—1995
厦门统计年鉴—1995
南昌统计年鉴—1995
九江统计年鉴—1995
济南统计年鉴—1995
青岛统计年鉴—1995
东营统计年鉴—1995
潍坊统计年鉴—1995
泰安统计年鉴—1995
漯河统计年鉴—1995
洛阳统计年鉴—1995
三门峡统计年鉴—1995
平顶山统计年鉴—1995
武汉统计年鉴—1995
黄石统计年鉴—1995
长沙统计年鉴—1995
衡阳社会经济统计年鉴—1995

湖南统计年鉴—1995
广东统计年鉴—1995
广西统计年鉴—1995
贵州统计年鉴—1995
云南统计年鉴—1995
海南统计年鉴—1995
四川统计年鉴—1995
西藏统计年鉴—1995
陕西统计年鉴—1995
甘肃年鉴—1995
青海统计年鉴—1995
宁夏统计年鉴—1995
新疆统计年鉴—1995
河南城市统计年鉴—1995
河北农村统计年鉴—1995
福建农村统计年鉴—1995
河南农村统计年鉴—1995
甘肃农村统计年鉴—1995
宁夏农村统计年鉴—1995
湖北农村统计年鉴—1995
广东农村统计年鉴—1995
辽宁人口统计年鉴—1995
黑龙江人口统计年鉴—1995
福建科技统计年鉴—1995
福建劳动统计年鉴—1995

广州统计年鉴—1995
深圳统计年鉴—1995
惠州统计年鉴—1995
柳州统计年鉴—1995
桂林经济社会统计年鉴—1995
南宁统计年鉴—1995
珠海统计年鉴—1995
合肥统计年鉴—1995
重庆统计年鉴—1995
西安统计年鉴—1995
天水统计年鉴—1995
吐鲁番统计年鉴—1995
奎屯统计年鉴—1995
巴音郭楞统计年鉴—1995
新疆生产建设兵团年鉴—1995
邯郸统计年鉴—1995

襄樊统计年鉴—1995
华东地区统计年鉴—1995
厦门经济特区年鉴—1995
福州年鉴—1995
沈阳年鉴—1995
阜新年鉴—1995
松花江年鉴—1995
宝山年鉴—1995

邮购办法：请从邮局汇款（勿用电汇），邮挂包装费按书价的15%计算。
邮购地点：北京阜外北礼士路北营房东里13号中国统计出版社发行部。
邮政编码：100037　　电话：8322865